会通丛书

隐身与现身

从传统译论到现代译论

谢天振 著

北京大学出版社
PEKING UNIVERSITY PRESS

图书在版编目（CIP）数据

隐身与现身：从传统译论到现代译论/谢天振著. —北京：北京大学出版社，2014.1

（会通丛书）

ISBN 978-7-301-23363-4

Ⅰ. ①隐… Ⅱ. ①谢… Ⅲ. ①翻译理论 Ⅳ. ① H059

中国版本图书馆 CIP 数据核字（2013）第 248271 号

书　　名：隐身与现身：从传统译论到现代译论
著作责任者：谢天振 著
责 任 编 辑：刘祥和
标 准 书 号：ISBN 978-7-301-23363-4/G · 3730
出 版 发 行：北京大学出版社
地　　址：北京市海淀区成府路 205 号　100871
网　　址：http：//www.pup.cn　新浪官方微博：@ 北京大学出版社
电 子 信 箱：pkuphilo@163.com
电　　话：邮购部 62752015　发行部 62750672　出版部 62754962　编辑部 62755217
印 刷 者：北京大学印刷厂
经 销 者：新华书店
880 毫米 ×1230 毫米　A5　7.75 印张　190 千字
2014 年 1 月第 1 版　2014 年 1 月第 1 次印刷
定　　价：28.00 元

总　序

近代以来二百年，五四以来近百载；而1950年代以来六十余年的历史，又有三十年、六十年之说，总体而言，现代中国的历史进程坎坷曲折而望断江河，让人徒生“万古沧桑”的悲凉之感。时至当下，携经济改革之巨幅红利，举国皆曰“创新”，唯其词汇过于泛滥，乃另成新词焉；求真之学人反而不敢轻易提及。然而，创新之词，过于前卫，岂可滥用？四年之前，走出书斋，游走于欧洲田野上，乃有与彼邦精英的交流与交锋，深受刺激；归国语与立刚君，谓吾国之起兴于世界，必当先有思想之原创，启创辟之学，聚四方之智，乃能别开天地而为中国文化开新景，为世界文明寻出路。

深受刺激的不仅是撒切尔夫人的诘难，“今天的中国只能出口电视机而不是思想观念，中国没有那种可用来推进自己的权力，从而削弱其他国家的具有国际传播影响的学说”。而对自身所处民族的质疑，也是自家反复不断追问的核心问题。我们这个民族，究竟是怎么了？毒奶粉、瘦肉精、药家鑫，还有在公众场合引爆炸药的、愤怒之下猛摔婴儿的、甚至有母亲弃置亲生女儿而至活活饿死的……我们还是那个有着黄帝之药、孔子之教、老子之道的民族吗？我们还是那个有着温柔敦厚美德、秉持温良恭俭让教诲的诗教之国度吗？鲁迅先生不是说过吗，“自古以来，我们就有埋头苦干的人，有拼命硬干的人，有为人民请命的人，有舍身求法的人……这就是中国人的脊梁！”可按照柏杨先生的说法，中国文化就是“酱缸文化”，我们中国人的孽根性始终也是存在的。这种两面性在任何一个民族或许都存在，可在中国这个文化体里表现得更是明显。可我们毕竟还有“一分为三”，我们怎样才能寻出那个能支撑全局、鼎立平衡的“三”来呢？

路漫漫其修远兮，吾将上下而求索！屈子投江，乃知“长太息以掩涕兮，哀民生之多艰”；靖节远隐，乃能“采菊东篱下，悠然见南山”；太白斗酒，乃有“长风破浪会有时，直挂云帆济沧海”。……这一浪漫的诗人行歌，乃在中国文学史和思想史上勾勒出一条清晰的传承轨迹。我们的诗意之思，其实涵盖了深厚的哲理内容，所谓“江畔何人初见月？江月何年初照人？人生代代无穷已，江月年年望相似”，是何等的意涵深刻呢？说我们是一个伟大的诗思民族，又有何不可呢？不仅如此，我们还曾建构了儒法互补的制度性结构，封建王朝长达两千年的稳定状态就充分说明了这一点，而德主刑辅、明德慎罚的基本路径，则构成了一组理解传统中国制度二元的有效思路；而礼教自上而下的严格律上，则可被视作是另一种制度性规训，可一旦礼教下延之后就导致了另一种结果：“礼教下延必然使礼教虚伪化，过去是上层，尤其本是士大夫特权的风教，变得俗不可耐。礼教覆盖面过大形成的张力反应使应负维持礼教责任的意义上层产生反礼教精神，意义上层与权力上层开始分化。”[1]。人心之坏，不启于某一二个体或群体的趋利冲动或孽根习性，而当始自整个制度环境的恶劣化。故此，持有中短期决定权力者当不慎之乎？

当鲁迅之死，郁达夫慨然叹曰：“没有伟大的人物出现的民族，是世界上最可怜的生物之群；有了伟大的人物，而不知拥护，爱戴，

[1] 赵毅衡：《礼教下延，色情上升：中国文化的“分层/逆反”机制》，载赵毅衡：《礼教下延之后——中国文化批判诸问题》第20页，上海文艺出版社，2001年。

崇仰的国家，是没有希望的奴隶之邦。”[2]伟大人物的标识或许过于刺眼，但任何一个民族，缺少了在精神灯塔上执灯守候的人物，则必然缺乏前进的方向和动力。改造世界固然重要，阐释世界同样重要。所谓“考自古世局之转移，往往起于前人一时学术趋向之细微，迨至后来，遂若惊雷破柱，怒涛振海之不可御遏”，陈寅恪先生此言可谓见微知著，将枯坐书斋的学问与轰轰烈烈的历史巧妙地联系起来。这或许也正是他不管如何颠沛流离、受尽艰难而坚守学术的原因所在吧！当年他作诗云：“群趋东邻受国史，神州士夫羞欲死。田巴鲁仲两无成，要待诸君洗斯耻。”今日读之，仍感慨万千，前贤已矣，我们后来者步履至此，能否对得起前辈的重托？所以，“吾侪所学关天意”，也还有另种阐释的可能。

或者我们更当追问的是，面对世相纷繁、人心不古，知识人竟当何为？坚守书斋或走向广场，如果换位而处，都不难理解。但说到底，知识人的本位仍应立定“纸上”，当年胡适与陈垣曾相对慨叹：汉学正统这时候在东京还是在西京（巴黎）呢？陈垣的这种学人岗位意识极为自觉，弟子回忆称：“援庵老师深以中国史学不发达为憾，常说日本史学家寄一本新著作来，无异一炮打到我的书桌上。”所以陈垣的部部著作，也未尝不可视作回击的“炮弹”。以其未曾接受系统教育的出身，有《元也里可温考》《摩尼教入中国考》《元西域人华化考》等名著问世，汉学领军者伯希和乃称：“中国近代之世界学者，惟王国维及陈先生两人。……不幸国维死矣，鲁殿灵光，长受士人之爱护者，独吾陈君也。”这，或许就是知识人存在和坚守的意义！

故此，对于学人而言，守正求创乃是不易之道，而一方面接续

[2] 郁达夫：《怀鲁迅》，载“中国新文学大系1927—1937”第10集，《散文集》，第209页，上海文艺出版社，1986年。

学统，一方面则需创辟发明。而以“侨易”为题，不仅是要关注因“侨”而致“易”的结构性过程，诸如空间维度的整合与时间维度的演进，物质位移、精神漫游与个体思想观念的形成与创生，乃至不同文化子系统如何相互作用与精神变形，更强调其作为思维方式的立意与哲思可能，标识一种理解思维和原创的方法，或许也自有其独特意义。

本套丛书强调中国学术与思想的原创力，邀请各学科具有理论思维自觉意识的前沿学者，就其长期治学并已在理论上有所发覆的代表性人物，以短小精悍之篇幅言简意赅地叙述其理论思考，提出一家之言。强调大家之小书意义，高深学理思考的通俗化阐释，所思则关系学科乃至学理的重大原则，所述则希望能春风化雨，为学界各科同仁所共享；在此基础上，希望能引发学界共鸣，展开深入的理论探讨，或可使中国现代学术缺乏理论原创的批评不致真的成为现代中国崛起的致命之伤。在具体的操作方面，则不拘一格，或以春风化雨的方式使高明思想“飞入寻常百姓家”，或以体贴家常的白话构建学术对话的桥梁，当然也不避艰深的学理阐释、哲性建构……。总之，其人其书未必一定深究天人之际，却需略通古今之变、东西之别，只要在学理层面有一孔之见、有新发之得，皆在欢迎之列。希望积少成多、集腋成裘，通过作者、编者、出版者长期有效的合作，能建成一个让外来者不容小觑、见之瞩目、乐于引介的“中国思想的活力资源库”。

叶　隽

作于2013年1月9日—11月5日，其间旅德、赴港、去台，经历酷暑，诸种跋涉，而终成此稿，精神疲惫犹不堪言，处承平之世，而忧怀江湖；图创辟求学，究天人之绝。书生意气，终究纸上苍生而已；感慨系之，漫卷天边云淡云舒。

目　录

引 言

隐身与现身：传统译论向现代译论视角的转变

在翻译中，译者究竟应该是隐身还是现身？这个千百年来从来不是问题的问题，在进入 20 世纪后，尤其是在进入 20 世纪后半叶以后，却越来越成为中外译学界一个关注的热点问题。

对于传统的翻译家和翻译研究者来说，既然翻译就是传递原作的信息，那么在翻译中译者当然是应该隐身的，而不能、也没有权利现身。事实上，千百年来许多译者还都很自觉地躲在幕后，从不露面，在他们翻译的译作上，甚至都没有留下自己的名字，至多也就是留下一个假名。至于与口译员相关的历史资料，那更是如凤毛麟角，几乎无迹可寻。这当然跟历史上译者和研究者对翻译的定位有关，譬如 17 世纪法国著名翻译家和翻译思想家于埃（Pierre Daniel Huet）就明确提出翻译要忠实于原文和原作者，要求“翻译的语言要流畅，要能够再创造出原文作者的崇高，而且带给读者的感受要相当于原文带给原文读者的感受”[1]。他特别强调说：“不要在翻译的时候施展自己的写作技巧，也不要掺入译者自己的东西去欺骗读者，因为他要表现的不是他自己，而是原作者的风采。”[2] 他还认为翻译的最好方式就是“在两种

[1] Douglas Robinson. *Western Translation Theory: from Herodotus to Nietzsche*. Foreign Language Teaching and Research Press, 2006, p.164.

[2] Ibid.

语言所具有的表达力允许的情况下，译者首先要不违背原作者的意思，其次要忠实于原文的遣词造句，最后尽可能地忠实展现原作者的风采和个性，一分不增，一分不减。”[3]

于埃的翻译观可以说代表了中西翻译史上的主流翻译观。从这个角度看，英国著名翻译理论家泰特勒（Alexander Fraser Tytler）在1790年发表《论翻译的原则》一书，并明确提出了在中西翻译史上影响深远的翻译“三原则”，即“第一，译本应该完全转写出原文作品的思想；第二，译文写作风格和方式应该与原文的风格和方式属于同一性质；第三，译本应该具有原文所具有的所有流畅和自然”[4]，也就并不奇怪了，因为这正是对西方翻译史上历代主流翻译思想的一个水到渠成的总结。不言而喻，站在泰特勒的立场上看，译者在翻译时也是没有权利现身的，因为在泰特勒看来，译者要做的无非就是传达原文的思想，传递原文的写作风格和方式，再现原文的流畅和自然，仅此而已。

国内译学界曾有人把泰特勒的翻译“三原则”与严复的“信达雅”说联系起来，还猜想严复的“信达雅”说是否受到过泰特勒“三原则”的影响，因为严复有留学英国的经历。不过此事迄今为止还仅仅是猜想而已，并无确凿的事实证据。但由此我们也可发现中西翻译思想的相通，并可以看到在译者的隐身和现身一事上，中西翻译家和思想家的观点显然是异曲而同工的。

其实，即使在严复提出“信达雅”说以后的半个多世纪里，国内翻译界的主流翻译观也并无实质性变化。继严复的“信达雅”说之后，

[3] Douglas Robinson. *Western Translation Theory: from Herodotus to Nietzsche*. Foreign Language Teaching and Research Press, 2006, p.210.

[4] Ibid., p.169.

影响较大的有傅雷的“神似”说，认为“以效果而论，翻译应当像临画一样，所求的不在形似而在神似”。于是在傅雷的心目中，“理想的译文仿佛是原作者的中文写作”。[5]

这个“理想的译文仿佛是原作者的中文写作”的观点在钱锺书的笔下又有了进一步具体的发挥和阐述。钱锺书著名的“化境”说，究其根本，其所秉持的观点显然是与严复、傅雷以来的观点一脉相承的，因此之故我在《中西翻译简史》一书里把钱锺书作为中国传统译论的最后一位代表人物。[6] 钱先生说：“文学翻译的最高标准是‘化’。把作品从一国文字转变成另一国文字，既能不因语文习惯的差异而露出生硬的痕迹，又能完全保存原有的风味，那就算得入于‘化境’。十七世纪有人赞美这种造诣的翻译，比为原作的‘投胎转世’（the transmigration of souls），躯壳换了一个，而精神姿致依然故我。换句话说，译本对原作应该忠实得以至于读起来不像译本，因为作品在原文里决不会读起来像经过翻译似的。”这段话与傅雷的话何其相似。因此也不难得出结论，即在钱锺书看来，译者在翻译时自然也是应该“隐身”而无权“现身”的。

只是同样耐人玩味的是，就在提出“化境”说的这同一篇《林纾的翻译》一文里，钱锺书在指出林纾作为译者在翻译时不止一处地“现身”的实例后，诸如“捐助自己的‘谐谑’，为迭更司的幽默加油加酱”，“又或则引申几句议论，使含意更能显豁”，“凭空穿插进去，添个波折，使场面平衡”，“这里补充一下，那里润饰一下，因而语言更具体、情景更活泼，整个描述笔酣墨饱”，却又不由自主地流露出了对林译的

[5] 傅雷：《〈高老头〉重译本序》，载罗新璋、陈应年：《翻译论集》（修订本），商务印书馆，2009 年，第 623—624 页。

[6] 参见谢天振等：《中国翻译简史》，外语教学与研究出版社，2009 年。

欣赏甚至推崇：他在找到“后出的——无疑也是比较‘忠实’的——译本来读”的时候，“觉得宁可读原文”；但是在对照了林纾的译文和哈葛德的原文后，却“发现自己宁可读林纾的译文，不乐意读哈葛德的原文。理由很简单：林纾的中文文笔比哈葛德的英文文笔高明得多。”他把林译中的这种类似译者现身的现象称之为“讹”，并认为“恰恰是这部分的‘讹’起了一些抗腐作用，林译多少因此而免于全被淘汰”[7]。这里大学者钱锺书似乎不知不觉地也陷入了一个有点自相矛盾的境地，从他对翻译认识的基本立场出发，他显然是不能认同译者的现身的，在文中他一再声称：“作为翻译，这种增补是不足为训的”，“正确认识翻译的性质，严肃执行翻译的任务，能写作的翻译者就会有克己的工夫，抑止不适当的写作冲动”[8]。但与此同时，他又“发现自己宁可读林纾的译文，不乐意读哈葛德的原文”，并清醒地看到正是林译中的“讹”使得林译“免于全被淘汰”。

钱锺书面对译者的隐身与现身所不由自主流露出来的这种矛盾心态，从某种意义上而言，也正好折射出翻译史上在传统译论向现代译论视角转变时期的典型心态：一方面是两千余年来的“原文至上”、“翻译必须忠实原文”等传统译学观念已经深深地扎根于每个翻译家和翻译研究者的脑海之中；但另一方面，翻译的事实又提示当代翻译研究者传统译论在对翻译的理解和认识上显然存在着某些偏颇之处。当代英国翻译理论家蒙娜·贝克（Mona Baker）在其所著的《翻译与冲突——叙事性阐释》一书的中译本序言中写道：“传统的口笔译研究，对于同时代的政治和伦理道德问题，一向采取回避态度，因为这些问题必

[7] 引文均见钱锺书：《林纾的翻译》，载罗新璋、陈应年：《翻译论集》（修订本），商务印书馆，2009 年，第 774—805 页。

[8] 同上书，第 782、783 页。

然会使该领域从事翻译实践和理论的研究人员注意到译者面临的道德困境和责任。之前，人们坚持一种天真的理念，以为翻译，尤其是口译，是完全中立而纯粹的语码转换，不存在译者个人思想的介入。相信译者对现实的叙述能够‘完好无损’地传递语言及其它符号信息。学者们因此在‘模糊了真相的’理论模式和个案研究中投入大量时间和精力，认为这样就能逐步化解口笔译过程中产生的各种麻烦，甚至能抚平其造成的心理创伤。直到近些年，这种认识才有所改变。”[9]我很欣赏这段话里贝克所说的“天真的理念”、“‘模糊了真相的’理论模式和个案研究”这种表述，我以为这两个表述言简意赅，直指传统译学理念的要害，直击千百年来直至今天的许多翻译家、翻译研究者的一个认识误区：把社会对翻译的期望、译者的责任以及翻译家为自己设定的追求目标与翻译的客观事实、尤其是与翻译的本质目标混为一谈，从而模糊了翻译的真相，也即翻译的本质。而翻译（包括翻译行为和译者）的隐身与现身，也就成为传统译论向现代译论视角转变的一个标志性切入点。正是在这个意义层面上，本书取名为“隐身与现身”，以凸显本书内容的聚集点所在；而其副标题“从传统译论到现代译论”则寓意本书正是站在当代译论的学术立场上，运用译介学的研究视角，对传统译论和各种翻译问题及现象进行审视、分析和探讨。

[9] 〔英〕贝克：《翻译与冲突——叙事性阐释》，赵文静主译，北京大学出版社，2011年，第19页。

第一章

换个视角看翻译

第一节　从莫言作品“外译”的成功谈起

2012 年中国文学界最令人兴奋和激动的事件大概当推中国籍作家莫言获得国际文学界的大奖——诺贝尔文学奖了。莫言的获奖，其背后当然有许多因素在起作用，但有一个因素大概没有人能够忽视，那就是莫言的获奖离不开他的作品的外译。也就是说，莫言此次获得诺贝尔文学奖与翻译有着非常密切的关系，其背后有个翻译的问题。然而，一个不容回避的事实是，尽管大家都知道，莫言此次的获奖与翻译有关系，但却远不是所有的人——包括国内的翻译界人士——都清楚具体是些什么样的翻译问题。日前我读到一位老翻译家在莫言获奖之后所说的一番话即是一例，他对着记者大谈“百分之百的忠实才是翻译主流”、要“逐字逐句”地翻译等似是而非的话[1]，却不知莫言作品的外译事实正好与他所谈的“忠实”论相去甚远。以英译者葛浩文的翻译为例，葛浩文（Howard Goldblatt）在翻译时恰恰不是“逐字、逐句、逐段”地翻译，而是“连译带改”地翻译的。不仅如此，他在翻译莫言的小说《天堂蒜薹之歌》时甚至把原作的结尾都改成了与原

[1]　参见刘莉娜：《译者，是人类文明的邮差》，《上海采风》2012 年第 12 期。

作相反的结局。然而事实表明，葛浩文的翻译是成功的，特别是在西方世界推介莫言的作品并让它们在译入语国家（也即英语国家）切实地受到读者的欢迎和喜爱方面。德国汉学家顾彬指出，莫言作品的德译者甚至不去根据莫言的中文原作、而是选择根据其作品的英译本进行翻译，这说明英译本译者这种翻译迎合了西方读者的语言习惯和审美趣味，取得了成功。

我们这样说，是否意味着上述那位老翻译家的话错了呢？倒也不是。我在上面用了"似是而非"的定语，即是说他的话里有正确的一面，但又有不正确的一面。假如他的话是放在传统的文学翻译语境里，而且是放在把外来文学翻译成中文的语境里，那么他的话无疑是正确的。但是当我们讨论的话题已经转移到把中国文学翻译到国外去这样一个语境中，那么他的话就未必正确了，因为译入（in-coming translation）与译出（out-going translation）这两种表面看上去似乎差不多的翻译行为（都是两种不同语言文字间的转换，只是翻译的"方向"不同，前者是外译中，后者是中译外）实质并不完全一样。可以设想，假如英译者或德译者真的照着我们这位老翻译家的话去做，只考虑追求所谓的百分之百的忠实，而不顾及其他因素，那么莫言作品的外译还能取得今天这样的成功吗？答案毫无疑问是否定的。由此可见，我们对翻译问题的讨论，不能总局限于传统的翻译研究层面，而必须根据具体的翻译对象、翻译语境，及时地变换一个视角，才有可能找到正确的答案。译介学正是提供了这样一个开阔的、且能揭示翻译行为本质的翻译研究视角。

事实上，要真正认清莫言获奖背后的翻译问题的实质，我们必须从传统翻译研究仅仅关注"逐字译还是逐意译"那种狭隘的语言文字转换层面上的讨论中跳出来，而把这个问题放到译介学的层面上去讨论。也即不仅要关注如何翻译（语言文字的转换）的问题，还要关注译作的传播与接受等问题。其实，经过了中外翻译界一两千年的讨论，前一个问题已经基本解决，“翻译应该忠实原作”已是译界的基本常识，毋须赘言；至于应该“逐字译”、“逐意译”还是两相结合等等，具有独特追求的翻译家自有其主张，也不必强求一律。倒是对后一个问题，即译作的传播与接受等问题，长期以来一直遭到我们的忽视甚至无视，需要我们认真对待。由于长期以来我国对外来的先进文化和优秀的文学作品一直有一种强烈的需求，所以我们的翻译家只需关心如何把原作翻译好，而甚少、甚至根本无须关心译作在我国的传播与接受问题。然而今天我们面对的却是一个新的问题：中国文学与文化的外译问题。更有甚者，在国外，尤其在西方，尚未形成像我们国家这样一个对外来文化、文学有着强烈需求的接受环境，这就要求我们必须考虑如何在国外，尤其是在西方国家，培育中国文学和文化的受众及接受环境的问题。

具体归纳一下的话，我们可以发现莫言获奖背后的翻译问题主要有如下几个：

首先是“谁来译”的问题。莫言作品的外译者，除了美国的“中国现当代文学的首席翻译家”葛浩文外，还有法译者杜特莱（Noël Dutrait）和尚德兰（Chantal Chen-Andro）夫妇，瑞典语译者陈安娜等。这都是些外国译者，他们为莫言作品在国外的有效传播与接受发挥了至关重要的作用。正如诺奖评委马悦然所指出的，他们“通晓自己的母语，知道怎么更好地表达。现在（中国国内的）出版社用的是一些学外语的中国人来翻译中国文学作品，这个糟糕极了。翻得不好，就把小说给‘谋杀’了。”马悦然的说法也许不无偏激之处，因为单就外语水平而言，我们国内并不缺乏与这些外国翻译家水平相当的翻译家。但是在对译入语国家读者细微的用语习惯、独特的文字偏好、微妙的审美品味等方面的把握方面，我们还是得承认，国外翻译家显示出了我们国内翻译家较难企及的优势，这是我们在向世界推介中国文学和文化时必须面对并认真考虑的问题。

其次是作者对译者的态度问题。莫言在对待他作品的外译者时表现得特别宽容和大度，给予了充分的理解和尊重。他不仅没有把他们当作自己的“奴隶”，而且对他们明确放手：“外文我不懂，我把书交给你翻译，这就是你的书了，你做主吧，想怎么弄就怎么弄。”正是由于莫言对待译者的这种宽容大度，所以他的译者才得以放开手脚，大胆地“连译带改”，从而让莫言的外译本跨越了“中西方文化心理与叙述模式差异”的“隐形门槛”，并成功地进入了西方的主流阅读语境。有人曾对莫言作品外译的这种“连译带改”的译法颇有微词，质疑“那还是莫言的作品么？”对此我想提一下林纾的翻译。对于林译作品是不是外国文学作品恐怕不会有人表示怀疑吧？这里其实涉及一个民族接受外来文化、文学的规律问题：它需要一个接受过程。我们不要忘了，中国读者从读林纾的《块肉余生述》到读今天董秋斯或张谷若等翻译家的全译本《大卫·考坡菲》乃至《狄更斯全集》，已经花了一百多年的时间。然而西方国家的读者对于东方、包括中国文学和文化的真正兴趣却是最近几十年才刚刚开始的，这里存在着一个“时间差”。在西方目前还远远没有形成一个成熟的接受东方文化、包括中国文化的读者群体，因此我们不能指望他们一下子就会对全译本以及作家的全集感兴趣。但是随着莫言获得诺奖，我相信在西方国家也很快会有出版社推出莫言作品的全译本甚至莫言作品的全集。

再次是译本由谁出版的问题，这也是过去几十年一直没有引起重视的问题。莫言作品的外译本都是由国外的著名出版社出版的，譬如他的法译本的出版社瑟伊(Seuil)出版社就是法国最重要的出版社之一。译作放在国外一流的出版社或享有崇高声誉的丛书（如企鹅丛书）中出版，就能使莫言的外译作品很快进入西方的主流销售渠道，也使得莫言的作品在西方得到有效的传播。反之，如果莫言的译作全是由国内出版社出版的，恐怕就很难取得目前的成功。近年来国内出版社已经注意到这一问题，并开始积极开展与国外出版社的合作，这很值得肯定。

有人对这个问题颇不以为然，觉得只要译作的质量好，谁出还不都一样。其实大谬不然，因为这里涉及接受者的一个很微妙心态。我们可以想一想，我们是如何选择阅读外来译本的：假设在你面前摆着两本同一外国作家的译本，一本是我国专门出版外国文学翻译作品的著名出版社，如人民文学出版社、上海译文出版社等出版的，而另一本是我们并不熟悉的国外某出版社出版的，你会选择哪个译本呢？答案是不言而喻的，因为读者对权威出版社的信任、出版社自身的信誉等因素都会对读者的选择发挥至关重要的作用。

最后，作品本身的可译性也是一个需要注意的问题。这里的可译性不是指作品翻译时的难易程度，而是指作品翻译成外文后比较容易保留原作的风格，原作的“滋味”，容易被译入语读者所理解和接受。譬如有的作品以独特的语言风格见长，其“土得掉渣”的语言让中国读者印象深刻并颇为欣赏，但经过翻译后它的“土味”荡然无存，也就不易获得在中文语境中同样的接受效果。有人对贾平凹的作品很少被翻译到西方去、甚至几乎不被关注感到困惑不解，觉得贾平凹的作品也很优秀啊，并不比莫言的作品差啊，为什么他的作品没能获得像莫言作品一样的成功呢？这其中当然有多种原因，但作品本身的可译性恐怕也是原因之一。据说王安忆作品那种工笔画式的细致入微的描述，如果照式照样地翻译成外文的话，西方读者在接受时也会感到有难度。而莫言作品翻译成外文后，“既接近西方社会文学标准，又符合西方世界对中国文学的期待”，这就让西方读者较易接受。

其实类似的情况在中国文学史上早就有过先例。譬如白居易、寒山的诗外译的就很多，传播也广，相比较而言李商隐的诗的外译和传播就要少，原因就在于前两者的诗浅显、直白，易于译介。寒山诗更由于其内容中的“禅意”而在正好盛行学禅之风的 20 世纪五六十年代的日本和美国得到广泛传播。我们知道，寒山诗在中国本土几乎无人知晓，中国文学史上更没有寒山的地位。但是他的诗于 1954 年被译成英文在美国发表后，却不胫而走，尤其在 20 世纪 50 年代末、60 年代初,在美国的青年大学生中几乎形成了一股不大不小的“寒山热”：继 1954 年翻译的 27 首寒山诗后，1958 年又翻译发表了 54 首寒山诗，1962 年又出版了寒山诗的英译诗集，内收寒山诗百首之多。更有甚者，在这一时期美国大学里的嬉皮士学生，几乎人人都称读过寒山诗（当然是译诗），而且喜欢、甚至崇拜寒山这个人。著名的“垮掉一代”的作家杰克·克洛厄（Jack Kerouar）还把他的自传体小说题献给寒山，寒山诗在美国的影响之大，由此可见一斑。

寒山诗为何能在美国产生如此之大的影响呢？有关学者经过研究发现了以下几个原因：

1.在寒山诗译介到美国之前，美国社会的学禅之风正在全社会流行；

2. 60年代的美国校园里正在盛行嬉皮士运动；

3. 寒山本人的形象。

答案就是这么简单。原来，充满禅机、崇尚自然的寒山诗正好迎合了当时美国社会的学禅之风和嬉皮士运动。而更为有趣的是，诗人寒山的形象——一个衣衫褴褛、站在高山上迎风大笑的狂士形象，使得嬉皮士们把他视作自己心目中理想的英雄，引为知己。这一切都促成了寒山诗在美国的流传。后来，在 70 年代以后，嬉皮士运动已经成为过去，寒山热也成为历史，但寒山诗却从此在美国的翻译文学史上生下了根，许多中国文学作品的英译集不收孟浩然，不收杜牧，却收录寒山的诗。有学者因此指出："寒山在美国赢得了他在中国一千年也没有占上的文学地位。"[2]

从以上所述我们可以发现，文学作品的跨国、跨民族的译介与传播是个非常复杂的问题，尤其是涉及中国文学的对外译介，更受制于多种因素。国内有些人往往只是从外译中的角度来看待中译外的问题，这就把问题简单化了，背离了译介学的规律，这样他们的中译外行为也就很难取得成功。

由此我们可以大致归纳出译介学最基本的几条规律：

首先，译介学的规律表明，文学、文化的译介总是从强势文化走向弱势文化的，对此我们只要回顾一下中国百年来大力译介西方文化的历史和事实即可明白。不过当前中国经济的强劲崛起倒正好为中国文学、文化走向世界提供了难得的契机，我们应该抓住这一难得的契机，积极推动中国文学、文化"走出去"。

其次，我们应该看到，尽管同是一个翻译行为，表面上看似乎都离不开两种语言文字之间的转换，但是从某种意义上而言，"译入"与"译出"实际上却是两种不同性质的翻译行为。"译入"翻译关注的焦点主要就是"怎么译"，"怎么译得更好、更正确"等问题，"译出"

[2]　钟玲：《寒山诗的流传》，载《中国古典文学比较研究》，台湾黎明书局，1977 年，第 173 页。

则不然，它还涉及到被“译入”国家、民族具不具备对外来文学、文化的需求，具不具备一个比较成熟的接受群体和接受环境的问题。因此，简单地用建立在“译入”翻译实践基础上的翻译理论（更遑论经验）来指导当今的中国文学、文化“走出去”的“译出”翻译实践，那就不可能取得预期的成功。

最后，我们还应该正视在中西方文学、文化交流中存在的“语言差”与“时间差”的事实。所谓“语言差”是指操汉语的中国人在学习、掌握英语等现代西方语言并理解与之相关的文化方面，比操英、法、德、俄等西方现代语言的各西方国家的人民学习、掌握汉语及理解相关的中国文化要来得容易；“时间差”则是指西方读者直至最近一二十年才开始产生了解和阅读中国文学、文化的兴趣和热情，而中国读者阅读和接受西方文学、文化，已经有一百多年的历史了。“语言差”和“时间差”事实的存在提醒我们：必须注意到当代西方读者在接受中国文学和文化时的以上特点。不要操之过急，一味贪多、贪大、贪全，在现阶段不妨考虑多出一些节译本、改写本，这样做的效果恐怕要比那些“逐字照译”的全译本、比那些大而全的“文库”的效果还要来得好，投入的经济成本还可低一些。

与此同时，“语言差”的事实也告诉我们，不可能指望西方也像我们国家拥有众多精通西方语言和文化的专家一样，拥有那么多的精通汉语的汉学家和翻译家。有鉴于此，通过合适的途径和方式，我国的中译外翻译工作者仍然可以为中国文化“走出去”一事发挥他们的作用，作出他们的贡献。事实上，在中国文化“走出去”这件事上，全靠我们中国人固然不行，但全靠外国人也是不行的。

莫言作品外译的成功正是在这些方面给予我们以有益的启示。

第二节　电影 *Lost in Translation* 片名的翻译及其无奈

必须换一个视角来看待翻译、讨论翻译，才有可能真正把握翻译问题的实质，也不限于讨论译出问题上，对我们而言也即中译外的问题；它同样也反映在译入问题上，对我们而言也即外译中的问题。

譬如几年前我曾读到过一篇谈论名导演科波拉的女儿索菲亚·科波拉执导的新片《迷失在东京》的文章《迷失在现代都市的丛林中》[3]。文章写得颇有才气，文笔也很潇洒，这姑且不论。且说首先吸引我注意并引起我浓厚兴趣的却是杂志编辑为这篇文章所配的一幅电影海报上的影片原名 *Lost in Translation* 以及下面一段用黑体字印出的文章作者对这一片名汉译的解释："因为故事发生在东京，Lost in Translation 汉译便取巧为'迷失在东京'了。或许是这个'translation'不好翻译罢，直译成'迷失在翻译'或'对译'中？显然不妥，可它就只有这一个意思，或者可以理解成：遗失在翻译中，但这更像一个语言学的表达，而且含糊不清，究竟是意义的遗失，还是人及其灵魂的遗失呢。干脆取前缀 trans- 的本意：超越、转换、横贯？好像也不甚妥帖。"而文章的结尾处更有一段从片名《迷失在东京》引申发挥而来的结论："都市的丛林正在将大地覆盖，迷失的一定不只是《迷》片中的男女主人公，也不只是他们的家人和朋友，更进一步地说，那使人迷失的地方也一定不只是在东京这一个城市，人们可能迷失在纽约，迷失在巴黎，迷失在上海，甚至迷失在印度的孟买。"

看了这两段解释和议论，我不禁莞尔，因为这里把"Lost in

[3]　郭春林：《迷失在现代都市的丛林中》，载《文景》2004 年第 4 期。

Translation”译成“迷失在东京”，已经是对原文的误译了（当然，这个片名不是文章作者翻译的），而作者在此基础上生发的两段解释和议论就无异是对误译的误释。不过我并没有取笑作者的意思，美国著名解构主义理论家德曼就说过：“文学语言的特性在于可能的误读和误释。”在德曼看来，如果一个文本排斥或拒绝“误读”，它就不可能是文学的文本，因为一个极富文学性的文本，必然允许并鼓励“误读”。德曼还把“误读”分为好和坏、正确和不正确的“误读”。他认为好的“误读”会产生另一个文本，这个文本自身可以表明是个有意义的误读，或一个产生另外文本的文本。[4] 文章作者把这部电影的主题引申到现代人在城市文化中的“迷失”，也不是完全没有根据，虽然严格而言，他的发挥显然是不符合影片的本意的。

我们不妨具体来看看《迷失在东京》的英文片名 *Lost in Translation* 究竟是什么意思。与不少国外的小说书名或电影片名一样，这个 *Lost in Translation* 的片名也是有其出典的，它出自 20 世纪美国家喻户晓的一位民族诗人罗伯特·弗罗斯特（Robert Frost）关于诗歌翻译的一句名言：“什么是诗？诗就是在翻译中失去的那个东西。”[5]（What is poetry? Poetry is what gets lost in translation.）弗罗斯特的这句话一经出口，就被持“诗不可译”论者反复引用，因此这句话在翻译研究界、尤其是在关注“诗究竟是可译还是不可译”问题的学术圈里，流传甚广，可谓人尽皆知。

弗罗斯特的话当然不无道理。不必把中文的译诗与外文的原诗进行具体的对照，只要大致比较一下我们国家用现代白话翻译的唐诗宋

[4] 参见郭宏安等：《二十世纪西方文论研究》，中国社会科学出版社，1997 年，第 424—425 页。

[5] 方平先生把这句话译成：“诗，就是经过翻译丧失的那一部分。”

词的译文与原诗原词，我们就能清楚地感觉到：诗，经过翻译后究竟会变得怎样。在唐诗宋词的现代白话译文里，原作的内容是保留下来了，但原作特有的诗意、那种美感，以及许许多多只可意会不可言传的东西，却失落了。同一语言内部的翻译（在翻译研究界我们称之为语内翻译 intralingual translation）尚且如此，那么跨越了语言、民族、文化的语际翻译（interlingual translation），可想而知，其失落的自然会更多。

然而，弗罗斯特的话也并不意味着诗就真的不可能翻译了。假如真是如此，那么我们不懂外文的读者将怎样才能欣赏到古往今来那许许多多优秀的外国诗人、包括弗罗斯特本人的杰作呢？即使我们的读者懂一两门外语，但也不可能指望他们能懂得这世界上所有的语言呀。所以，我更赞成著名翻译家方平先生的话：“原诗就它的内涵而言，比译诗更丰富（且不说两种不同的文字在转换过程中难免会走样），译诗当然代替不了原诗。不过译诗不能替代原诗，并不意味着（在最广泛的意义上），诗歌必然是不能翻译的；或者说，文学翻译必然意味着一种无可弥补的损失。”我更欣赏他那句充满了一个译者自信的话：“好诗，通过翻译，是可以还它一篇好诗的。”[6]事实上，绝大多数的读者，都是通过译诗才感受到了雪莱、拜伦、惠特曼诗作的风采，通过译诗才领略到了歌德、普希金、波特莱尔等诗人的魅力的。

明白了 *Lost in Translation* 这个电影片名的出典，那么接下来我们关心的是，《迷失在东京》的原作者借用弗罗斯特名言的后半句 Lost in Translation 做片名想说明什么？这个片名与电影本身的剧情究竟有什么关系？还有——这是我们更为关心的核心话题——如果要翻译得

[6] 方平：《译后记》，载《一条未走的路——弗罗斯特诗歌欣赏》，方平译，上海译文出版社，1988 年。

更加确切、更加切题些，*Lost in Translation* 究竟应该怎么译？

在最初看到《迷失在东京》的英文片名 *Lost in Translation*，尤其是看了该片的剧情简介，知道该片讲的是一个好莱坞演员独自一人从美国到日本去拍广告片，在东京邂逅一位陪摄影师丈夫来日本工作的年轻女大学生的故事以后，我曾猜想，这部影片应该与翻译有很密切的关系，也许会讲一讲这两位男女主人公因语言不通而在东京发生的一系列的趣事吧。出于对翻译的浓厚兴趣，我迫不及待地借来了《迷失在东京》的电影碟片。电影里果然有一段与翻译直接有关的情节，那是发生在故事的开始阶段，即男主人公好莱坞演员鲍勃 · 哈里斯初到东京开始拍广告片时，日本导演在摄影机旁叽里呱啦地对他说了一大通话，对他该如何摆姿势、应有什么表情等提出了许多具体的要求，但那个日本女翻译却只翻译了简单的一两句话给哈里斯听。哈里斯感到十分疑惑，问日本女翻译："他就讲了这么几句话？"女翻译回答他说"是"。接着日本导演又讲了一大通话对哈里斯提出要求，但那个日本女翻译仍然只翻译了一两句话给哈里斯听。联系影片英文片名 *Lost in Translation*（直译"翻译中失去的"），那么这组镜头无疑就是导演对片名最直接的注解了。然而，假如我们以为影片的情节就将在哈里斯与日本女翻译间展开，那我们就大错特错了，因为影片接下去的剧情发展与那个日本女翻译已经毫无关系，她只是在整个影片行将结束之前，也即在哈里斯即将启程离开日本回国之际，才又露了一下脸。但是这组镜头在影片中却显然具有非常重要的意义，它连续重复了三次，可见影片《迷失在东京》的导演对此镜头是赋予深意的。事实上，这组镜头确实是一个象征，是整部影片故事情节的一个隐喻。

影片的主要情节，被碟片的剧情简介渲染得确实有点像是一个老套的好莱坞风格的爱情故事："东京寂寞的夜空下，两个失眠的美国人在酒吧里相遇了。或许是眼底那份不自觉外泄的孤独令这对陌生男女悄然走到一起，他们在绝望中又若有所盼，暗自期待一次奇遇来改变一切……”然而，假如影片果真只是重复了一对寂寞男女在异国他乡的婚外情故事的话，那么这部影片绝不可能在第六十届威尼斯电影节上获得好评，更不可能在2004年获得奥斯卡最佳编剧奖。诚然，影片中确实不止一次地表现了这一对男女在各自下榻的旅店里如何茫然枯坐，然后又百无聊赖地走上街头、走进酒吧，在酒吧里两人用目光交流，倾诉各自内心的失落和期盼。然而，我们却不能忽视影片更加着力表现的男主人公哈里斯在与他来日本前刚刚离异的妻子通电话时的那种满怀期待，而在妻子薄情地挂断电话时的失落与伤心；我们不能忽视影片同样非常着力表现的女主人公夏洛特在旅馆的房间里无奈抽烟等待丈夫的归来，而在丈夫只顾工作把她冷漠地抛在旅馆里自顾上班去后，她望着丈夫的背影所流露出来的怅然若失之情。毫无疑问，这一对男女走到一起来是有其内在的感情基础的。但影片的高明之处是一次又一次地打破了观众的情感期待：夏洛特在酒吧喝醉了，哈里斯把她抱回旅店房间，把她妥帖地安置在床上。然后，他轻轻地掩上房门，离去了——竟没有以往好莱坞爱情故事片中常见的一夜风流！在影片即将结束时，哈里斯已经整点好行装坐上出租车驶往机场，突然他示意司机停车，原来他在繁华的东京街头、在熙熙攘攘的人流中发现了夏洛特。哈里斯下车追上了夏洛特，他们热情地拥抱，哈里斯还深情地吻了夏洛特，然后，他一边注视着夏洛特，一边慢慢地朝自己的出租车走去——他没有把夏洛特一起带走另筑爱巢！

影片到此结束了，影片的主题至此也最终表现得淋漓尽致。弗罗斯特的名言问：“什么是诗？诗就是在翻译中失去的那个东西。”反过来我们也可以这么说：“‘翻译中失去的’是什么？那就是诗。”而诗在西方文化圈里就是真、是美的化身，是真、是美的象征。至此我们也终于可以悟出编剧为影片取名 *Lost in Translation* 的深意了，因为对西方文化圈的观众来说，他们一看到 *Lost in Translation* 这个片名，脑子里自然而然地会跳出 poetry 这个词，然后产生与“真”与“美”的联想。而影片中男女主人公所感到失落的，所苦苦寻觅的，所满心向往的，不正是这生活中的真情、这生活中的美吗？

Lost in Translation，这真是一个精彩的电影片名！然而，这样一个与翻译有关的寓意深远的片名，却给我们的中文翻译带来了一个莫大的难题：译成“翻译中失去的”，中文观众会不知所云，译成“迷失在东京”，却又给观众以误导。也许可以根据影片的剧情，译成“失落的真情”吧。从内容上看，这个译法也许更切题些，但又太俗套，太直白，原文那种名言的高雅，用意的含蓄，荡然无存。不过，这也正是翻译的本质，它总是要失去点什么的。所谓“百分之百忠实的翻译”，它是一种翻译的理想，它可以作为翻译家的追求目标，但它不可能成为现实。

围绕电影 *Lost in Translation* 片名翻译的故事又一次提醒了我们，翻译决不是简单地进行一个语言文字的转换，然后交出一个所谓的忠实的译本就可完事的。对翻译的价值判断也决不只是一个“忠实”标准，它还必须考虑与语言文字转换相关的许多文化因素，必须考虑译文的接受环境里的许多因素。“迷失在东京”显然是一个“不忠实”的翻译，但试想，如果我们把电影 *Lost in Translation* 的片名简单地照字面“忠实地”翻译成“翻译中失去的”这样“很忠实”的片名，它还能把观众吸引到电影院里来吗？而电影片名的翻译，如果不能起到吸引观众的效果，这样的翻译能算是成功的翻译吗？类似的例子可谓比比皆是。

显然，从以上这个个案我们可以发现，对翻译的讨论不能只局限于传统译学观念的框架里，而有必要跳出这个框架，换一个视角来看翻译，来讨论翻译。本书标榜“从传统译论到现代译论”，其用意也就是要求我们要从传统的仅仅局限于语言文字转换层面上对翻译的讨论，自觉地进入到跨文化交际的文化层面这个当代译论研究视角，即从译介学视角对翻译进行更为全面、更为深入的探讨。

第三节 译介学：比较文学与翻译研究的交汇和接壤

那么什么是译介学呢？自上世纪末拙著《译介学》问世以来，对国内学术界来说，译介学其实已经不能算是一个陌生的学术术语了，在国内比较文学界和翻译研究界，越来越多的学者从译介学的角度出发展开他们的研究。至于青年学子，特别是在读的博士生，凭着他们年青人特有的学术敏感性，借用译介学理论进行他们的博士学位论文写作的，更是为数不少。甚至在相关的人文、社科学界，如史学界、哲学界、政治学界、语言学界等，也有众多同仁学子借鉴译介学视角，出版或发表了诸如“兵书译介研究”、“农书译介研究”、“外来语译介研究”、“哲学译介研究”，乃至“某某书的译介研究”、“某某人的译介研究”、“某某词的译介研究”等著述。然而与此同时，在国内学界还是有不少人望文生义，把译介学与一般意义上的翻译研究混为一谈，以为译介学是研究什么翻译技巧或是什么实用翻译理论，甚至把它与训练和提高人们的翻译能力和实践水平联系在一起，这显然是一个误解。有鉴于此，我们在此对译介学的概念和定义再做一个界定，似仍然不无必要。

国内比较文学界的专家学者与师生都清楚，译介学是随着 20 世纪 70 年代末 80 年代初比较文学在我国大陆重新崛起而逐渐发展起来的一个新兴研究领域，它与传统注重语言文字转换的翻译研究最大的不同是，它把翻译研究从单纯的两种语言文字转换的层面拓展到了两种不同文化的交往、传播、接受、影响的层面。所谓“译介学”，它既有对“译”即“翻译”的研究，更有对“介”即文学文化的跨语言、跨文化、跨国界的传播和接受等问题的研究。因此，译介学研究所思考的问题不是简单的“怎么译”的问题，而是“为什么这么译”、“为什么译这个国家、这个作家的作品，而不译那个国家、那个作家的作品”、“为什么这个作家的作品在其本国默默无闻，在译入语国家却备受推崇、被视作经典”等问题，从而开拓了翻译研究广阔的新领域，并极大地丰富了翻译研究的学术内涵和外延。

“译介学”作为国内比较文学研究的一个专门术语，由卢康华、孙景尧两位教授率先在他们于1984年出版的《比较文学导论》一书里提出，孙景尧并在乐黛云教授主编的《中西比较文学教程》(1988)中设专节对其进行分析。之后，我于1994年在台湾推出我的个人论文集《比较文学与翻译研究》[7]，又于1997年在陈惇、孙景尧和我共同主编的教材《比较文学》[8]中，以两万字的篇幅，推出“译介学”专章，详细地阐释了译介学的基本理念、研究对象和研究范畴。接着，我又先后于1999年和2003年推出两本专著《译介学》[9]和《翻译研究新视野》[10]，于2007年出版一本教材《译介学导论》[11]。我在这三本书以及先后发表的数十篇论文里，对译介学理论作了更加深入的阐述，完成了对译介学理论的基本建构。与此同时，国内同类比较文学教材，如

[7] 谢天振：《比较文学与翻译研究》，台北业强出版社，1994年。
[8] 陈惇、孙景尧、谢天振：《比较文学》，高等教育出版社，1997年。
[9] 谢天振：《译介学》，上海外语教育出版社，1999年。
[10] 谢天振：《翻译研究新视野》，青岛出版社，2003年。
[11] 谢天振：《译介学导论》，北京大学出版社，2007年。

陈惇、刘象愚的《比较文学概论》(1988)、张铁夫的《新编比较文学教程》(1997)、杨乃乔的《比较文学概论》(2002)、曹顺庆的《比较文学论》(2002)和《比较文学教程》(2006)等，也都开始设立“译介学”专节或专章，从而进一步奠定了译介学研究在国内比较文学研究中的地位，并极大地推动了译介学研究的深入广泛的展开。

与传统的一般意义上的翻译研究相比，译介学与它们的差别首先在于审视翻译（文本、事件、行为等）的视角不一样：传统翻译研究多局限于两种语言文字的转换层面，关注如何才能更好更忠实地传递原文的信息，而译介学则是跳出了传统翻译研究仅仅关注语言文字转换的框框，从一个广阔的跨文化交际层面上去审视翻译，考察翻译作为一种跨文化交际行为所受到的文本以外的、与译出语境和译入语境相关的各种制约因素，以及译本在译入语环境中的接受、传播和影响等问题。从译介学的提出与发展的历史看，译介学最初是从比较文学中媒介学的角度出发，后来则越来越多是从跨文化交际的角度出发对翻译（尤其是文学翻译）和翻译文学进行研究。因此从这个意义上而言，译介学的研究并不是一种简单的语言研究，而是一种比较文学研究或者跨文化研究，它关心的不是语言层面上出发语与目的语之间如何转换的具体问题，它关心的是原文在这种外语和本族语转换过程中源语信息的失落、变形、增添、扩伸等问题，它关心的是翻译（主要是文学翻译）作为人类一种跨文化交际的实践活动所具有的独特价值和意义。由此可见，译介学实际上体现了比较文学和比较文化的研究视角，这个视角把传统狭隘的翻译研究带上了跨文化交际研究的广阔平台。而随着翻译进入了职业化时代，文学翻译越来越被边缘化，译介学研究也不再局限于单纯的文学翻译研究，其开阔的跨文化交际研究视野成为当代译论的一个独特研究视角，从而为推动传统译学研究向当代译学研究转向，为当代翻译学学科建设发挥着重要的作用。

译介学并没有相应的固定英语术语，曾有人向我建议可翻译成Medio-Translatology，这个词的前半部分意为“媒介”、“中介”，英语中的“媒介学”一词即为Mediology，后半部分意为“翻译学”，这样勉强可以表达译介学的意思。在西方比较文学界和当今的西方翻译研究界，在谈到与我们所说的译介学相似或相近的内容时，我们经常接触到的是一个意义相当宽泛的术语——翻译研究（translation studies或translation study），譬如著名英国比较文学家兼翻译理论家苏珊·巴斯奈特（Susan Bassnett）就如此用。她在其1993年出版的专著《比较文学批判导论》[12]一书的最后一章打出了《从比较文学到翻译研究》这一标题，其英文原文即是“From Comparative Literature to Translation Studies”。这里的“Translation Studies”有两层含义，一是指通常所说的“翻译研究”，而另一是指的“翻译学”，一门新兴的独立学科的指称。因此也有人把该标题翻译成“从比较文学到翻译学”[13]，以突出“Translation Studies”一词的学科意义。但我觉得译成“翻译研究”也未尝不可，这样可以突显比较文学向翻译研究的转向。这里，巴斯奈特实际上已经提出了“比较文学的翻译转向”这个命题。

当然，用“Translation Studies”这一术语来指称中文的“译介学”，明显拓展了我们当初提出的译介学研究的范畴，不过也正好再明确不过地揭示了译介学研究的跨学科性质。也就是说，译介学研究的跨语言、跨民族、跨国界、跨文化的性质决定了这种研究不可能仅仅局限在传统的比较文学研究范畴内，它注定要与当今国际翻译研究的最新

[12] Susan Bassnett. *Comparative Literature – A Critical Introduction*. Blackwell Oxford UK & Cambridge USA, 1993.

[13] 参见陈德鸿、张南峰：《西方翻译理论精选》，香港城市大学出版社，2000年，第185页。

发展趋势——翻译研究的文化转向交汇和接壤。从这个意义上而言，译介学也可理解为是当代“比较文学的翻译转向”和“翻译研究的文化转向”理念指导下进行的翻译研究。对中国比较文学界和翻译界而言，它也在某种程度上预示了未来我们中国比较文学研究和翻译研究的一个主要发展方向。

巴斯奈特是当代西方比较文学界和翻译界最早注意到“比较文学的翻译转向”问题的学者之一。早在20世纪90年代初，她就指出：“比较文学作为一门学科已经过时了。女性研究、后殖民理论和文化研究领域的跨文化研究，已经从整体上改变了文学研究的面貌。从现在起，我们应当把翻译研究（翻译学）视作一门主导学科，而比较文学只不过是它下面的一个有价值的研究领域而已。”[14]

20世纪末，当我首次在巴斯奈特的《比较文学批判导论》一书中读到以上这段话时，我对这段话并不十分理解，甚至还感到困惑，曾写过一篇文章《翻译研究的最新进展和比较文学的学科困惑》，发表在1997年第一期《中国比较文学》上。十几年过去了，当我对当代西方的翻译研究历史与现状作了比较全面的考察与审视，尤其是结合当前国际比较文学的现状对最近一二十年来西方翻译研究的最新进展进行了较为深入的研究和分析之后，这时我再次启读巴斯奈特的上述专著及其相关论断，我的感受发生了很大的变化。也许我们现在仍然可以说巴斯奈特的断言“不无偏激”“有失偏颇”，因为这一断言用翻译研究代替了比较文学在向文化研究演进后的全部内容，确实有失偏颇，但是我们却不能不承认，这一断言道出了当前国际比较文学现状的主流与实质。而我们中国比较文学研究者（包括本人在内）之所以

[14]　同本章注1，第161页。

觉得巴氏的断言“不无偏激”“有失偏颇”，那是因为我们囿于中国比较文学研究所处的文化语境，而其中一个更为根本的原因，则是因为目前我们中国的翻译研究与西方相比，还有相当程度的滞后。而一旦中国的翻译研究实现并完成了它的“文化转向”，那么我们完全可以预言，届时翻译研究也必将成为中国比较文学的一个主要并占有相当大比重的研究领域。

比较文学的翻译转向，这首先是比较文学学科自身的跨语言、跨民族、跨文化的学科性质决定的，也是当前比较文学向广度和深度发展的历史必然。第二次世界大战结束以来，西方学术界呈现出几个主要的发展趋势：首先是文学理论越来越快地呈现出不再是一家独领风骚的局面，如结构主义、符号学、解构主义、后现代主义、新马克思主义、接受美学，等等，你方唱罢我登场；其次是文学史的权威大大下降，而且开始普遍拒绝承认文学研究的主要关心应是作为文学史组成单位的文学作品；再次是越来越多的人拒绝承认对文学从美学角度的研究具有真正意义（除非把它看作文学社会学的因素），而对文学研究与其他人文科学之间的相互作用发生浓厚的兴趣，等等。

在这样的历史背景下，我们也就不难理解，为什么于 20 世纪 70 年代步入比较文学研究领域的西方大学里的比较文学专业研究生们都会纷纷热衷于形形式式的理论，从结构主义到后结构主义，从女性主义到解构主义，从符号学到心理分析理论，不一而足。尽管对这种情况美国比较文学的元老之一哈瑞 · 列文（Harry Levin）早在 1969 年就颇有微词，认为“我们花了太多精力谈论比较文学，……但对究竟如何比较文学却谈得很不够。”[15] 然而面对汹涌而来的理论热潮，女性

[15] 转引自 Sussan Bassnett. *Comparative Literature – A Critical Introduction*. p. 5。

研究的高涨，电影传媒研究的时尚，列文的抱怨不啻杯水车薪，以其区区之力，根本无法阻挡比较文学向文化研究转向的大势。年轻一代的比较文学研究者已经无意追溯作家与作家之间的影响与被影响的模式与途径，也无心讨论文本与文本之间的异同。前辈学者的比较文学研究在他们看来，已经成了一具“史前的恐龙”，对他们已经没有任何吸引力。

由于当前整个学术研究所处的经济全球化的大背景，国际比较文学研究经历了 20 世纪 70 年代的理论热，80 年代后现代主义思潮盛行并对传统文学经典进行反思和重建，到 90 年代把它的研究对象越来越多地扩展到了语言文字作品之外（如影视、动漫等），其关注重点也越来越多地跳出“寻求事实联系”的文学关系研究，从而呈现出不同于传统（所谓“父辈”）比较文学研究的态势，进入到了斯皮瓦克所说的“文化多元主义和文化研究”阶段。

从以上对比较文学向文化研究演进的描述中我们可以发现，当代比较文学的发展中确实并不如巴斯奈特所说的仅仅是转向翻译研究。我认为当代比较文学在实现了文化转向以后有三个新的发展趋势值得注意。在某种意义上，这三个发展趋势也可以说是与传统比较文学研究相比出现的三个新的研究领域：第一个领域是运用形形色色的当代文化理论对文学、文化现象进行研究，第二个领域是把研究对象从纸质的、文字的材料扩大到非纸质的、非文字的材料，譬如对影视、卡通、动漫等作品展开的研究，最后一个领域即是对翻译进行研究。

第一个研究领域与 20 世纪 70 年代以来的理论热有比较直接的关系，也因此这一领域的研究在初期与文学文本的关系还比较密切，譬如运用心理分析批评理论中的“恋母情结”去解释莎剧《哈姆雷特》的主人公为何迟迟未能把剑刺向他叔父为父亲报仇的原因；运用女性主义的理论去重新解读英国长篇小说《简·爱》，并彻底颠覆外国文学研究界长期以来将该作品男主人公罗切斯特作为正面人物的评价；运用文学人类学的理论把我国古典名著《西游记》解读为一场类似人类初民的成年礼游戏，等等，甚富新意，亦能自圆其说。但是随着这一领域研究者视野的不断拓展，尤其是随着对一些新的文化理论的运用，地缘政治、文明冲突、自然生态、民族图腾等问题也纷纷纳入了研究者的视野，该领域的研究对象及其讨论的问题似乎与文学本身正在渐行渐远。

第二个研究领域国内比较文学界目前开展得还不是很多，迄今为止比较多的还是集中在影视作品的研究上，对政治卡通片、动漫片的研究似未见到。而在影视作品的研究方面，如何区别于影视批评而显现比较文学研究的学科特征，恐怕是一个有待专家们进一步探讨的问题。

第三个研究领域就是翻译研究。当然，有必要再次强调一下的是，此处的翻译研究并不是国内翻译界传统意义上对两种语言文字如何转换，也即技术层面上“怎么译”问题的研究，而是指从文化层面上展开的对翻译动因、翻译行为、翻译结果、翻译传播、翻译接受、翻译影响以及其他一系列与翻译有关的问题的研究。我以为，翻译研究，特别是实现了文化转向以后的翻译研究，与当代比较文学研究的关系最为密切。不过我并不完全赞同巴斯奈特把当前比较文学的发展趋势仅仅描绘成只是往翻译研究转向，甚至认为翻译研究已经可以取代比较文学研究，我认为两者更多的是一种互为补充、互为促进、互为丰富的关系。

比较文学的翻译转向并不意味着比较文学从此只研究翻译，而放弃传统比较文学的研究课题。恰恰相反，通过研究翻译，学者们为比较文学打开了一个新的研究层面，传统比较文学的研究课题得到了比以前更为深刻、更为具体、更加显现的阐释。譬如，文学关系历来是传统比较文学研究的最主要的一个课题。但是以前的文学关系研究要么是致力于寻求两个民族或国家的文学影响与被影响的“事实联系”，要么是比较两个民族或国家的文学的异同，然后从中推测它们相互间的关系。翻译研究则不然，以多元系统论为例，它提出了一系列原先一直被学术界忽视的问题，诸如：为什么有些国家的文化更重视翻译，翻译进来的东西多，而有些国家的文化则相反？哪些类型的作品会被翻译？这些作品在译语系统中居何地位？与其在源语系统中相比又有何差异？我们对每个时期的翻译传统和翻译规范有何认识？我们又是如何评估翻译作为革新力量的作用的？蓬勃开展的翻译活动与被奉作经典的作品，两者在文学史上是何关系？译者对他们自己的翻译工作作何感想，他们的感想又是如何通过比喻的方式传达出来的？……毫无疑问，这些问题对于我们深入思考文学关系问题是大有裨益的。由此可见，比较文学与翻译研究的交汇和接壤还与翻译研究自身的最新发展、与翻译研究自身的文化转向也有直接的关系。

巴斯奈特曾在她的专著《翻译研究》[16]中对西方翻译研究的文化转向进行过深入的探讨和分析。她从宏观的角度，勾勒出了翻译学的四大研究领域：译学史、译语文化中的翻译研究、翻译与语言学研究以及翻译与诗学研究，而在于20世纪90年代写的一篇论文《文化研究的翻译转向》（The Translation Turn in Cultural Studies）中更是明确阐述了翻译研究与文化研究相遇的必然性，指出这两个领域的研究都质疑学科的边界，都开创了自己新的空间，关注的主要问题都是权力

[16]　此书于1980年推出第一版后，又于1991年和2002年先后推出第二版和第三版。

关系和文本生产，而且都认识到理解文本生产过程中的操纵因素的重要性，因此这两个学科的学者可以在很多领域进行更富有成果的合作。[17]

巴斯奈特的话点明了当代西方翻译研究的一个重要特征。事实上，从 20 世纪 80 年代末 90 年代初起，西方翻译研究开始全面转向文化，并于 90 年代末终于完成了当代翻译研究的文化转向。自此，广泛借用当代各种文化理论对翻译进行新的阐释，探讨译入语文化语境中制约翻译和翻译结果的各种文化因素，关注翻译对译入语文学和文化的影响和作用等等，成为当代西方翻译研究的一个主要趋势。

巴氏的以上论述，虽然谈的是关于文化研究与翻译研究之间的关系，但我们若是把它们用诸比较文学与翻译研究之间的关系也并无多大不妥。因为与此同时，国际比较文学研究同样发生了一个重大的转折，那就是从比较文学向文化研究、尤其是向跨文化研究演进。我把这种演进称作比较文学的文化转向。

实现了文化转向之后的翻译研究对当代各种前沿文化理论同样也有大量的借用。但与上述比较文学文化转向后出现的第一个趋势有所不同的是，翻译研究对文化理论的运用大多用在对翻译现象和翻译文本的阐释上，体现出较强的文学性。譬如当代翻译研究者借用女性主义理论对某一女性主义作家作品的分析，不仅让读者看到了女性译者的主体意识以及她们使用的策略，诸如补充（Supplementing）、加注与前言（Prefacing and Footnoting）、劫持（Highjacking）等，同时通过对

[17] Susan Bassnett. “The Translation Turn in Cultural Studies”, in *Constructing Cultures: Essays on Literary Translation*, ed. S. Bassnett & A. Lefevere. Shanghai Foreign Language Education Press, 2001, pp.123—140.

同一女性主义作家原作的不同译者（包括不同性别的译者）在不同时期的译本的比较研究，如译文中对原作与性有关的段落的删改处理，对一些性行为或性意识词语的翻译和替换，等等，非常具体、形象地展示了我们国家对西方女性主义作家作品的接受过程。

再譬如当代翻译研究对解构主义理论的运用。借用解构主义理论，研究者认识到，翻译不可能复制原文的意义，对原文的每一次阅读和翻译都意味着对原文的重构，译作和原作是延续和创生的关系，通过撒播、印迹、错位、偏离，原作语言借助译文不断获得生机，原作的生命才得以不断再生。这不仅对原文与译文的关系作出了崭新的解释，同时也对译文的意义、价值及其在译入语中的作用有了全新的认识。这同样是对比较文学研究的深化。

至于其他一些文化理论，诸如当代阐释学理论、后殖民理论、目的论等等，既为当代翻译研究提供了新的理论视角，同时也促进了比较文学研究的深入开展。

除了翻译史和对当代文化理论的借用这两块研究领域以外，当代翻译研究还为比较文学提供了其他许多新的研究课题。譬如勒菲弗尔提出的翻译与文学批评、文学史的编撰和文选的编选等一样，都是对原作的一种“改写”或“重写”（Rewriting），并指出这种“改写”或“重写”“已被证明是一个文学捍卫者用以改编（因时代或地理隔阂而）异于当时当地的文化规范的作品的重要手段，对推动文学系统的发展起了非常重要的作用。从另一层面上，我们又可把这种‘改写’或‘重写’视作一个文化接受外来作品的证据，并从这个方面对其进行分析。这两点充分证明，文学理论和比较文学应该把对‘改写’或‘重写’的研究放在更中心的位置上进行研究。”巴斯奈特接过勒菲弗尔的话，进一步强调说：“我们必须把翻译视作一个重要的文学手段，把它作为‘改写’或‘重写’的一种形式予以研究，这样可以揭示一个文学系统在接受外来作品时的转变模式。”[18]

再如，当代翻译研究中的“意识形态、赞助人、诗学”三因素理论，同样揭开了中外文学关系研究的新层面。20世纪80年代初我国外国文学界曾经围绕英国通俗长篇小说《尼罗河上的惨案》的译介掀起一场轩然大波，从而对我国新时期对国外通俗文学的译介产生很大的影响。而这场风波的背后，就是我国特有的赞助人机制在起作用。而“诗学”（或译“文学观念”）因素的引入，对于解释为什么我们国家在20世纪50年代大量译介的都是现实主义文学作品，而进入80年代后又开始大量译介西方现代派文学作品，显然提供了一个富于说服力的理论视角，同时也是一个饶有趣味的研究课题。

当前，国际比较文学研究和和翻译研究都各自实现了它们的文化转向，国外的文化研究则实现了翻译转向。实践证明，这两大转向给国际比较文学研究、翻译研究以及文化研究都带来了勃勃生机。在这样的形势下，我想尝试提出中国比较文学的翻译转向，希望通过辨清比较文学与翻译研究的关系，促进中国比较文学的深入发展。比较文学的翻译转向已经为当代国际比较文学研究的丰富和深化作出了贡献，我相信，随着国内比较文学界翻译转向意识的提升，随着国内译学界翻译研究文化转向的推进和完成，中国比较文学的翻译转向也一定会给目前我国比较文学研究的深入进行带来新的契机，展示更广阔的发展前景。

---

[18] Susan Bassnett. “The Translation Turn in Cultural Studies”, in *Constructing Cultures: Essays on Literary Translation*, ed. S. Bassnett. & A. Lefevere. Shanghai Foreign Language Education Press, 2001, pp.147—148.

第二章

译学发展的历史必然

第一节　中西翻译研究史的回顾与反思

译介学之所以在 20 世纪 80 年代的中国出现并在不长的时间里就引起了国内比较文学界和翻译研究界的广泛关注，且为国内的翻译研究拓展出一片新的研究领域，不是个别学者的心血来潮或标新立异，而是翻译研究发展到今天的历史必然。回顾中西方两千多年的翻译史，我们可以清晰地看到翻译的隐身与现身的历史轨迹，从而认清译介学在当代国际译学最新发展趋势的大背景下的位置并理解其出现的历史必然性。

众所周知，中西方翻译活动的大规模展开都与一件事有关，那就是宗教典籍的翻译。对中国来说是佛经翻译，对西方而言那就是圣经翻译。而在宗教典籍翻译之前，尽管中西方的历史典籍上也能发现一些零零星星的关于翻译活动的记载，但那时人类还处在翻译的摸索阶段，所以不可能有什么关于翻译的理论认识，至多也就是对翻译的一些朦胧认识而已。从圣经和佛经翻译起，中西方才开始出现了一批致力宗教典籍翻译的翻译家，并提出了一系列与宗教典籍翻译相关的观点、主张和思想。从宽泛意义上而言，这也是人类最早的翻译理论。

从已存的文字资料中我们可以知道，罗马人从公元前3世纪起便开始了大规模的翻译活动。而且值得一提的是，这个活动从一开始起就与文学交流有关。如史载罗马最早的翻译家里维乌斯·安德罗尼柯（Livius Andronicus，284—204 B.C.）、与安氏差不多同时代的古罗马历史剧作家涅维乌斯（Gnaeus Naevius，270—200? B.C.）和被誉为罗马文学之父的恩尼乌斯（Quintus Enuius，239?—169 B.C.）所翻译的就多是一些文学作品，他们的译作，无论是对当时的创作，还是对整个欧洲后世的文学发展，都产生了深远的影响。

随着翻译的发展和繁荣，对翻译的研究，确切地说，是人们对翻译的见解和主张，也随之而生。其中最值得注意的当推古罗马著名的演说家、政治家、哲学家和修辞学家西塞罗（Marcus Tullirs Cicero，106—43 B.C.）、罗马帝国初期的著名诗人和批评家贺拉斯（Quintus Heratius Flaccus，65—8 B.C.）以及著名的演说家和修辞学家昆体良（Marcus Fabius Quintilianus，35—95）。

西塞罗在翻译大量希腊文学、政治和哲学著作的基础上，在《论优秀的演说家》（约公元前46年）和《论善与恶之定义》（公元前45—前44年）两书中表达了对翻译的看法。他提出，"要作为演说家、而不是作为解释者进行翻译"。他认为，在翻译时"没有必要字当句对，而应保留语言的总的风格和力量"，译者在翻译的时候"不应当像数钱币一样把原文词语一个个'数'给读者，而是应当把原文'重量''称'给读者。"[1] 这里西塞罗把翻译与演说联系了起来，其用意就是希望译者能像演说家那样"用其演讲教导、娱乐、感动观众的心灵"，也就

---

[1] Robinson, Douglas. *Western Translation Theory from Herodotus to Nietzsche*. Foreign Language and Research Publishing Press，2006, p.9. 中文译文借鉴自谭载喜《西方翻译简史》（增订版），2004年，第19页。

是要求译者在翻译时应该考虑读者因素，考虑翻译文本的接受效果。这是非常有见地的主张，即使放在今天，这种观点也仍然不失其现实意义，西塞罗被称为西方翻译史上第一位翻译理论家，确是当之无愧。

贺拉斯是继西塞罗之后另一位有代表性的翻译思想家。在翻译观点上，他受西塞罗的影响，同样认为翻译必须避免直译，应该采取灵活的翻译方法。他认为如果遇到拉丁语中没有的新词，可以通过翻译借用希腊词汇，这样不仅可以满足写作、翻译的需要，同时还可以丰富祖国的语言。贺拉斯对后世的影响很大，他在《诗艺》(*Ars Poetica*) 一书中所说的"不要费事以一个忠实的译者逐字翻译"的话流传甚广，常被后人引用以批评死扣原文、不知变通的翻译。

昆体良是这一时期第三位重要的翻译思想家。他对翻译的看法主要集中在《演说术原理》一书中。他注意到希腊和拉丁两种语言之间在词汇、修辞等方面的差异，但他并不认为这种差异会导致无法传译。在他看来，无论语言、文化间有多大差异，但表达同一思想、观点、情感等等的途径是多样的，翻译虽然无法获得原作同样的效果，但可以通过各种手段接近原作。他主张用最出色的词汇翻译希腊作品[2]，原文是诗歌，可以用散文的形式翻译，因为这样做可以使"这些思想增加了演说的活力，提供了曾被忽略的东西，使原先松散的东西有了密度。"[3]昆体良还提出了"翻译要与原作进行竞争"[4]的观点，认为翻译也是创作，翻译应该比原作更好，应该超越原作。

以上三位古罗马翻译家的翻译思想有一个共同点，那就是都不主张译者在翻译时对原作简单地"逐字翻译"，而是更看重翻译的接受效

[2] Robinson，Douglas. *Western Translation Theory from Herodotus to Nietzsche*, p.20.

[3] Ibid.

[4] Ibid.

果，甚至翻译自身的独立价值。他们的这种翻译思想甚至在罗马帝国的后期，仍不乏余响，并具体反映在两位翻译家的身上。第一位是圣经翻译家哲罗姆（St Jerome，347?—420）。哲罗姆受命重新翻译《圣经》，在翻译过程中他悟出不能像《七十二子希腊文本》的译者那样死扣原文，而应根据译文语言的特点移植原文的风格，他的译本《通俗拉丁文本圣经》也因此取得成功，成为罗马天主教所承认的唯一文本，也成为后来大多数欧洲国家翻译《圣经》时所依据的主要原本。尤其值得一提的是，哲罗姆提出应区别对待文学翻译和宗教翻译，认为在《圣经》翻译中不能一概采用意译，而主要应采用直译，但在文学翻译中，译者可以而且应当采用易于理解的风格传达原作的意思。他甚至进而提出，“译者可以搀入自己的风格色调，使译作像原作一样优美”，译者应当“靠征服把原文意思译成自己的语言”。[5]

另一位翻译家是奥古斯丁（St.Augustine，354—430）。严格说来，奥古斯丁实际从事翻译并不多，但由于他对语言问题有深入的研究，加上他曾校订过拉丁文《圣经》译本的某些部分，使他有可能从语言研究的角度，对翻译提出其独特的观点。例如他提出在翻译中应注意根据不同的读者，采用“朴素、典雅、庄严”三种不同的风格，翻译中应考虑“所指”、“能指”和译者“判断”的三角关系，等等。这些观点对后世的语言和翻译研究，影响深远，奥古斯丁也因此被奉为西方翻译史上语言学派的鼻祖。

进入中世纪以后，西方各国的教会势力变得越来越强大，宗教翻译也进一步成为西方译界的主流，影响遍及整个欧洲。而且由于教会的控制和干预，也由于译者本人对原本敬若神明，亦步亦趋，不敢有

[5]　谭载喜：《西方翻译简史》（增订版），商务印书馆，2004年，第26页。

丝毫变动，因此在宗教典籍的翻译上，直译、死译占据了主导地位，导致这一时期的宗教翻译作品错误百出。

不过在中世纪早期的300年时间里也有两位翻译家的思想值得关注，他们是波伊提乌（Anicius Manlius Severinus Boethius，480?—524/525）和西撒克逊王阿尔弗烈德（King Alfred，849—899）。波伊提乌主要翻译了亚里士多德《工具论》中的《范畴篇》（*Categories*）和六卷本《解释篇》（*Organon*），以及一些相关评论。他反对逐字翻译，认为那样做虽然“忠实”，但实际上远离了原文的精髓。他认为只要将原文的内容完美传达出来，就可以不用考虑原文的语言形式。他曾说：“我担心要是我按照原文逐字翻译，我会犯忠实解说者所犯的错误。”[6] 阿尔弗烈德国王是一位学识渊博、勤于翻译实践的学者。他翻译了奥古斯丁的《独语》（*Soliloquies*）、波伊提乌的《哲学的慰籍》《英格兰人民教会史》，以及教皇格列高利一世的《宗教慰籍》等作品。他强调“我们应该将那些我们每一个人最应该了解的书翻译成我们所有人都能理解的语言”。[7] 至于翻译方法，他认为应该“有时采取逐字翻译，有时采取意译”[8]，全看译者是否能够“最简洁最清晰地解释原文”。总之，要“采取最易懂的方式将其他语言翻译成英语。”[9]

与西方翻译史的发展相似，中国的大规模的翻译活动以及对翻译的研究和思考同样与宗教典籍，也即佛经的翻译密切相关。佛教创立于公元前6—5世纪的古印度，从西汉末年开始传入中国，由此开始了长达一千一百多年的中国佛经翻译史，并成为我国翻译史上第一个

[6] Robinson, Douglas. *Western Translation Theory: from Herodotus to Nietzsche*. Foreign Language Teaching and Research Press, 2006, p.35.

[7] Robinson, Douglas. *Western Translation Theory: from Herodotus to Nietzsche*, p.37.

[8] Ibid., p.37.

[9] Ibid.

重要的翻译时期。

与西方一样，早期中国的佛经翻译家们对翻译的研究和思考首先也是围绕着应该直译还是意译、应该逐字译还是逐意译等问题展开的。三国时代的支谦（3 世纪）在《法句经序》一文里提出翻译（佛经）应该“因循本旨，不加文饰”，从而引出了最早的“文”“质”之争。这里的“文”也即主张翻译时应该“温文典雅”，“质”即主张翻译应该“质直朴素”，可谓与西方早期的关注问题异曲而同工。

东晋、前秦时期的高僧、翻译家道安（314—385）显然是主张直译的，强调紧扣原文、“案本而传”，并具体阐释了此前翻译中存在的五种方法，也即他所谓的“五失本”之说：1. 只考虑译文的（通顺、趣味等）而完全不考虑原文（“胡语尽倒，而使从秦”）；2. 原文明明是比较质直的，但翻译时却仍然一味迎合译入语追求华文丽词的特点（“胡经尚质，秦人好文，传可众心，非文不合”）；3. 原文有反复宣讲的特点，但译者却嫌其烦而把这些内容裁减掉了（“胡委悉，至于叹咏，叮咛反复，或三或四，不嫌其烦，而今裁斥”）；4. 原文中有被称为“义说”的段落，其内容也颇多重复，翻译时被删去（“胡有义说，正似乱辞，导说向语，文无以异，或千五百，刈而不存”）；5. 原文中已经说完一事并告一段落时，在转入下一内容时会把前面的内容又反复重提，翻译时把这些内容全都删除了（“事已全成，将更傍及，反腾前辞，已乃后说，而悉除此”）。道安显然是反对这几种译法的，认为它们“失本”了，也即未能把原文原汁原味地翻译过来。

与道安界定的“胡经尚质，秦人好文”相反，后秦高僧、中国古代另一位著名佛经翻译家鸠摩罗什（343—413）却认为“天竺国俗，甚重文藻”，强调翻译时保留原文的“藻蔚”，否则在他看来，翻译时“改梵为汉，失其藻蔚。虽得大意，殊隔文体。有似嚼饭与人，非徒失味，乃令呕哕也”。由此可见鸠摩罗什看重译文的文采，在翻译方法上推崇意译法。

值得一提的是，中国古代最著名的佛经翻译家、唐代高僧玄奘（600—664）已经注意到翻译中的“不可译”现象，并提出了“五不翻”的原则，也即在五种情况下可直接用音译而不必刻意传译原意。[10]与此同时，玄奘还以其具体的翻译实践，“译笔谨严，多用直译，善参意译”，提出了所谓“新译”的主张。此后相当长的一个时期，中国古代的翻译家对翻译的讨论也就基本停留在对“直译、意译、新译”等问题上发表各自的见解上。

而欧洲于中世纪晚期起，各地开始建立起各种大大小小的国家，民族疆域逐渐明确，民族意识日益增强，民族语言也开始逐步成形。因此，尽管罗马教廷为了维护自己的统治地位而一再坚持用拉丁语翻译《圣经》，但欧洲各地用民族语翻译《圣经》的要求却越来越强烈了，从 13 世纪起终于形成为一个高潮。

《圣经》与宗教文献的民族语言的翻译，除了对民族语言的形成产生了巨大的影响外，它对翻译理论和世俗文学翻译的发展也产生了很大的影响。例如在德国围绕着“直译”、“意译”的问题展开了进一步的争论，以尼古拉斯 · 封 · 维尔（Nicolas von Wyle，15 世纪人）为代表的翻译家主张要逐字对译，不折不扣地模仿拉丁风格，为了忠实于原文，宁愿牺牲译文易懂性；但以斯坦豪维尔（Heinrich Steinhowel，15 世纪人）为代表的另一批翻译家则主张发展民族语的风格，使用人民大众的活的语言，以使译文易懂。类似的争论与主张，在英国翻译家中也有反映，如翻译《圣经 · 诗篇》的理查德 · 罗尔（Richard

[10] 详见罗新璋、陈应年：《翻译论集》（修订本），商务印书馆，2009 年，第 80—81页。

Rolle，1300—1349）自称："我尽量抠住字眼，但在我找不到恰当的英语译词的地方，便按照单词的意思翻译。"[11] 而另一位翻译家约翰·珀维（John Purvey，14 世纪人）提出，逐字翻译会使意思含混不清，主张译者要让英语句子像拉丁语句子的意思同样明白易懂。

这一时期引人注目的事件是罗杰·培根（Roger Bacon，约 1214—1292）和但丁（Dante,1265—1321）所发表的对翻译的看法。罗杰·培根是英国哲学家、博物学家，也是牛津大学的教授。他猛烈抨击一些译者在翻译中对亚里士多德的作品随意增删和歪曲，提出只有认真研究语言与科学，才有可能正确理解原文。意大利诗人但丁则在其名著《饕宴》里对诗歌翻译发表了颇为悲观的看法。在但丁看来，诗的形式与该诗所使用的语言是密不可分地紧紧连在一起的，因此，"任何富于音乐和谐感的作品都不可能译成另一种语言而不破坏其全部优美的和谐感"[12]。他还具体举例说，荷马的史诗之所以未译成拉丁语，《圣经·诗篇》的韵文之所以没有优美的音乐和谐感，"就是因为这些韵文先从希伯来语译成希腊语，再从希腊语译成拉丁语，而在最初的翻译中其优美感便完全消失了。"[13] 但丁的观点拉开了西方翻译史上对于文学翻译的可译性与不可译性的漫长争论的序幕，同时它使人们注意到诗歌翻译中诗与语言之间的有机联系，这对后世人们确立诗歌翻译的正确原则很有裨益。

这里顺便提一下，几百年后，著名的西班牙作家塞万提斯在其长篇小说《堂吉诃德》中，借主人公堂吉诃德之口，说出了与但丁颇相仿佛的观点："不过我对翻译也有个看法，除非原作是希腊、拉丁两

[11] 转引谭载喜：《西方翻译简史》（增订版），2004 年，第 51 页。

[12] 同上书，第 42 页。

[13] 同上。

种最典雅的文字，一般翻译就好比弗兰德斯的花毯翻到背面来看，图样尽管还看得出，却遮着一层底线，正面的光彩都不见了，至于相近的语言，翻译只好比誊录或抄写，显不出译者的文才。”[14]

然而，尽管但丁对翻译发表了如此悲观的看法，但翻译活动并没有因此停止不前。在进入文艺复兴时期以后，欧洲各国的文学翻译和翻译理论，其发展尤为迅猛，犹如一次飞跃。

这里首先要提的是德国的情况。15 世纪时围绕着直译、意译所进行的争论，在 16 世纪余波不绝，但力量对比却发生了变化。当初是直译派占上风（以维尔为代表），如今却是意译派显露头角，代表人物是德国宗教改革运动的领袖和翻译家马丁 · 路德（Martin Luther, 1483—1536）。路德的主要贡献是他翻译的《圣经》，这部译本的语言被誉为德语的典范，对德国语言的统一和发展起了不可估量的作用。路德强调译文要让读者能看懂，他结合自己的翻译实践提出了 7 条翻译细则：1. 可以改变原文的词序；2. 可以合理运用语气助词；3. 可以增补必要的连词；4. 可以略去没有译文对等形式的原文词语；5. 可以用词组翻译单个的词；6. 可以把比喻用法译成非比喻用法，把非比喻用法译成比喻用法；7. 注意文字上的变异形式和解释的正确性。由于路德在翻译实践上的成功，因此这些原则也产生了很大的影响，并为意译派赢得了地位。

文学翻译的气氛在文艺复兴时代的英国显得更为浓厚，不仅译者众多，翻译的题材广泛，而且对当时英国的文学生活产生了直接、明显的影响。与英国相比，同时期法国的翻译规模似乎要小得多，在翻译实践上成就卓著者仅可举出翻译了《希腊罗马名人比较列传》等

[14] 借用杨绛译文。

译作的雅克·阿米欧（Jacques Amyot，1513—1593）等极少数人。但在翻译理论的研究上，法国因为出了个艾蒂安·多雷（Etienne Dolet，1509—1546）而比同时期的英国更有建树。多雷于1540年在一篇题为《论如何出色地翻译》的论文中对翻译问题进行了系统的论述。他说，要想翻译得出色，必须做到以下五点：第一，充分吃透原作者的意思；第二，精通所译作品的语言，同时对译语也能熟练应用；第三，切忌做逐字翻译的奴隶；第四，避免生词僻语，尽量使用日常语言；最后，注重译语修辞，让译文的词语安排不仅读起来琅琅上口，听上去也能让人感到愉悦甜美。[15] 多雷所列出的翻译五原则包括了翻译的理解、译者对语言的掌握、翻译的方法以及译作的风格等问题，从这个意义上说，这篇论文可视作西方最早的一篇系统论述翻译问题的文章，在西方翻译思想史上占有重要地位。而他在文中所说的“切忌做逐字翻译的奴隶”，在今天仍然有现实意义。

当然，“切忌做逐字翻译的奴隶”也并不意味着译者便可以不顾原文随心所欲地“翻译”，这在法国翻译史上也是有过教训的。17—18世纪时法国文学史上著名的“古今之争”把法国翻译界也分成两派：厚今派为迎合读者口味，对原作任意删改，随意“美化”，以趋附当时法国社会流行的典雅趣味，奉行不准确的译法，也即自由译法；而厚古派则把古典作品奉为圭臬，在翻译时字随句摹，亦步亦趋，主张所谓准确翻译法。厚今派的代表人物佩罗·德·阿布朗古尔（Perrot d' Ablan-Court，生卒年不详）在翻译时为了追求译文的文学性和可读性，甚至不惜对原作大肆增删，随意修改，任意发挥，他的翻译被人称为“漂亮而不忠实”，但由于他的译笔潇洒华丽，因此也颇得众多读者的青睐。

[15] Douglas Robinson . *Western Translation Theory: from Herodotus to Nietzsche*, pp.95—97.

厚古派的代表人物达西埃夫人（Mme. Dacier，1654—1720）则与之相反，她在翻译《伊利亚特》和《奥德赛》两部史诗时，逐字逐句地迻译，力图在译文中再现原作的风格。由于她的努力，被“自由派”翻译得面目全非的荷马史诗形象在法国读者心目中恢复了原作应有的光辉。不过在17—18世纪的法国，像达西埃夫人这样的准确译法派却是势孤力单，主宰当时法国译坛的是不准确译法派。

这种风气直到19世纪才得到扭转。此时的法国译坛，开始突出翻译的忠实标准，同时也强调译作本身的价值。弗朗索瓦－维克多·雨果在其父亲著名作家雨果的协助下，译出的莎士比亚戏剧全集，不但注重译作本身的优美，更把忠实标准放到了首位，译作因此至今仍保有生命力。著名小说家夏多布里昂（Chateaubriand）在翻译弥尔顿的《失乐园》时，甚至打破原作诗的形式，以便最大限度地传达出原作的意思。奈瓦尔（G. Nerval）用散文体翻译了巨著《浮士德》，博得了原作者歌德的高度赞赏，歌德甚至对艾克曼说：“我对《浮士德》的德文本已经看得不耐烦了，这部法译本却使全剧又显得新鲜隽永。”著名诗人波德莱尔翻译的美国作家爱伦·坡的作品，内容忠实，译笔优美流畅，被誉为法语散文的经典之作。

同一时期英国的译风与法国颇相似。托马斯·谢尔登翻译的《堂吉诃德》（1612—1620），彼得·英特克斯翻译的《巨人传》（1703），等等，均对原作有自由发挥。但由于译者出色的文学才华，译文瑰丽动人，故很受读者赞赏，前者甚至到20世纪70年代还在不断印行。更加突出的代表是亚历山大·蒲伯（Alexander Pope，1688—1744），他在翻译《伊利亚特》和《奥德赛》时，为迎合当时英国贵族沙龙上流社会的趣味，对原作进行了大量的“加工”：他用英语的双韵史诗体翻译古朴、质直的原作，对原作中不押韵的地方他也都给押上韵，原作韵律不齐的地方他使之整齐，结果译文词丽律严，文风隽永，华美无比。

这一时期的英国译坛，虽然是意译派占据上风，但另一派并未销声匿迹，随着浪漫主义运动的兴起，他们对蒲伯的翻译理论和实践提出了批评。著名诗人和翻译家威廉·柯珀（William Cowper，1731—1800）是这一派的代表，他强调紧扣原文，把忠于原文视作翻译的最高原则。柯珀也以译荷马史诗著称，他翻译了《奥德赛》和《伊利亚特》，在翻译中体现了自己的主张。

17—18 世纪英国翻译界更值得注意的是两位翻译理论家的贡献。约翰·德莱顿（John Dryden，1631—1700）虽然是位桂冠诗人，还是英国古典主义流派的创始人，但他对翻译理论，尤其是文学翻译理论的贡献同样令人注目。他首先明确提出翻译是艺术，要求在保留原作的特点和不失真的前提下，尽一切可能使原作迷人，做到美的相似。他提出，一名优秀的译诗者，首先必须是一名优秀的诗人。他还提出，译者必须考虑读者，译者必须绝对服从原作的意思，等等。德莱顿在给翻译分类时，在逐字译、意译之外，还提出了拟作（imitation），也是很值得重视的。

另一位理论家是亚历山大·弗雷泽·泰特勒（Alexander Fraser Tytler，1747—1814）。泰特勒在 1790 年出版的《论翻译的原则》一书中，首先对所谓“优秀的翻译”作了一个界定，他认为“优秀的翻译”就是能给读者以原作读者同样的感受，接着，他提出了著名的翻译三原则，即：1. 译作应完全复写出原作的思想；2. 译作的风格和手法应和原作属于同一性质；3. 译作应具有原作所具有的通顺。在当时整个西方翻译界不准确译法和自由意译风气盛行的情况下，泰特勒提出这样的翻译三原则，其意义是不言而喻的。研究者指出：“泰特勒的理论标志着西方翻译史上一个时期的结束和另一个时期的开始。”[16] 事实也是如此，从 19 世纪起，英国的文学翻译和翻译研究出现了新的繁荣，菲兹杰拉德奉献出了英国翻译史上最优秀的译作之一——《鲁拜集》，卡莱尔、乔治 · 爱略特、拜伦、雪莱、朗费罗等家诗人也都有佳译问世。

17—19 世纪德国一批文学大师投身文学翻译活动，使得文学翻译的数量和质量有明显的提高。这些文学大师以及一批翻译理论家对翻译研究提出了各种新颖的观点，从而使这一时期的德国成为全欧洲在翻译研究（也包括文学翻译活动）方面引人注目的中心。例如，歌德对翻译作了分类，把它分为三种类型 :“传递知识的翻译（informative translateon)，如路德的《圣经》的翻译 ；按照译语文化规范的改编性翻译（adaptation/parodistisch)，这种译法近似创作”；以及“逐行对照翻译（interlinear translation)，指译者逐行在原文下写出译文，通过语言上的紧扣原文以再现原文的实质”。[17] 歌德最推崇第三种译法，认为这是“最佳的译法，能产生完美的译文”。[18] 荷尔德林（Friedrich Holderlin，1770—1843）提出人类的每一种具体语言都是同一基本语言即所谓“纯语言”的体现，翻译就是寻找构成一个更贴近所有人类语言所共有的东西的一个所谓“文化和言语上的中间地带”。狂飙突进文学运动的主要代表约翰 · 高特夫利特 · 赫尔德（Johann Gottfried Herder，1744—1803）提出译者的任务是“解释”，也就是说要使不懂外语的读者看懂外国书籍。对翻译理论作出更深刻的分析则体现在弗里德希·施莱尔马赫、维廉·洪堡和蒙森的论述中。施莱尔马赫（Friedrich Schleiermacher，1768—1834）是西方第一个把口译与笔译区分开来并

[16] 参见谭载喜 :《西方翻译简史》（增订版），商务印书馆，2004 年，第 132 页。
[17] 同上书，第 106 页。
[18] 同上。

对之进行界定的人，他提出要创造一种单独的专供文学翻译用的语言的主张。洪堡（Wilhelmvon Humboldt，1767—1835）就翻译的可译性与不可译性所发表的两元论语言观，在当时并未引起特别的重视，但在 20 世纪却引起很大反响。他指出："所有翻译都只不过是试图完成一项无法完成的任务。任何译者都注定会被两块绊脚石中的任何一块绊倒：他不是贴近原作贴得太紧而牺牲本民族的风格和语言，就是贴近本族特点太紧而牺牲原作。介乎两者之间的中间路线不是难于找到而是根本不可能找到。"但在另一些场合，他又说："在任何语言中，甚至不十分为我们所了解的原始民族的语言中，任何东西，包括最高的、最低的、最强的、最弱的东西，都能加以表达。"他还说，人类"先天具有的语言使用能力是一种普遍存在的能力，因此所有语言中必定都具有理解'所有语言的秘诀'"[19]。洪堡的言论貌似自相矛盾，其实是反映了他从语言的本质特性出发，对翻译所持的一种辩证立场。

中国的佛经翻译至唐代后期，尤其是到了宋代，那就基本式微了。此后，直到明末清初传教士来华，才慢慢开启了新一轮的翻译高潮。在此期间，中国古代对翻译的讨论也鲜有新说，直至清末马建忠提出"善译"、严复提出"信达雅"三字才又进入一个新的历史阶段。

从今天的眼光来看，马建忠（1844—1900）于光绪二十年（1894）向清廷所上的奏折《拟设繙译书院议》一文，其意义一是提出了"善译"的概念或主张，即他在文中所说的："夫译之为事难矣，译之将奈何？其平日冥心钩考，必先将所译者两国之文字，深嗜笃好，字栉句比，以考彼此文字孳生之源，同异之故，所有相当之实义，委屈推究，务审其音声之高下，析其字句之繁简，尽其文体之变态，及其义理精深

[19]　转引自谭载喜：《西方翻译简史》（增订本），第 109—110 页。

奥折之所由然。夫如是，则一书到手，经营反覆，确知其意旨之所在，而又摹写其神情，仿佛其语气，然后心悟神解，振笔而书，译之成文，适如其所译而止，而曾无毫发出入于其间，是则为善译也已。”[20] 把翻译的困难和翻译的理想目标阐释得形神毕肖，淋漓尽致。比之前玄奘的“新译”要具体详细自不待言，即使比之后来傅雷的“神似”说和钱锺书的“化境”说也并不逊色。二是注意到了培训翻译人才的必要性，奏请清政府建立培养翻译人才的“繙译书院”，并提出了相当具体的办学措施，从生源的选拔到师资的延聘、课程的设置等，都有非常具体的阐述。

然而马建忠的“善译”说在中国译界的影响却不如晚几年严复提出的“信达雅”说来得大。1898 年，严复在为其翻译的《天演论》一书所撰写的序言中一开始就明确提出：“译事三难：信、达、雅。求其信，已大难矣！顾信矣不达，虽译犹不译也，则达尚焉。”[21] 不难发现，这里严复的本意无非是申述他翻译《天演论》后的体会和感悟而已，于译理层面并无其他深意。但事实上严复的“信达雅”却在此后的一百多年时间里不断被人反复提起，并被奉为翻译的金科玉律，甚至发展到谈翻译言必称“信达雅”的地步。我觉得这其中大概有两方面的原因：首先是严复译著及其译艺的影响，尤其是他那本《天演论》，本身的内容在清末民初就具有振聋发聩的作用，影响深远，再加上严复精湛高超的译笔，其传播也就更加广泛，这无疑也就带动了“信达雅”三字的影响。其次则要归功于一代又一代的翻译家和翻译研究者对“信达雅”三字的不断阐发，他们的阐发丰富、充实并拓展了原本只是一

[20] 马建忠：《拟设繙译书院议》，载罗新璋、陈应年：《翻译论集》（修订本），第 192—195 页。

[21] 同上书，第 202—203 页。

个简简单单的翻译体会或感悟的“信达雅”三字的内涵，使“信达雅”三字从一般的感性层面上升到了理论层面。然而，尽管如此，严复的“信达雅”说终究也只是中国传统译论的延续，探讨的也只是如何译介外来文化的问题。从这个意义上看，它对中国传统译论并没有根本性的突破。

国内译界通常都把严复的“信达雅”说视作中国传统译论的一个终点，似乎在严复之后中国的译论就进入了一个新的阶段。但在我看来，事实并非如此。我以为中国的传统译论在严复时代并未终止，20世纪50年代傅雷的“神似”说和60年代钱锺书的“化境”说其实仍然在延续中国传统译论精神。这是因为他们关注的内容以及讨论的对象都是一致的，也即关注的问题仍然只是“怎么译”的问题，而讨论的对象则仍然局限在译入翻译活动的范围之内。傅雷说：“以效果而论，翻译应当像临画一样，所求的不在形似而在神似。”接着他还进一步补充说：“倘若认为译文标准不应当如是平易，则不妨假定理想的译文仿佛是原作者的中文写作。那么原文的意义与精神，译文的流畅与完整，都可以兼筹并顾，不至于再有以辞害意，或以意害辞的弊病了。”[22] 十余年后，钱锺书在《林纾的翻译》一文中提出：“把作品从一国文字转变成另一国文字，既能不因语文习惯的差异而露出生硬牵强的痕迹，又能完全保存原有的风味，那就算入得‘化境’。……换句话说，译本对原作应该忠实得以至于读起来不像译本，因为作品在原文里决不会读起来像经过翻译似的。”[23] 不难发现，尽管钱氏“化境”说的文字表述与傅雷的“神似”说略有差异，但借用钱氏自己的话说，其“精神姿致依然故我”。

[22]　《翻译评论年集》，第623—624页。
[23]　同上书，第774—805页。

综上所述，我们可以看到，在到19世纪末乃至20世纪中期为止的两千余年的中西翻译史上，中西方的翻译家和翻译研究者们一直在对翻译和与翻译有关的理论问题进行不懈的探讨。尽管限于历史条件，这些研究多数属于研究者们从翻译实践中总结出来的经验与心得体会，带有较明显的经验主义性质或色彩，但毕竟这些研究也已经触及到了翻译理论的一些基本问题，诸如翻译的方法（直译还是意译）、翻译的标准（什么样的翻译算是好的翻译）、翻译的分类、翻译的可译性与不可译性，等等，所以不失为一份宝贵的译学财富。只是与此同时我们也应看到，这两千余年来的研究，基本上都是围绕着译入翻译活动展开的，研究者们关心的是如何把外来文化、文学按照他们心目中的目标，更好、更正确地译入到本民族的接受环境中来，以便于译入语读者阅读、理解和接受。由此可见，两千余年来的中西方传统翻译研究或者说中西传统译论都共同存在着一个很大的缺失，那就是对译出翻译活动的关注与思考。不过这个问题在进入20世纪下半叶后得到了相当程度的弥补，尤其具体地表现在当代西方翻译研究中的三大突破和两大转向之中。

第二节 当代西方翻译研究的三大突破和两大转向

如上所述，中西方的翻译研究迄今已有两千多年的历史。但是，回顾这两千余年的翻译研究史，我们不能不发现，直到20世纪50年代（对中方而言，到六七十年代）以前，中西方历史上的翻译研究，除了极少数的研究以外，绝大部分的翻译研究关注的基本上只是三个中国字——“怎么译”，也即如何进行翻译，或者说是如何更好地进行翻译的问题。这样，研究者关注的重点一直局限在最基本的语言文字的转换问题上。譬如，长期以来围绕着直译、意译展开的讨论，一望而知，它要解决的就是如何翻译的问题。再如，翻译史上的可译与不可译之争，表面看来似乎进入了语言哲学的层面，其实它的背景涉及的是对待宗教文献的翻译态度问题，即对宗教典籍（圣经和佛经等）原文是顶礼膜拜、死扣原文呢，还是译者可以有所自由发挥？可见，这种争论归根结底还是没有跳出直译、意译的讨论范畴。至于后世对翻译风格、原则、标准、性质的讨论，也同样如此，即大多是翻译实践的经验、体会、心得以及由此而来的总结和主张。所以我于十几年前的一篇文章中就指出，“从 50 年代起，西方翻译研究才跳出了历史上翻译研究常见的经验层面，才真正进入了严格意义上的理论层面”[24]。不无巧合的是，几年后我在香港浸会大学访学时发现美国教授威利斯 · 巴恩斯通（Willis Barnstone）也说过类似的话：“在 20 世纪之前，所有人，包括贝雷（Guillaume Du Bellay），多雷（Dolet），查普曼（Chapman），德莱顿（Dryden），蒲伯（Pope），泰特勒（Tytler），赫尔德（Herder），施莱尔马赫（Schleiermacher），还有那两个哲学家叔本华（Arthur Schopenhauer）和尼采（Nietzsche），不管他们谈翻译谈得如何头头是道，他们讲的并不是翻译理论（尽管我们通常称之为理论），而只是应用于文学的翻译原则与实践史罢了”。[25]

从 20 世纪 50 年代起，西方出现了一批运用现代语言学的结构理论、转换生成理论、功能理论、话语理论、信息论等理论的学者，他们把翻译问题纳入到语言学的研究领域，从比较语言学、应用语言学、社会语言学、语义学、符号学、交际学等角度，提出了相对严谨的翻

[24] 谢天振：《国内翻译界在翻译研究和翻译理论认识上的误区》，载《中国翻译》2001 年第 4 期。

[25] Willis Barnstone. *The Poetics of Translation*. Yale Univ. Press, p.222.

译理论和方法，给传统的翻译研究注入了崭新的内容，开拓出了翻译研究的新领域。这些学者是当代西方翻译史上名副其实的翻译理论家，其中最主要的代表人物有雅可布逊（Roman Jakobson）、尤金·奈达（Eugene A. Nida）、卡特福德（J. C. Catford）、彼得·纽马克（Peter Newmark）等人。从严格的意义上而言，是这批学者对翻译问题的学术探讨，揭开了当代西方翻译研究史上严格意义上的理论层面。

20 世纪 50 年代以来当代西方学者的翻译研究，与此前两千年的翻译研究相比，我们可以发现有如下三个根本性的突破。

首先，1950 年代以来的西方翻译研究开始从一般层面上的对两种语言转换的技巧性研究，也即从"怎么译"的问题，深入到了对翻译行为本身的深层探究，提出了语音、语法、语义等一系列的等值问题。当代西方翻译研究中的等值论等研究，虽然有它的局限，但它对翻译所作的微观分析，无疑使人们对翻译的过程和目标，看得更加清楚、更加透彻了。譬如卡特福德在其《翻译的语言学理论》一书中，把翻译界定为"用一种等值的语言（译语）的文本材料（Textual Material）去替换另一种语言（原语）的文本材料"[26]，并把寻求另一语言中的等值成分视作翻译的中心问题，从而提出翻译理论的使命就在于确定等值成分的本质和条件。他还根据翻译的范围、层次、等级，把翻译区分为"全文翻译对部分翻译"（Full vs. Partial Translation）、"完全翻译对有限翻译"（Total vs. Restricted Translation）等类型，然后又进一步分析其中的文本材料的翻译情况，如音位翻译是怎么回事，字形翻译又是怎么回事，等等。在讨论翻译的等值关系时，他又进一步区分出文本等值关系（Textual Equivalence）和形式对应关系（Formal

[26] 〔英〕J. C. 卡特福德：《翻译的语言学理论》，穆雷译，旅游教育出版社，1991 年，第 24 页。

Correspondence）等。再如1959年雅科布逊发表的《论翻译的语言学问题》一文，他站在符号学的立场上把翻译理解为对“两种不同语符中的两个对等信息”的重新编码的过程，他还把翻译区分为三种类型，即语内翻译（Intralingual Translation）、语际翻译（Interlingual Translation）和符际翻译（Intersemiotic Translation），认为“在语际翻译中，符号与符号之间一般也没有完全的对等关系，只有信息才可用来充分解释外来的符号和信息”，这就跳出了历史上翻译研究常见的经验层面，体现了对翻译研究深层的理论思考。这样的探讨和表述，虽然没有对如何进行翻译的具体分析和指导，但在深化我们对翻译的认识方面显然要比此前某些仅仅停留在谈论应该如何翻译、不应该如何翻译的文章，要深刻得多。

与此同时，美国学者乔治·斯坦纳（George Steiner）的专著《通天塔——文学翻译理论研究》（*After Babel——Aspects of Language and Translation*）所提出的“理解也是翻译”的观点，同样振聋发聩。斯坦纳说：“每当我们读或听一段过去的话，无论是《圣经》里的《列维传》，还是去年出版的畅销书，我们都是在进行翻译。读者、演员、编辑都是过去的语言的翻译者。”他还进一步指出，文学作品具有多方面的联系，如莎士比亚的作品，与莎士比亚以前的任何作品以及与莎士比亚同时代的任何作品都有联系，伊丽莎白时代的文化和欧洲文化的任何方面都为莎士比亚作品中的一段话提供了一定的背景。所以，文学翻译要做到“透彻的理解”，“从理论上说是没有止境的”。但是这番话并不意味着斯坦纳对文学翻译持悲观论点，恰恰相反，他认为：“反对可译性的论点所依据的往往不过是一种片面的、只看一时而缺乏远见的见解。”“如果因为并不是什么都可以翻译，也不可能做到尽善尽美，就否认翻译是可行的，那就太荒谬了。从事翻译的人们认为，需要弄清楚的是在每一种具体情况下究竟应该忠实到什么程度，不同种类的翻译之间在忠实方面容许有多大的差别。”斯坦纳高度评价了翻译的功绩，他说：“文学艺术的存在，一个社会的历史真实感，有赖于没完没了的同一语言内部的翻译（其实，又岂止是语内翻译呢——引者），尽管我们往往并不意识到我们是在进行翻译。我们之所以能够保持我们的文明，就因为我们学会了翻译过去的东西。”[27] 斯坦纳的观点同样极大地加深了我们对翻译性质的认识，同时还进一步拓宽了我们翻译研究的思路。

如果说，卡特福德和斯坦纳是直接站在翻译的立场上向我们揭示翻译的性质的话，那么法国学者埃斯卡皮就是在翻译的立场之外，从文学社会学的角度揭示文学翻译中“创造性叛逆”的存在及其价值的了。他的论文《创造性叛逆是文学的关键》（*'Creative Treason" as a Key to Literature*）是从一个非常广阔的背景上考察文学翻译中的“创造性叛逆”的。他认为，任何一个概念一旦被表达、传达，它就被“叛逆”了，对于文学作品来说尤其如此，因为文学作品使用的是通用的交际语言，这种语言带有一整套的象征，包含着约定俗成的价值观，所以它不能保证每一个创作者都能正确无误地表达他所要表达的生动现实。譬如当一个诗人说出或写下“紫色”这个词，他无法断定这个视觉形象能否在每一个读者身上都能产生他想表达的含义。然而，艺术的妙处也就在这里。假如“原意”与“理解”能进行直接、完整、迅速的交流的话，那么艺术也就失去了它的意义了。从这个角度看，文

[27] George Steiner. *After Babel——Aspects of Language and Translation*. Oxford University Press, 1975. 本书原名《通天塔之后——语言与翻译问题面面观》，中译本易名为《通天塔——文学翻译理论研究》，庄绎传译，中国对外翻译出版公司，1987 年。突出其文学翻译理论研究。引言分见中译本第 22 页、第 8 页。

学翻译中的“叛逆”就更是不可避免了。埃斯卡皮把文学翻译中的这种“叛逆”称为“创造性叛逆”，因为这种“叛逆”给原作注入了新的生命。[28] 我们不难发现，尽管埃斯卡皮这篇文章似乎并不是专门论述翻译的，但是他的“创造性叛逆”的观点却为我们深入思考、理解文学翻译的性质提供了很好的切入点。事实上作者本人也已经从这个角度出发，另外在其著名的专著《文学社会学》中对文学翻译展开了讨论，并提出：“如果大家愿意接受翻译总是一种创造性的叛逆这一说法的话，那么，翻译这个带刺激性的问题也许能获得解决。”[29]

其次，当代西方的翻译研究不再局限于对翻译文本本身的研究，而是还把目光投射到了译作的发起者（即组织或提议翻译某部作品的个人或群体）、翻译文本的操作者（译者）和接受者（此处的接受者不光指的是译文的读者，还有整个译语文化的接受环境）身上。它借鉴了接受美学、读者反应等理论，跳出了对译文与原文之间一般字面上的忠实与否之类问题的考察，而注意到了译作在新的文化语境里的传播与接受，注意到了翻译作为一种跨文化传递行为的最终目的和效果，还注意到了译者在这整个翻译过程中所起的作用，等等。从 20 世纪 70 年代中起，以詹姆斯 · 霍尔姆斯（James S. Holmes），埃文 – 佐哈尔（Itamar Even-Zohar），吉迪恩 · 图里（Gideon Toury），勒菲弗尔（Andre' Lefevere），巴斯奈特（Susan Bassnett），朗贝尔（Jose' Lambert），以及梵 · 登 · 勃鲁克（R. van den Broeck）等为代表的一批学者，就竭力想打破文学翻译研究中业已存在的禁锢，试图以有别于大多数传统的文学翻译研究的方法，探索在综合理论（Comprehensive Theory）和不断

[28] Robert Escarpit. “Creative Treason” as a Key to Literature, in *Journal of Comparative and General Literature*, 1961,10, pp.16-21.

[29] 〔法〕罗贝尔·埃斯卡皮：《文学社会学》，王美华、于沛译，安徽文艺出版社，1987 年。

发展的对翻译实践研究的基础上，建立文学翻译研究的新模式。他们把翻译理解为一个综合体，一个动态的体系；他们认为，翻译研究的理论模式与具体的翻译研究应相互借鉴；他们把翻译研究的重点放在翻译的结果、功能和体系上；对制约和决定翻译成果和翻译接受的因素、翻译与各种译本类型之间的关系、翻译在特定民族或国别文学内的地位和作用、翻译对民族文学间的相互影响所起的作用感到兴趣。这无疑是翻译研究的一大深化和进展，也是当代西方翻译研究中的第二个大的突破。

譬如，在西方学术界有很大影响的图里的论文集《翻译理论探索》（*In Search of a Theory of Translation*）就是如此。该书共收集了图里于1975—1990年间所写的论文11篇。作者的整个指导思想是，迄今为止我们对翻译问题的研究过多地局限在关于可译性、不可译性等问题的讨论上，而太少关注、甚至忽视对译文文本（Translated Text）本身，对译入语的语言、文学、文化环境给翻译造成的影响等问题的研究，因此他提出要把注意力集中在翻译的结果（Product）、而不是翻译的过程（Process）上。图里认为，翻译更主要的是一种受历史制约的、面向译入语的活动，而不是纯粹的语言转换。因此，他对仅仅依据原文而完全不考虑译入语因素（与源语民族或国家完全不同的诗学理论、语言习惯等）的传统翻译批评提出了批评。他认为，研究者进行翻译分析时应该注意译入语一方的参数（Parameters），如语言、文化、时期等等，这样才能搞清究竟是哪些因素、并在多大程度上影响了翻译的结果。

再如，德国功能学派翻译学学者汉斯 · 弗米尔（Hans Vermeer）的翻译行为理论（Action Theory of Translation）就竭力强调译者的目标（Skopos）在翻译过程中的决定性作用。他把译者的目标理解为一种集合了多种因素的企图或意愿，当译本到达一群接受者手里时，译者体现在译作中的企图或意愿可能与原作的原意完全背道而驰，大相径庭。所以，在弗米尔看来，翻译的成功取决于译作中所体现的意愿与接受者环境中的意愿的内在一致性，也即他所说的“语内连贯”(Intratextual Coherence)。尽管译者无法完全预见接受者可能会有的反应，但设想中的接受者类型却会左右译者的翻译活动。[30] 在这方面，苏联长篇小说《钢铁是怎样炼成的》和爱尔兰女作家伏尼契的小说《牛虻》的中译本在20世纪五六十年代中国所取得的成功和产生的巨大影响，不啻是对这一理论的一个极富说服力的佐证。

此外，布拉格小组的奠基人之一，也是当代西方译学界语言学派的主要代表人物之一，著名的波兰翻译理论家泽农·克列曼塞维奇(Zenon Klemensiewicz）有一段话也说得非常精辟，他说：“应该把原作理解为一个系统，而不是部件的堆积，理解为一个有机的整体，而不是机械的组合。翻译的任务不在于再现，更不在于反映原作的部件和结构，而在于理解它们的功能，把它们引入到自已的结构中去，使它们尽可能地成为与原作中的部件和结构同样合适、具有同样功效的对应体。”[31] 其实，尤金·奈达提出的交际理论，也同样在某种程度上强调了原文与译文的不同的文化背景以及这种背景在译文的接受效果中所起的作用。

最后，当代西方翻译研究中一个最大的突破还表现在把翻译放到一个宏大的跨文化和跨学科语境中去审视。研究者开始关注翻译研究中语言学科以外的其他学科的因素。他们一方面认识到翻译研究作为

[30]　参见 Hans J.Vermeer. “Skopos and Commission in Translational Action”, in Lawrence Venuti ed. *The Translation Studies Reader*, Routledge, 2000。

[31]　〔波兰〕克列曼塞维奇：《翻译的语言学问题》，Wroclaw, 1957 年，第 514 页。

一门独立学科的性质，另一方面又看到了翻译研究这门学科的多学科性质，注意到它不仅与语言学、而且还与文艺学、哲学甚至社会学、政治学、心理学等学科都有密不可分的关系。但是翻译研究最终关注的当然还是文本在跨文化交际和传递中所涉及的一系列文化问题，诸如文化误读、信息增添、信息失落等。正如韦努蒂（Lawrence Venuti）提到的，“符号学、语境分析和后结构主义文本理论等表现出了重要的概念差异和方法论差异，但是它们在关于‘翻译是一种独立的写作形式，它迥异于外语文本和译语文本’这一点上还是一致的”。[32]

在这种情况下，翻译不再被看作是一个简单的两种语言之间的转换行为，而是译入语社会中的一种独特的政治行为、文化行为、文学行为，而译本则是译者在译入语社会中的诸多因素作用下的结果，在译入语社会的政治生活、文化生活，乃至日常生活中有时是扮演着举足轻重的角色。

研究者借用各种当代文化理论去考察、去剖析翻译作为一种跨文化交际行为在译入语社会中的巨大影响和作用，从而展现出翻译研究的巨大空间和发展前景。譬如，埃文－佐哈尔的多元系统论即注意到了翻译与译入语社会的政治意识形态之间的关系，也注意到了它与译入语社会里文化思潮和文学流派之间的关系。这种理论把文学理解为一个由许多不同的层面（Layer）和许多小块（Subdivision）组成的体系，在这个体系里有许许多多不断争着成为主导这些层面和小块的因素，而文学翻译就是这许多因素中的一个。在某个特定的文学里，文学翻译在某个特定的阶段有可能构成一个相对独立的、具有自已特点的小块，并且还能在不同程度上溶入译语国文学中去。在这个文学里，

[32] Lawrence Venuti ed. *The Translation Studies Reader*. Routledge, 2000, p.215.

它可能是构成该文学中处于核心地位的主流文学的一部分，也可能是仅仅处于边缘状态的一种文学现象；它可能被用作向译语国文学中占主导地位的诗学理论发起挑战的武器，也可能是维护和支持这种诗学理论的有力依据。然而，不管怎样，从译语国文学的立场来看，所有的文学翻译都是源语国文学为了某种目的而对译语国文学的一种操纵或控制（Manipulation）。[33]

多元系统论提出了一系列在原先的文学研究者看来似乎无关紧要的问题，诸如为什么一些文化被翻译得多而另一些文化却被翻译得少？哪些类型的作品会被翻译？这些作品在译入语体系中占何地位？在源语体系中又占何地位？两相比较又有何差别？我们对特定时期翻译的惯例和习俗知道多少？我们如何评价作为一种创新力量的翻译？大规模的翻译活动和称作经典的作品在文学史上是何关系？（这个问题从翻译理论的角度和翻译的可译性与不可译性有关，因为既然是经典作品，它必然是独一无二的，那么也就是不可翻译的；在文学史上则与经典作品的传播有关，甚至与某种文学运动策略有关——为了推行某一种流派而大量译介某流派的外国经典）译者对他所翻译的作品有哪些想象，而这些作品又是如何被形象性地表达出来的？等等。这些问题表明，作者已经不再把翻译看作是一种"次要的"（Secondary）、"边缘的"（Marginal）行为，而是文学史上一支基本形成力量。

埃文－佐哈尔还分析了在某一文化圈内形成翻译高潮的三种特定条件：第一种是某一民族或国别文学处于发展的初期；第二种是该文学觉得自己处于边缘或"软弱"或两者兼而有之；第三种是该文学处于某种转折时期或危机时期或一种文学真空时期。这种把翻译行为与

[33] Itamar Even-Zohar. "Polysystem Theory", in *Poetics Today*, 1979.1.

文化的弱势与强势联系起来的理论对人们客观冷静地认识各民族文学中的翻译行为是很有启发的。

多元系统论致力于探索对翻译文学进行系统研究的合适的框架，同时也努力揭示文学翻译的模式。但它无意对文学翻译作任何价值判断或作任何“指导”，而是把翻译的结果视作一种既成事实作为其研究的对象，探寻决定和影响翻译文本的各种因素。这样，这批学者的翻译研究，正如托利所说的，是以经验事实，也即翻译的文本为其出发点的。但是由于他们的研究注重翻译的功能和实效，所以他们在研究时的目光并不囿于孤立的文本，而是着眼于整体性的思考，诸如共同的规则、读者的期待、时代的语码、文学系统的历时和共时的交叉、翻译文学与周边国家文学或非文学体系的相互关系，等等。

颇具新意的还有 20 世纪末去世的安德烈 · 勒菲弗尔提出的“折射理论”。勒菲弗尔认为：“对大多数人而言，讨论中的古典作品无论从哪个角度看都是它本身的折射，或者更确切地说，是一系列的折射。从中小学校使用的选集里的漫画或大学里使用的文集，到电影、电视连续剧，……到文学史上的情节总结，到评论文章，……我们对古典作品的感受就是由一系列我们已经熟悉的折射累加在一起组成的。”而翻译，勒菲弗尔认为，也像所有的文学研究，包括如文学批评，也是对原作的一种“折射”(Refraction)。他分析说，由于文学主体概念的作用，人们习惯于以为“对文本进行的任何形式的篡改，都理所当然的是对原文的亵渎。然而，翻译就是这样一种篡改”。这样，“对文学作品的独特性来说，翻译就代表了一种威胁，而文学批评不会产生这种威胁，因为……批评没有明显地改变原文的物质外形”。勒菲弗尔指出，这其实是一种偏见，因为“如果我们承认翻译和批评的作用都是使某部作品适合另一些读者，或者对读者将某部原作按照包含文学批评和文学翻译的诗学具体化产生影响，那么，批评和翻译之间的差别就微乎其微了”。[34] 这里，我们可以清楚地看到，勒菲弗尔通过提出所谓的折射理论对翻译进行了新的阐述，实际上已经把翻译（尤其是文学翻译）放在与译入语文化圈内的文学创作同等地位上予以考察了。

当代西方的翻译研究还有其他许多方面的发展趋势，但注重从文化层面上对翻译进行整体性的思考，诸如共同的规则、读者的期待、时代的语码，探讨翻译与译入语社会的政治、文化、意识形态等的关系，运用新的文化理论对翻译进行新的阐述，等等，实在是当前西方翻译研究中的一个很重要的发展趋势。

由以上所述我们不难发现，当前西方学界已有越来越多的学者开始从文化层面上审视、考察翻译，翻译研究正在演变为一种文化研究，成为当代西方翻译研究中的一个趋势。正如有的学者所指出的那样：最近三十年来，“翻译研究正越来越转向文化研究，并成为文化研究的一个部分”。[35] 事实上，这种研究不仅在一定程度上揭开了西方翻译研究的一个新的层面，而且对当代国际学术界的文化研究也有相当的影响，表现出相当广阔的发展前景。

最后，不无必要说明一下的是，我们在此着重论述了反映在当代西方翻译研究中的三大突破，展示了在当代西方翻译研究中的一个引人注目的发展趋势，即有越来越多的学者从广阔的文化层面上去审视翻译，把翻译提升为一种跨文化的交际行为予以分析、研究，从而揭示了译介学在当代的提出是中外译学研究发展的历史必然。但是，这

[34] 转引自 Susan Bassnett. *Comparative Literature.* Blackwell Publishers,1993, p.147. Roman Jakobson. *On Linguistic Aspects of Translation.* in Rainer Schulte and John。

[35] Luise von Flotow. *Translation and Gender*. St Jerome publishing, 1997, p.1.

并不意味着它是当代中外译学界唯一的发展趋势。事实上，目前国内外译学界还有相当多的学者仍然在借用语言学或外语教学的理论研究翻译，仍然在关心和探讨“应该怎么译？”“怎样才能译得更好？”等问题。正如当代世界的文化是多元的一样，当代中外学术界的翻译研究同样也是多元的。

第三节 国内翻译研究的认识误区与译学观念的更新

最近二三十年来，我国的翻译研究取得了较大的进展，尤其令人感到欣慰的是，在我国的翻译研究中翻译研究的理论意识已经觉醒，这不仅反映在近年来发表在《中国翻译》和《外国语》等杂志和有关学报上的一些文章上，更集中地反映在国内出版界近年来推出的好几套颇具规模的翻译研究丛书上。其中，湖北教育出版社于 20 世纪末起接连推出的两套颇具规模的翻译研究丛书——“中华翻译研究丛书”和“外国翻译理论研究丛书”[36] 以及一套全面展示翻译家的创作风采的“巴别塔文丛”[37]。前两套丛书不仅对近几十年来英、美、法、苏的翻译理论进展作了相当详尽的评介，而且还进一步推出了国内学者自身对翻译理论的思考。而“巴别塔文丛”，则把翻译家译作以外的文章汇编成集，以前所未有的规模，集中展示了翻译家作为创作者的一面。此外，南开大学出版社推出了本人主编的《当代国外翻译理论导读》(2008)，全面译介了当代国外最新的翻译理论流派，译林出版社推出了许钧、穆雷主编的《翻译学概论》(2009)，清华大学出版社推出了

[36] 前一套丛书已经出版了 13 种图书，包括许钧的《翻译思考录》、谭载喜的《翻译学》等，后一套也已出版了 4 种，分别介绍了美、英、法、苏四国的翻译理论。

[37] “巴别塔文丛”共 12 卷，2002 年出版。

“翻译与跨学科学术研究丛书”，外语教学与研究出版社、上海外语教育出版社、中国对外翻译出版公司、商务印书馆、青岛出版社等近年来也都不断有新的译学理论著述推出。其中外研社和外教社更是各自引进了数十种英文原版的翻译理论专著。这表明，我国学术界已经初步形成了一支译学研究队伍，译学研究也已初步形成气候，翻译理论开始受到重视。

然而，与此同时，一个无可回避的事实是，尽管上述译学进展在学术界引起学者们的欣喜，但这种进展相当长时期以来还只是局限在一个并不很大的学者圈子内，并没有在我国的翻译界（遑论整个学术界）引起较为普遍和热烈的反应。比较多的翻译界人士对近年来我国译学研究上所取得的进展取一种比较冷漠的态度，在他们看来，译学研究，或者说得更具体些，翻译的理论研究，与他们没有什么关系。长期以来，我国的翻译界有一种风气，认为翻译研究都是空谈，能够拿出好的译品才算是真本事。所以在我国翻译界有不少翻译家颇以自己几十年来能够译出不少好的译作，却并不深入翻译研究或不懂翻译理论而洋洋自得，甚至引以为荣，而对那些写了不少翻译研究的文章却没有多少出色译作的译者，言谈之间就颇不以为然，甚至嗤之以鼻。风气所及，甚至连一些相当受人尊敬的翻译家也不能免。譬如，有一位非常著名的翻译家就这样说过：“翻译重在实践，我就一向以眼高手低为苦。文艺理论家不大能兼作诗人或小说家，翻译工作也不例外：曾经见过一些人写翻译理论头头是道，非常中肯，译东西却不高明得很，我常引以为戒。”[38]

[38]　傅雷：《翻译经验点滴》，载罗新璋、陈应年：《翻译论集》（修订本），商务印书馆，2009年，第692—696页。

之所以造成如此情况，我觉得这与我国翻译界在翻译研究和翻译理论的认识上存在的三个误区有关。

第一个误区是把对“怎么译”的研究误认为是翻译研究的全部。

应该说，这样的认识误区并不局限于中国翻译界，它在外国翻译界也有相当的普遍性。事实上，回顾中外两千余年的翻译史，我们一直都把围绕着“怎么译”的讨论误认为是翻译研究，甚至是翻译理论的全部。从西方翻译史上最初的“直译”、“意译”之争，到泰特勒的翻译三原则，再到苏联的丘科夫斯基、卡什金的有关译论；从我国古代的“因循本旨，不加文饰”、“依实出华”、“五失本”、“三不易”等，到后来的“信达雅”、“神似”、“化境”说，等等，几乎都是围绕着“怎么译”这三个字展开的。但是，如果我们冷静想一想的话，我们当能发现，实际上“怎么译”的问题，对西方来说，在20世纪50年代之前已经基本解决了，对我们中国而言，至迟在20世纪的六七十年代前也已基本解决。目前大量存在的关于“怎么译”问题的讨论和研究，大多是个人翻译实践的体会和经验总结，它们也许能提供一些新的翻译实例和个案，但很少也很难再有理论层面上的创新和突破。因此，时至今日，如果我们仍然一味停留在“怎么译”问题的讨论上，我们的翻译研究，尤其是译学研究恐怕就难以取得大的、实质性的进展。20世纪80年代，已故王佐良教授曾在一次专题翻译讨论会上说过这样一番话：“严复的历史功绩不可没。‘信、达、雅’是很好的经验总结，说法精练之至，所以能持久地吸引人。但时至今日，仍然津津于这三字，则只能说明我们后人的停顿不前。”[39] 王教授这番话的用意，我想决不是要否定严复“信、达、雅”三字的历史功绩，而是希望我们后人能

[39]　王佐良：《翻译：思考与试笔》，外语教学与研究出版社，1989年，第3页。

在翻译研究上有所突破。

同样，不无必要说明一下的是，我们提出不要一味停留在“怎么译”问题的讨论上，并不意味着我们不要或反对研究“怎么译”的问题。其实，“怎么译”的问题今后仍然会继续讨论下去的，而且仍将在我们的翻译研究中占据相当大的比例，这与翻译这门学科的技术性和操作性比较突出这一特点有密切的关系。我们呼吁不要一味停留在“怎么译”的问题上，主要着眼于学术层面，是希望在讨论这个问题的时候，研究者们能看到这个问题所包含的两个方面的内容：一个方面是翻译家们对翻译技巧的研究和探讨，这是翻译家们翻译实践的体会和经验总结，其中有些经验也已经提升到理论层面，有相当的价值，从而构成了翻译研究的一个重要组成部分。但另一方面的内容则是一些已经为人所共知的基本道理，只不过是更换了一些新的实例而已，缺少学术价值，像这样的内容也许放到外语教学的范畴里，去对初译者、对外语学习者谈，更为合适。因为对这些人来说，“怎么译”的问题还是一个尚未解决的问题，因此仍然是一个新鲜的、有意义的问题。而对译学界来说，也许从现在起我们应该跳出狭隘的单纯的语言转换层面上的研究，而更多地从广阔的文化层面上去审视翻译，去研究翻译，这样对中国译学理论的建设也许会更有意义。

我国翻译界在对翻译研究和翻译理论的认识上存在的第二个误区是对翻译理论的实用主义态度，片面强调理论对实践的指导作用，以为凡是理论，就应该对指导实践有用，所谓“从实践中来，到实践中去”，所谓“理论的重要意义在于它能指导人们的行动。”否则，就被讥之为“脱离实际”，是无用的“空头理论”。对理论的这种实用主义认识，半个多世纪以来，在我国的各行各业，当然也包括翻译界，都已经被普遍接受，并成为一种根深蒂固的观念。于是，当我们一谈到理论，人们第一个反应就是：你这个理论对我的实践有用吗？在翻译界，人们的反应就是：你搞的翻译理论对提高我的翻译水平有用吗？有人就说："译家不可能因为掌握了现有的任何一套翻译理论或遵循了以上任何一套翻译原则，其翻译水准就会有某种质的飞跃。……如今我国译林之中的后起之秀，可谓人才济济，无论他们用什么翻译理论武装自己，无论他们对翻译的过程、层次有多透彻的认识，无论他们对翻译美学原理如何精通，无论他们能把读者分成多少个层次从而使其翻译更加有的放矢，也无论他们能用理论界最近发明的三种机制、四种转换模式把翻译中的原文信息传递得如何有效，他们的译作会比傅雷的高明多少呢？霍克思（David Hawks）与闵福德（John Minford），虽然是西方人士（后者还曾是笔者所在学系的翻译讲座教授），从来就不信什么等值、等效论，他们凭着深厚的语言功底和坚强的毅力，也'批阅十载'，完成了《红楼梦》的翻译。在众多的英文版《红楼梦》中，他们的译作出类拔萃，在英美文学翻译界堪称一绝。霍克思在他写的翻译后记一书中也没有提到任何时髦的翻译理论，但东西方翻译界和翻译理论界仍然为其译作而折服。由此可见，翻译理论与译作的质量并没有必然的关系。"[40] 还有一位自称"在20世纪出版了50多部中英法互译作品的译者"也声称："从实践上讲，西方的'纯理论'对我完全无用。"[41]

正是基于这样的思想认识，我国翻译界对译学理论的认识也往往强调"来自个人的翻译实践"。在相当多人的潜意识中，总认为只有自身翻译实践过硬的人才有资格谈翻译理论，否则就免开尊口。其实，随着学科的深入发展和分工日益精细，文艺理论家不能兼作诗人、小

[40] 李克兴：《中国翻译学科建设的出路》，载《译学新探》，青岛出版社，2002年，第147页。

[41] 许渊冲：《关于翻译学的论战》，《外语与外语教学》，2001年第11期。

说家，就像诗人、小说家不能兼作文艺理论家一样（个别人兼于一身的当然也有，但那属特例），是很正常的现象。尺有所短，寸有所长，原不必苛求。同理，翻译实践水平很高明的翻译家未必能谈出系统的翻译理论来，反之，谈翻译理论头头是道的翻译理论家却未必有很高的翻译实践水平，同样不足为怪。我们有些翻译家，对自己提出很高的要求，希望自己既能“写翻译理论头头是道，非常中肯”，又能“译东西高明”，这当然令人钦佩。以此标准律已，精神可嘉，无可非议，但若以此标准求诸他人，甚至求诸所有谈论或研究翻译的人，那就显得有点苛求，甚至不合情理。与之形成鲜明对照的是，在文学创作界，从来没有听说有哪位作家对文学批评家或理论家说，“我不懂什么文艺理论，我不是照样写出不错的小说来了吗？”更没有哪位学者或大学教师对文学批评家和理论家含讥带讽地说：“我们的文艺学科的建设不是靠你们这些空头理论文章，而是靠我们的作家的创作。”在语言学界，也从不曾听说有人对语言学家兴师问罪：“我从来不读你们的语言学著作，我说话不照样也很好。你们这种语言学理论对我有何用？”创作了众多不朽世界经典著作的巴尔扎克、托尔斯泰等文学大师，其实也没有提到过他们的创作受惠于何种文学理论、文学批评，但这是否就可以成为我们否定丹纳，否定别、车、杜或任何其他文学理论和文学批评的理由呢？任何一门学科，如果只有实践而没有理论的提升和总结，它能确立和发展起来吗？这个显而易见的道理在我国翻译界的某些人眼中竟然成了谬论，这只能说是中国译学的悲哀。我国古代文论家袁枚就说过：“人必有所不能也，而后有所能；世之无所不能者，世之一无所能者也。”[42] 由此可见，在大多数情况下，一

[42]　袁枚：《答友人某论文书》，岳麓书社，1982 年。

个人在某一方面有所特长的话，很可能就会在另一方面有所缺失。譬如，有些人抽象思维比较发达，谈起翻译理论来自然就会“头头是道”，而有些人则形象思维比较发达，语言文字修养比较出色，于是文学翻译的水平就比较高。但无论是前者还是后者，都应该相互宽容，而不是相互排斥或相互歧视。这样，我们的翻译事业才会发达。

对翻译理论的实用主义态度带来了两个直接的后果：首先是局限了翻译理论的范围，把翻译理论仅仅理解为对“怎么译”的探讨，也即仅仅局限在应用性理论上。

翻译理论、尤其是传统的翻译理论，确实有很大一部分内容一直局限在探讨“怎么译”的问题上，也即所谓的应用性理论上。但是，即使如此，在传统的翻译研究中也已经有学者注意到了“怎么译”以外的一些问题，如 18 世纪末、19 世纪初德国语言学家洪堡（Wilhelm von Humboldt）对翻译的可译性与不可译性之间的辩证关系就有过相当精辟的阐述：他一方面指出各种语言在精神实质上是独一无二的，在结构上也是独特的，而且这些结构上的特殊性无法抹杀，因而翻译原则上就是不可能的；但另一方面，他又指出：“在任何语言中，甚至不十分为我们所了解的原始民族的语言中，任何东西，包括最高的、最低的、最强的、最弱的东西，都能加以表达。”[43] 再如本雅明（Walter Benjamin）还在 1923 年就已经指出，“翻译不可能与原作相等，因为原作通过翻译已经起了变化”。在此基础上他进一步指出：“既然翻译是自成一体的文学样式，那么译者的工作就应该被看作诗人（实泛指一切文学创作者——引者）工作的一个独立的、不同的部分。”[44] 本雅

[43] 参见谭载喜：《西方翻译简史》，商务印书馆，1991 年，第 138 页。

[44] 参见陈德鸿、张南峰：《西方翻译理论精选》，香港城市大学出版社，2000 年，第 197、205 页。

明的话深刻地揭示了文学翻译的本质，并给了文学翻译一个十分确切的定位。这些话至今仍没有失去其现实意义。

对翻译理论的实用主义态度带来的另一个后果是把理论的功能简单化了，使人们以为似乎理论只具有指导实践的功能。其实，理论，包括我们所说的翻译理论，除了有指导实践的功能以外，它还有帮助我们认识实践的功能。辞海中“理论”词条在“理论的重要意义在于它能指导人们的行动”前面还有这么一段话："(理论是）概念、原理的体系，是系统化了的理性认识。科学的理论是在社会实践基础上产生并经过社会实践的检验和证明的理论，是客观事物的本质、规律性的正确反映。”这就点出了理论的认识功能，即帮助人们理性地认识客观事物，包括人们的实践。这就像语言学理论一样，语言学理论的研究虽然不能直接提高人们的说话和演讲水平，但却能深化人们对语言的认识。

这里我们也许还可举一个译学研究以外的例子：我们都知道《实践是检验真理的唯一标准》一文在我国的社会政治生活中曾经发挥了巨大作用。但是那篇文章在我国译界的某些人看来，恐怕也难逃“空头理论文章”的“恶谥”，因为那篇文章的作者既没有管理过一个企业、乡镇、城市，也没有管理过整个国家的经历，更遑论有何“业绩”。套用到翻译界来的话，也即此人既没有翻译的实践，翻译水平也乏善可陈。但众所周知，尽管这篇文章没有具体阐述如何管理厂矿企业，如何治理城市国家,但正是这篇文章改变了我们对向来深信不疑的“两个凡是”的盲从，从而开创了我国改革开放的新局面。理论的认识作用及其巨大意义由此可见一斑。

翻译理论在某种程度上也与之相仿。譬如斯坦纳（George Steiner）在《通天塔》一书中提出的“理解也是翻译”的观点，认为“每当我们读或听一段过去的话，无论是《圣经》里的‘列维传’，还是去年出版的畅销书，我们都是在进行翻译。读者、演员、编辑都是过去的语言的翻译者。”[45]这样的观点不仅扩大了、同时也深化了我们对翻译的认识。

再譬如近年来国内从比较文学的立场出发对翻译进行的研究，也即译介学研究，虽然它主要不是立足于指导人们的翻译实践（它对文化意象的讨论对文学翻译还是有直接的指导意义的），但它通过对文学翻译中创造性叛逆的分析，论证了翻译文学不等同于外国文学，而是中国文学的一个组成部分，从而深刻地揭示了文学翻译的相对独立的价值和意义，也极大地提高了文学翻译和文学翻译家的地位。最近，著名中国现当代文学研究专家陈思和教授在主编“21世纪中国文学大系”时，在“小说”、“诗歌”、“散文”等卷外，明确地把翻译文学视作中国文学的一个组成部分而专门设立了“翻译文学”卷，这从某种程度上表明国内现当代文学界对翻译文学的一种承认，也从一个侧面证明了从比较文学立场出发对翻译进行的研究所取得的成功和意义。[46]

我国翻译界在翻译研究和翻译理论上的第三个认识误区是，在谈到翻译理论或翻译学时，习惯于强调“中国特色”或“自成体系”，从而忽视了理论的共通性。其实，理论，除了与意识形态、国家民族的社会体制有关的以外，通常都有其共通性。这一点在自然科学理论界是尽人皆知的常识，因为决不会有人提出要建设“有中国特色的物理学”、或“有中国特色的化学、数学、生物学”等等的主张。而其实，

[45] 〔美〕乔治·斯坦纳：《通天塔——文学翻译理论研究》，庄绎传编译，中国对外翻译出版公司，1987年，第22—23页。

[46] “21世纪中国文学大系”共十卷，翻译文学卷正式出版时名为《2001年中国最佳翻译文学》，谢天振主编，春风文艺出版社。

对人文社会科学的理论、包括翻译理论来说，也是同样的，否则，如果一种语言就有一种自成体系的翻译理论的话，那么世界上有成百上千种语言（照语言学家的说法，则更多，有上万种），是否就会有成百上千种翻译理论呢？答案显然是否定的。

尽管如此，我们当然也不会否认，由于翻译时使用的语言文字不同，因此各国、各民族的翻译必然会有各自的一些特点。但这些特点更多地是反映在翻译的实践层面，或者部分地反映在应用性翻译理论上，而不是在翻译的纯理论层面。譬如，你可以说，在特定的文艺作品中，把英文中的 The Milky Way 译成俄文很方便，因为可以照搬，而不会带来任何歧义，但把它译成中文就会使译者陷入两难境地：照搬英文译成“牛奶路”或“仙奶路”，会令读者感到困惑费解，而如果译成“银河”或“天河”，则又丧失了原文中的文化内涵。这里中文和俄文的翻译就显示出了各自的特点，但这仅仅是在实践层面上的一例个案。如果上升到理论层面，那么这些都属于文学翻译中文化意象的传递问题，其中就有共通性。

其实，我们之所以反对在讨论翻译理论时片面强调“中国特色”或“自成体系”的提法，是因为我们担心这种提法很可能会导致这样的后果：或是因热衷于建立有“中国特色”的翻译理论，导致拒绝甚至排斥引进、学习和借鉴国外译学界先进的翻译理论；或是以“自成体系”为借口，盲目自大自满，于是把经验之谈人为地拨高成所谓的理论，从而取代了严格意义上的理论的探讨。

香港岭南大学的张南峰教授说得好，他认为，我国翻译研究界对西方许多译论，特别是新翻译理论并不熟悉，更谈不上在实践中运用和验证。中国翻译界所说的翻译理念，大多处在微观、具体操作层面上，是应用性理论而并非纯理论。“特色派”无视纯理论的普遍适用性及其对翻译研究的指导作用，片面强调“建立中国特色的翻译学”，其后果就会过分突出国别翻译学的地位，强化了民族偏见。[47]

自20世纪50年代以来，国际翻译界在翻译研究领域取得了很大的进展，我个人甚至以为，正是从这一时期起，西方翻译研究才跳出了历史上翻译研究常见的经验层面，才真正进入了严格意义上的理论层面。我的这一观点在美籍荷兰裔翻译理论家詹姆斯·霍尔姆斯于1977年在蒙特利尔国际翻译者联合会第八届年会上所作的题为《翻译理论、翻译研究与译者》发言中的一段话得到印证。霍尔姆斯说，在1953年之前（也即国际译联成立之前——引者），西方没有“严格意义”上的翻译理论。他指出，人们通常把西方翻译理论追溯到几千年前西塞罗关于翻译的一些言论，而实际上这些理论都是非严格意义上的，它们“告诉我们的是人们应该如何翻译而不是人们实际上是如何做翻译的”，也即是说，这些理论大多在规定翻译的标准，设立翻译的规范，而不是对人们实际所从事的翻译活动进行客观的探讨。[48]其实除霍尔姆斯外，美国的巴恩斯通教授也持此观点（参见本章前述）。

我很赞同霍尔姆斯和巴恩斯通两位教授的观点，并且认为，20世纪50年代以来西方翻译界的许多理论进展特别值得我们思考和借鉴。

譬如，有些学者把翻译研究的重点放在翻译的结果、功能和体系上，对制约和决定翻译成果和翻译接受的因素、对翻译与各种译本类型之间的关系、翻译在特定民族或国别文学内的地位和作用、以及翻译对民族文学间的相互影响所起的作用给予特别的关注。与此同时，

[47] 张南峰：《特性与共性——论中国翻译学与翻译学的关系》，载《翻译的理论建构与文化透视》，上海外语教育出版社，2000年。

[48] 参见 James S Holmes. *Translation Theory, Translation Theories, Translation Studies and the Translator*, in *Translated: Papers on Literary Translation and Translation Studies*. Amsterdam, 1988, pp.93-98。

他们还开始注意翻译研究中语言学科以外的其他学科的因素。他们一方面认识到翻译研究作为一门独立学科的性质，另一方面又看到了翻译研究这门学科的多学科性质，注意到它不仅与语言学，而且还与文艺学、哲学甚至社会学、政治学、心理学等学科都有密不可分的关系。这些对于我们来说也是很有启发意义的。

然而，当代西方翻译研究的一个最本质的进展是越来越注重从文化层面上对翻译进行整体性的思考，诸如共同的规则、读者的期待、时代的语码，探讨翻译与译入语社会的政治、文化、意识形态等的关系，运用新的文化理论对翻译进行新的阐述，等等，这是当前西方翻译研究中最重要、最突出的一个发展趋势。在这种情况下，翻译不再被看作是一种简单的两种语言之间的转换行为，而是译入语社会中的一种独特的政治行为、文化行为、文学行为，而译本则是译者在译入语社会中的诸多因素作用下的结果，在译入语社会的政治生活、文化生活、乃至日常生活中扮演着有时是举足轻重的角色。鉴于此，德国功能学派的学者贾斯塔·霍尔兹－曼塔利（Justa Holz-Manttari）甚至不把翻译简单地称作为“翻译”（Translation），而是用一个杜撰的、含义更为广泛的新词“迻译行为”（Translatorial Action）代替它，以表示各种各样的跨文化交际行为。这个词还不光局限于翻译、改编、编译，它甚至把与外来文化有关的编辑、查阅等行为也包括在内。在这种“行为”里，译者变得像是一个根据委托人要求设计“产品规范”（Product Specification）的专家，并生产符合接受者文化圈特定需要的“信息传递物”（Message Transmitter）。而译作也不再寻求与原文的等值，而只是一份能满足委托人需要的目的语文本。[49]

[49]　Lawrence Venuti ed. *The Translation Studies Reader*, Routledge, 2000,pp. 216-217.

正如当代西方学者谢莉·西蒙所指出的："八十年代以来，翻译研究中最激动人心的一些进展属于被称为'文化转向'的一部分。转向文化意味着翻译研究增添了一个重要的维度。不是去问那个一直困扰翻译理论家的传统问题——'我们应该怎样去翻译？什么是正确的翻译？'(How should we translate，what is a correct translation?) ——而是把重点放在了一种描述性的方法上：'译本在做什么？它们怎样在世上流通并引起反响？'(What do translations do，how do they circulate in the world and elicit response?) ……这种转向使我们理解到翻译与其他交流方式之间存在着有机的联系，并视翻译为写作实践，贯穿所有文化表现的种种张力尽在其中。"[50]

今天，几乎世界上所有国际大师级的文化理论家，从德里达、福柯，到埃科、斯皮瓦克等等，都在大谈特谈翻译，翻译不仅成为当今国际学术界最热门的话题，而且也被提高到前所未有的众所注目的地步。这其中折射出的翻译的理论与翻译实践的关系，很值得我们国内翻译界深思。

令人感到欣慰的是，近年来国内也已经有学者注意到我国翻译界在翻译研究和翻译理论认识上的一些误区，并且指出："目前中国的描写性翻译研究缺乏严密的理论体系和令人信服的理论深度和广度，因为经验之谈难以自成体系，尤其是，还有一些学者仍然将理论看作是对语言表层结构转换技巧的研究。"[51]

国内翻译界，一方面抱怨翻译地位低，不受重视，但另一方面，却又总是轻视翻译研究，更轻视对翻译理论的研究。有人说，翻译地

[50] Sherry Simon. *Gender in Translation*, Routledge, 1996, p.7.

[51] 王东风：《中国译学研究：世纪末的思考》，载《中国翻译》，1997 年第 1、2 期。

位的提升不是靠理论，而是靠出翻译大家，靠众多优秀译作的积累。此话不错，但是只说对了一部分，因为如果人们仍然把翻译视作两种语言文字之间一种简单机械的转换的话，看不到翻译家对译入语文化的贡献，看不到译作的价值和意义，那么，翻译大家也只能是“养在深闺人未识”，而翻译的地位也就无从说起了。由此可见，我们的观点不能仅仅停留在多出优秀的翻译作品上，还应该通过真正学术层面上的翻译研究，通过严谨的理论层面上的阐发，扩大翻译研究的视野，更新人们对翻译的认识，只有这样，翻译的性质和意义才能被人们真正认识和理解，译者的贡献才能被人们真正承认，也只有这样，翻译才能得到人们充分的重视，并在我们国家的政治、社会、文化生活中获得它应有的地位。

第三章

翻译与翻译研究的本质揭示

第一节　对翻译界两场争论的反思

通过对两千余年中西翻译史的回顾以及对进入20世纪后半叶以来中西翻译研究发展脉络的梳理，我们可以从中发现一条“语言→文化”的或隐或显的发展轨迹。具体而言，在20世纪五六十年代，学者们较多强调借助语言学理论研究翻译，从20世纪七八十年代起，则开始有越来越多的学者从广阔的文化层面上去审视翻译。事实上，鉴于翻译的跨文化交际性质，对翻译的研究也只有从跨文化交际这个视角去审视，去考察，去分析，才有可能真正触及并揭示翻译与翻译研究的本质。否则，在对翻译和翻译研究进行讨论时很可能陷入歧途。20世纪80年代以来国内翻译界围绕着“翻译有没有定本”和“什么是翻译研究的本体”等问题争论，即反映了国内翻译界对翻译与翻译研究本质认识上的误区。

我们先看关于翻译有无定本的争论。20世纪90年代中围绕翻译有无定本的问题曾发生过一场比较热闹的争论，翻译家方平提出“不存在理想的范本”[1]，翻译批评家许钧进一步明确提出“翻译不可能有

[1]　方平：《不存在“理想的范本”——文学翻译工作者的思考》，载《上海文化》1995年第5期，后收入许钧主编《翻译思考录》，湖北教育出版社，1998年。

定本”[2]，而翻译家罗新璋尽管一方面承认“方平与许钧两家称不存在理想的范本或定本，所论极是，辩驳不倒”，但另一方面却仍然坚称“并不妨碍历史的长河中出现过定本或还将出现定本”[3]。本人当时也参与了这场争论，写了一篇题为《文学翻译不可能有定本——兼与罗新璋先生商榷》的小文章。[4]

方平从他长期丰富的文学翻译的实践体悟出发，看到了文学翻译不同于一般技术性翻译（例如科技翻译）的特殊性，觉得“文学翻译不可能只是一种消极的、被动的语际交换，应该也是心灵的积极参与”。就像音乐家演奏某某作品是对某某作品的一种“阐释”一样，文学翻译就是译者“通过翻译，载情以入文，给原作以独到的阐释”。把翻译理解为“只是用另一种语言试图原封不动地‘复制’一个‘理想化的范本’”，“那就难免把文学翻译的任务简单化了”。[5]

罗新璋从他对文学翻译的感情出发，把翻译有无“定本”的问题与对译者劳动的尊重、肯定与否挂上了钩：“现今来争说定本，不是为争谁是谁非，而是对前人劳动的尊重与肯定。”这就把问题的讨论引入了一个非学理层面。罗文最后的一段话更是明显地“感情用事”了：“试想，先民加上我辈晚生，也有十百千万之众，其中不乏才智之士，有的恒兀兀以穷年，瘁心力于译艺，结果忙了一二千年，竟连一个定本也搞不出来，不亦太饭桶乎？”以至在文末干脆直呼：“再说，佳

[2] 许钧：《翻译不可能有定本》，载《博览群书》，1996 年第 4 期。后收入许钧主编《翻译思考录》，湖北教育出版社，1998 年。

[3] 罗新璋：《翻译完全可能有定本》，载《中华读书报》，1996 年 10 月 9 日。后收入许钧主编的《翻译思考录》，湖北教育出版社，1998 年。

[4] 谢天振：《文学翻译不可能有定本——兼与罗新璋先生商榷》，载《中华读书报》，1996 年 12 月 4 日。后收入许钧主编的《翻译思考录》，湖北教育出版社，1998 年。

[5] 方平引文见《翻译思考录》第 127 页。

者必传，管他定本不定本！”[6]其对优秀译本的推崇之情跃然纸上，但显然已经偏离了对翻译有无定本问题的讨论实质。

许钧与本人则是力图从理论层面上探讨翻译有无定本的问题，并通过翻译定本问题的讨论揭示翻译，尤其是文学翻译的本质。所以许文分别引述了捷克功能结构主义美学理论家费·沃季奇卡和德国接受美学理论家姚斯的话，并在此基础上推导出：“一部译作，只能是对原作的一种理解，一种阐释。翻译，作为对原作生命在时间和空间上的延伸和扩展，其本身却又不可能是超越时间和空间的‘不朽’。任何一个阐释者，不管其修养、常识如何，不管其意愿如何，都不可能穷尽对原作生命和价值的认识。他只能给读者提供一个尽可能接近原著的本子，不可能提供一个与原作亦步亦趋，完全对等的‘定本’。”[7]而拙文则首先强调，对翻译有无定本的问题“不能笼而统之地谈，而必须先区分开非文学翻译与文学翻译这两种不同性质的翻译”。接着具体分析了文学翻译与非文学翻译的特点：“一般而言，对非文学作品的翻译主要是对原作中基本信息的传递，也即把原作中所包含的思想、观点、理论、事实、数据等信息传达给读者。一旦某一译本把这些基本信息最大限度地传达出来了，翻译的任务也就完成了。如果译本的语言又明白晓畅，符合某一历史阶段的语言规范，那么这一译本大概也就可以被视为‘定本’了。罗先生大作中所举的佛典翻译和马列著作的翻译基本上属于这种情况。虽然，从理论上说，这些‘定本’也还没有把原作的意思‘全部’正确地译出，譬如有人就对《共产党宣言》开首一句‘一个幽灵在欧洲徘徊’中的‘幽灵’一词,对其中‘各

[6] 罗文引文见《翻译思考录》，第 141 页。

[7] 许文引文见《翻译思考录》，第 136 页。

尽所能、各取所需’的译法等提出过商榷”。“但是文学翻译就不同了，对文学作品的翻译不仅要传达原作的基本信息，还要传达文学作品所特有的审美信息。如果我们把非文学作品和文学作品中的基本信息看作是一个有相对界限和相对稳定的‘定量’的话，那么文学作品中的审美信息就是一个相对无限的、有时甚至是难以捉摸的‘变量’了。而且，越是优秀的文学作品，它的审美信息越是丰富，译者对它的理解和表达也就越是难以穷尽。优秀文学作品中的审美信息简直就像一座开采不尽的宝藏（在诗歌中这一点尤其突出），于是需要多外译者从各自的立场对它进行‘开采’，这也就是为什么优秀的文学作品需要有多种不同译本的原因。这种不同译本的存在正证明了文学翻译不可能有‘定本’。”[8]

拙文还分析了与“定本”有关的另一问题：一部译作得到众多名家的首肯而且长期没有复译本，是否就说明该译本是“定本”了呢？（如《越人歌》）拙文认为，名家的肯定只能说明该译本在翻译上所取得的成就，而不能说明它就是“定本”。至于没有复译本，其中更有多种原因，如后世读者对该原作已无兴趣，或受出版条件的制约，等等。“译文语言会老化”这一翻译所特有的性质决定了对读者有兴趣的作品，后世译者必然会不断推出新的译作。

今天，时过境迁，我们再回顾当年这场小小的争论，也许可以为它做一个不是“定论”的结论，那就是：关于翻译有无定本问题的讨论，其实质也就是争论各方对翻译和文学翻译实质的认识的反映。通过这场争论，我们对翻译、尤其是文学翻译的实质有了进一步的认识和了解。

[8] 谢文引文见《翻译思考录》，第142—143页。

然而，对翻译本质的认识并非通过一场争论就能解决。进入新世纪后，围绕翻译本体与翻译研究本体展开的争论就折射出了这一问题的复杂性。

自20世纪七八十年代起，随着国际译学界实现了翻译研究的文化转向，尤其是随着代表当代国外翻译研究文化转向的一些译学论著被大量原版引进或翻译出版，国内部分学者借鉴、运用这些理论，也相应出版、发表了一些译学论著，从而在国内译学界激起了比较强烈的反响。一个比较典型的观点是，认为当代国外译论，尤其是文化学派的译论，尽管不无可取之处，但都偏离了翻译的本体，“走向了歧路”，于是提出我们国内的翻译研究应该回归翻译本体，并且认为后者才是翻译研究的本体。这样的观点在国内的一些翻译研讨会上，在近几年出版或发表的一些译学论著中都能听到或看到，在国内译学界也有一定的影响。

其中赵彦春的观点颇有代表性。他在其专著《翻译学归结论》一书中就指出：“近三十年来的文化派译学研究虽不乏善可陈，却是一步步走向了歧路。尤其是解构（Deconstruction）学派、女权学派、操纵学派，更是代表了这一错误方向。”他还进一步分析说：“该派论者从文化的立场考察翻译，揭示了文化与翻译的相互作用，有其积极意义。但以翻译学言之，它走的是一条现象描写的道路，更由于它受后结构主义（Poststructuralism）思潮的拍打而漂向了否定翻译学基础体系的极端。”[9]

于是在赵教授看来，“文化派从大处着眼，‘毅然决然地与文本内讨论相决裂’，这正好说明他们所研究的是翻译学的边缘性问题，因为

[9] 赵彦春：《翻译学归结论》，上海外语教育出版社，2005年，第2—3页。

翻译的基本规律——翻译之所以成为翻译的规律、翻译的制约因素——决定译与非译的因素，只能到翻译本身，即文本（Text）和成就文本过程中去寻找。文化派从历史、政治、文学的角度切入，‘找到’了翻译的制约因素，但这是决定‘译蜕变为非译’（从改写到操纵乃至伪译）的因素，而不是决定‘译之所以为译’的因素。质而言之，这与翻译的本位研究恰是南辕北辙的。不错，从文本到文本的单一模式是不充分的，但翻译的根本问题毕竟离不开文本，因为文本（源语文本和译语文本）承载着语言和语言的转换，而语言又蕴含着文化因素。简言之，没有文本，翻译便不存在。语言的转换规律涉及翻译学最核心的问题，即（1）本体论问题：翻译是什么（Translation as It Is）；（2）认识论问题：翻译是如何运作的。翻译学要成为真正的‘学’就必须首先回答这两个问题。”[10]

虽然就实质而言，吕俊、候向群两位教授与赵教授对翻译学的观点不尽相同，但在看待当代国外翻译研究中的文化学派，尤其在从国外翻译研究文化学派中引发出来的关于翻译研究的“本体”问题上，他们似乎还是有一些相似之处，如吕、候两位在他们合著的《翻译学——一个建构主义视角》一书中同样不止一处提到：“翻译的文化转向只是一次研究重点的转移，是目前多元视角中的一个视角，当然也是一次翻译研究深化的过程。但它仍不能取代语言而成为翻译研究的本体。”他们郑重提出：“……应警惕用文化研究取代语言研究，即文化研究对翻译本体研究的剥夺，把翻译本体研究消解在文化研究中。”[11] 他们还进一步强调说：“就翻译研究而言，对语言之外的各种

[10] 赵彦春：《翻译学归结论》，上海外语教育出版社，2005 年，第 4 页。

[11] 吕俊、候向群：《翻译学 —— 一个建构主义视角》，上海外语教育出版社，2006 年，第 104、107 页。

要素的关注都是应该的，也是必需的。但是如果要建立起翻译学的知识体系，语言要素仍是最主要的要素，离开对它的研究将是不可思议的。因为任何翻译活动都是以语言作为媒介的。所以西方‘翻译研究’学派，如巴斯奈特、勒菲弗尔等人的‘翻译学已牢固地建立起来了’的说法是很令人怀疑的，因为在这一学派的诸多著作中，有译者目的的论述，有文化建构与意识形态问题，有权力话语问题等等，而独没有语言问题的系统论述。”[12] 此外，还有一些学者虽与上述观点不尽一致，但在对待西方翻译研究中的文化学派的研究取向时，也流露出类似的观点，认为文化学派由于“无限扩大翻译研究对象的外延，使其学术边界模糊，从而使翻译研究的学科建构失去可能。质言之，翻译的文化研究回避了翻译的本体研究”[13]。

然而，假如我们能跳出传统译论的框架，能比较全面、客观地去考察、审视当代国外译论中的各个流派的话，那么我们应当不难发现，当代国外翻译研究中的各种理论流派，其实就是提供了一个又一个新的研究视角，反映了研究者们各自不同的立场、不同的切入点而已：语言学派更关注翻译的过程及可能达到的目标，文化学派的重点则放在翻译的结果和译者及其背后的诸多制约翻译选择和过程的文化因素上。

以语言学派为例。20 世纪首先就是翻译研究的语言学派得到巨大发展的时期。自 20 世纪中期以来，西方翻译学者开始从科学的、现代语言学的视角来讨论翻译问题，运用结构理论、转换生成理论、功能理论、话语理论等现代语言学理论，对翻译问题进行了科学系统的

[12] 吕俊、候向群：《翻译学——一个建构主义视角》，上海外语教育出版社，2006 年，第 118 页。

[13] 张柏然、辛红娟：《西方现代翻译学学派的理论偏向》，载《外语与翻译》，2005 年第 2 期。

研究，开拓出了翻译研究的崭新领域。他们的研究深入到对翻译行为本身的深层探究，通过微观分析来考察一系列语言层次的等值，较为科学系统地揭示了翻译过程中的种种问题。无论是奈达提出的“动态对等”、“功能对等”的翻译原则和就翻译过程提出的“分析”、“转换”、“重组”和“检验”的四步模式，还是雅科布逊对翻译所作的语内翻译（Intralingual Translation），语际翻译（Interlingual Translation）和符际翻译（Intersemiotic Translation）的分类，都帮助人们对翻译有了比以前更全面、更深刻的认识。严格而言，正是这些研究揭开了当代西方翻译研究史上的理论层面。我把翻译研究的这一取向称为翻译研究的“语言学转向”，它是西方翻译理论发展史上出现的第一次质的突破和飞跃，在西方翻译理论发展史上占有重要的地位。

纵观语言学派的翻译理论，我们不难发现他们的研究其实并不仅仅局限在语言转换的层面，文化因素同样也是他们考察的对象，如奈达的动态对等和功能对等原则就是在考察不同文化语境差别的基础上提出的。而随着当代语言学派各分支的深入发展，有相当一部分语言学背景的翻译研究学者已经从语言学的角度对翻译中的跨文化问题提出了自己的见解。譬如阿拉伯裔的英国学者哈蒂姆（Basil Hatim），他的著作如《语篇与译者》(1990)、《作为交际者的译者》(1997)、《跨文化交际：翻译理论与对比篇章语言学》(1997）等，运用语篇语言学和话语分析理论对翻译作为一种跨文化交际的各种因素进行探讨，他从翻译的语用和符号层面探讨语篇中社会、意识形态和权力关系的问题，这种研究实际上已经超越了系统功能语法中单纯的语域分析，同时也体现了近一二十年来语言学派发展的一个新趋势。再譬如，以德国斯内尔－霍恩比（Snell-Hornby）为代表的新一代具有语言学理论背景的翻译理论家，他们的研究与“翻译研究派”有着较密切的学术上的联系,也不再把文本内的“对等”或“等值”视作译者的追求目标,观点已经与文化学派相当接近,在一定程度上同样反映了当前语言学派翻译研究的最新发展趋势。

至于文化学派,且不说他们并没有如“归结论”作者所言“毅然决然地与文本内讨论相决裂”(事实上,这一流派学者的不少研究著述都有对文本的深入细致的分析和探讨),退一步说,即使真是如此,是否就因为文化学派的翻译研究注重翻译结果,注重文学翻译在译入语语境中的接受和影响,而没有关注或较少关注文本以内的问题,他们的研究是否就成为翻译学研究的“边缘”了呢?从传统的翻译观来看,也许有人会对这个问题作出肯定的回答,因为两千多年来,我们的翻译研究者关心的一直就是“怎么译”这样一个与语言文字转换直接有关的、属于文本以内讨论的问题。但是我们今天讨论这个问题时就不应该仅仅局限在传统翻译观以内了。事实上,当代西方译论的一大贡献正是让我们认识到,翻译不是在真空里进行的,翻译行为从它的发起到进行,再到最后的结果、接受和影响等,注定要受到各种社会文化因素的制约。也正因为当代译论把探究控制翻译产生和接受的规范和约束机制、把翻译和其他类型文本生成之间的关系、把翻译在特定文学当中的地位和功能、以及把翻译对民族文学之间的相互影响所起的作用等问题都纳入到当代翻译研究的视野,才使得今天的翻译研究从以前的外语教学学科下面的为外语教学服务的教学翻译研究和译者个人的翻译经验交流,发展为有可能作为一门独立学科的翻译学予以建设。否则,进行了两千多年的对所谓翻译本体的研究,为何就一直没有能建立起作为独立学科的翻译学,而只能作为外语教学的附庸呢?这其中的道理是很清楚的。

其实,赵彦春在他的《翻译学归结论》一书中所指出的翻译学的两个核心问题抓得很准，这两个问题也确实是翻译学的核心问题：一是本体论问题，即“翻译是什么”，二是认识论问题，即翻译是如何运作的。只是当我们从本体论角度提出“翻译是什么”这个问题时，我们要探讨的就不再是翻译的表象，而是翻译的实质。我们应该认识到，翻译不仅仅是两种语言文字的转换，它还是一种受制于各种社会文化因素制约的民族间的交际行为。我们一些学者之所以会对当代国外翻译理论、尤其是文化学派的译论产生较为强烈的反应，甚至指其“偏离”翻译本体或翻译研究的本体，我以为这首先跟他们的翻译观有关：他们只看到翻译是一种语言文字转换行为，只承认应用性、规范性的翻译理论，认为这才是翻译学的学科理论，才是翻译理论的本体论，所以极力强调要回归翻译本体，却没有看到或不承认翻译更是一种跨越语言、跨越文化、跨越民族的交际行为。依据他们的“翻译本体观”，只有讨论文本以内的语言文字转换的规律，讨论翻译的语言要素，那才算属于翻译研究的本体。

然而，翻译研究本体是否仅仅只是对所谓的翻译本体（即语言）进行的研究？只研究所谓的翻译本体也即只关注文本以内的语言问题能够全面、深刻揭示“语言转换的规律”吗？这里我们的一些学者显然混淆了翻译本体研究与翻译研究本体之间的关系，并且用翻译本体取代了翻译研究的本体。如果说翻译本体只是指翻译过程中两种语言文字的转换过程本身、翻译本体研究也只是对这过程本身所进行的研究的话，那么翻译研究的本体就绝对不可能仅仅局限于语言文字转换过程的本身。正如“归结论”一书作者所提出的，翻译学的第二个核心问题就是要回答“翻译是如何运作的”。而既然我们已经认识到翻译不是在真空里进行的，那么翻译的运作也就不可能是一个简单的语言文字的自动转换，在语言文字转换过程本身之外，它必然还包括译者、接受者等翻译主体和翻译受体所处的历史、社会和文化语境，还包括对两种语言文字转换产生影响和制约作用的各种文本以外的诸多因素。翻译研究只有把所有这些问题都包括进去，才有可能成为完整的翻译研究本体，也才有可能使翻译学成为真正的“学”。翻译研究本体的这些特点也决定了我们今天讨论的翻译学不可能是一门单纯的语言学科，而必然是一门综合性的、边缘性的、交叉性的独立学科。实际上，任何一门学科理论，无论是自然科学理论还是社会科学、人文科学理论，如果只有规范性、应用性理论而没有描述性理论，它就必然是片面的，而且也是建立不起来的。语言学理论、文艺学理论，莫不如此。

我们的一些学者在面对国外译学界翻译研究的文化转向时呼吁回归翻译本体，这还跟他们对翻译研究不同流派之间的关系的认识有一定关系。在他们看来，翻译研究中的不同理论流派相互之间是一种颠覆与被颠覆的关系，一种后者取代前者的关系。譬如，“归结论”一书的作者就在其著作中写道：“文化学派‘颠覆’了以前的翻译理论，特别强调文化在翻译中的地位，认为翻译的基本单位不是词、句、语篇，而是文化。”[14]他显然没有看到当代西方翻译研究中语言学派和文化学派两大学派之间的传承关系。实际上，文化学派突破文本的框架，注意到文本以外的文化因素，是对语言学派局限在文本以内的研究的一种拓展，两者相辅相成，互为补充，共同构建当代译学的理论大厦。

以上围绕两个问题所展开的争论，归根结蒂是对翻译和翻译研究的本质的理解和认识问题。我们如果只是局限在“翻译只是两种语言文字之间的转换”这样一种认识框架里，那么我们就将永远理解不了

[14]　赵彦春：《翻译学归结论》，第7页。

为何翻译不可能有定本，为何关于翻译的研究不能只看到文本以内的语言文字的转换，而还必须看到文本之外制约翻译活动和翻译行为的诸多其他因素。

第二节　理论支柱——创造性叛逆

与上一节所讨论的问题密切相关，法国文学社会学家埃斯皮提出的“翻译总是一种创造性的叛逆”的观点，为我们深入理解翻译的本质提供了一个很好的切入点。

众所周知，任何翻译，不管是一般的日常翻译、科技翻译，还是文学翻译，都有一个共同点，即都需要把在一种语言中业已表达出来的信息传递到另一种语言中去。但是文学翻译与其他翻译有一个根本的区别——它所使用的语言不是一般的语言，而是一种特殊的语言，它“把原作的艺术意境传达出来，使读者在读译文的时候能够像读原作时一样得到启发、感动和美的感受”。[15]

然而翻译的实践表明，人们赋予文学翻译的目标与文学翻译实际达到的结果之间始终是存在差距的。这其中的原因，有艺术上的，也有语言本身的。意大利著名美学家克罗齐分析说：“如果翻译冒充可以改造某一表现品为另一表现品，如移瓶注酒那样，那就是不可能的。在已用审美的办法创作成的东西上面，我们如果再加工，就只能用逻辑的办法；我们不能把已具审美形式的东西化成另一个仍是审美的形式。”[16]这是从美学原理角度分析文学翻译的困境，话虽偏激，但不无

[15]　茅盾：《为发展文学翻译事业和提高翻译质量而奋斗》，载《翻译研究论文集》（1949—1983），第10页。

[16]　〔意〕克罗齐：《美学原理》，外国文学出版社，1987年，第78页。

道理。

另一方面，则是文学本身的特点所决定的。众所周知，文学是唯一局限于语言框架之内的艺术。而语言之所以能产生艺术所要求的形象性、生动性，这与语言本身的历史文化积淀、与该语言环境中的语言使用者本人的生活经验等，有着密切的关系。特定语言环境内的历史的文化积淀和语言使用者的生活经验，使该语言的使用者在使用某一特定语汇时产生丰富的联想，从而赋予该语言以特定的形象性和生动性。譬如，“天高云淡”一语，寥寥四字，貌若平常，但在汉语这一特定语言环境中，却能使人产生“海阔天空、壮志满怀”，或“秋高气爽”，或“秋风萧杀”等诗的意境，产生许多丰富的联想。但是当译者把这四个字照搬到另一种语言中去时，如译成英语“The sky is high，the clouds are thin”。英语读者恐怕就无法产生许多此类联想。因此，当在一种语言环境中产生的文学作品被“移植”到另一种语言环境中去时，为了使接受者能产生与原作同样的艺术效果，译者就必须在译语环境里找到能调动和激发接受者产生相同或相似联想的语言手段。这实际上也就是要求译作成为与原作同样的艺术品。在这种情况下，文学翻译与文学创作已经取得了相同的意义，文学翻译也显而易见已不再是简单的语言文字的转换，而是一种创造性的工作。加拿大翻译研究家芭芭拉 · 格达德说：“面对新的读者群，译者不仅要把一种语言用另一种语言传达出来，而且要对一个完全崭新的文化及美学体系进行诠释。因此，翻译决不是一维性的创作，而是两种体系的相互渗透。译者是传情达意的积极参与者，是作者的合作者。”[17]

[17] Babara Godard. “Language and Sexual Difference: the Case of Translation”. in *Atkinson Review of Canadian Studies*, Vol.2, No.1, Fall-Winter, 1984,p13.

文学翻译的创造性性质是显而易见的，它使一件作品在一个新的语言、民族、社会、历史环境里获得了新的生命。然而，除了创造性一面外，它还有叛逆性的一面。如果说文学翻译中的创造性表明了译者以自己的艺术创造才能去接近和再现原作的一种主观努力，那么文学翻译中的叛逆性，在多数情况下就是反映了在翻译过程中译者为了达到某一主观愿望而造成的一种译作对原作的客观背离。当然，这仅仅是从理论上而言，在实际的文学翻译中，创造性与叛逆性其实是根本无法分隔开来的，它们是一个和谐的有机体。因此，法国文学社会学家埃斯卡皮提出了一个术语——“创造性叛逆”（Creative Treason），并说：“翻译总是一种创造性的叛逆。”[18]

文学翻译的创造性叛逆在诗歌翻译中表现得尤为突出，因为在诗歌这一独特的体裁中，高度精练的文学形式与无限丰富的内涵和外延紧密地结合在一起，使得译者几乎陷入一个两难处境而无所适从：保存了内容，却破坏了形式，照顾了形式，却又损伤了内容。试看一例：

杨巨源有诗名《城东早春》，诗曰“诗家清景在新春，绿柳才黄半未匀。若待上林花似锦，出门俱是看花人”。英国汉学家翟理斯（Herbert A. Giles）把它译为：

The landscape which the poet loves is that of early May,
When budding greenness half concealed enwraps each willow spray.
That beautiful embroidery the days of summer yield,
Appeals to every bumpkin who may take his walks afield.

[18]　〔法〕埃斯卡皮：《文学社会学》，王美华、于沛译，安徽文艺出版社，1987 年，第 137 页。

有人指出，译者以early May译原诗中的“新春”一词不确，“因为在中国，五月初已经将近暮春了。译者没有研究中国的时序景物，就拿欧洲的时序景物来比附，结果违反了同一律”。[19] 这一批评当然不错，因为中国与欧洲的时序确实不同，early May不同于中国的“新春”，用early May译“新春”，这是对原诗的叛逆，同时传递了一个错误的信息，使英美读者误以为中国的早春在五月之初。但这恐怕是诗歌翻译中普遍存在的一个难题，这个难题也许可以借助同一首诗的不同译本来加以完成。

再如，另一位汉诗的英译家宾纳（Bynner）所译的韦应物的诗句“春潮带雨晚来急，野渡无人舟自横”，也招致一点物议。宾纳的译诗为：

On the spring flood of last night' s rain
The ferry-boat moves as though someone were poling.

有人指其以“似有人”译“无人”，两者反映的画面一动一静，“违反同一律”。[20]

同是这两句，王守义与约翰·诺弗尔合作，把它译为：

Spring sends rain to the river
It rushes in a flood in the evening
The little boat tugs at its line
By the ferry landing

[19] 张今：《文学翻译原理》，河南大学出版社，1987年，第59页。
[20] 同上书，第55页。

Here in the wilderness
It responds to the current
There is no one on board

王译比较忠实地传达出了原诗那种静态的画面，而且也没有了宾纳译本中的那个“多余的人”，但是王译同样也没有了宾纳译本中那种与原诗相应的简洁与韵味。王译实际上是一首散文诗——这是对原诗韵律的一种叛逆，之所以如此，是因为在译者看来，在中国古典诗词中起很大作用的诗的外在美——诗的形式和诗的语言形式，主要是在音韵方面，而“这种音韵美在英译中是无法表达的”。因此他们的译诗，如他们自己所宣称的，“看来是散文化的释义，而实际上是一首不错的英语无韵诗。如果它译出了原诗的意境、神韵、美感，它就是一首好的译诗。而且它会被英语读者接受，加以欣赏，甚至参与欣赏再创造，完成对诗美的享受和感应”。[21]

这两个例子可以让我们窥见创造性叛逆的一些基本特点。由于文学翻译，一部作品被引入了一个新的语言环境，于是也就产生了一系列的变形：翟理斯为了传达原作的韵味，结果把“新春”变成了“五月初”；宾纳为了追求原作诗的形式，结果引入了一个“多余的人”；王守义为了忠实地再现原作诗的画面，结果却丢失了原作的诗歌形式和韵律……

文学翻译的创造性叛逆的特点当然不止于“变形”，它最根本的特点是：它把原作引入了一个原作者原先所没有预料到的接受环境，并且改变了原作者原先赋予作品的形式。在这一过程中，叛逆的主体

[21] 王守义、约翰·诺弗尔译：《唐宋诗词英译》，黑龙江人民出版社，1989年，第167页。

是译者、接受者和接受环境。

文学翻译中译者的创造性叛逆有多种表现，但概括起来不外乎两种类型：有意识型和无意识型。具体的表现有以下四种：

1. 个性化翻译

译者，尤其是优秀的译者，在从事文学翻译时大多有自己信奉的翻译原则，并且还有其独特的追求目标。如傅东华在翻译美国小说 *Gone With the Wind*（《飘》）时，觉得“译这样的书，与译 Classics 究竟两样”，所以不必“字真句确地译”。于是他在翻译时，碰到原作中的外国人名地名，“都把它们中国化了”，“对话方面也力求译得象中国话，有许多幽默的、尖刻的、下流的成语，都用我们自己的成语代替进去”，“还有一些冗长的描写和心理的分析，觉得它跟情节的发展没有多大关系，并且要使读者厌倦的”，“就老实不客气地将它整段删节了”。[22] 只是读者随着傅译作品中的思嘉、媚兰、瑞德、希礼们（均为十足地道的中国人名），从肇嘉州、钟氏坡一起漫游到曹氏屯（均为十足地道的中国地名）时，他们是被译者带领着进入了美国作家密西尔笔下的美国社会呢，还是进入了翻译家傅东华所营造的文学世界呢？这恐怕是一个耐人寻味的问题了。

较多个性化翻译的一个主要特征就是“归化”。所谓“归化”，它的表面现象是用极其自然、流畅的译语去表达原著的内容，但是在深处却程度不等地都存在着一个译语文化“吞并”原著文化的问题。例如，严复翻译的《天演论》是有口皆碑的译界精品，其开卷一段更是脍炙人口。然而，令人“倾倒至矣”的究竟是严译的内容呢还是严复的译笔呢？当我们读着“怒生之草，交加之藤，势如争长相雄，各据一抔

[22] 傅东华：《飘》译序，浙江人民出版社，1979 年，第 3—4 页。

壤土。夏与畏日争，冬与严霜争，四时之内，飘风怒吹，或西发西洋，或东起北海，旁午交扇，无时而息。上有鸟兽之践啄，下有蚁蝝之啮伤。憔悴孤虚，旋生旋灭。菀枯倾刻，莫可究详。”这样古朴典雅、气势恢宏的桐城派古文式的译文时，答案是不言而喻的。更有甚者，严译《天演论》第一句“赫胥黎独处一室之中”把原文的第一人称径自改为第三人称，译语文化对原著文化的“吞并”更显昭著——作者以第三人称出现在文中是中国古文的特征之一。

个性化翻译的特征也并不全是“归化”，它还有“异化”——译语文化“屈从”原著文化的现象。美国诗人庞德在翻译中国古诗时，就有意识地不理会英语语法规则，显著的例子如他把李白的“荒城空大漠”的诗句译成 Desolate Castle，the sky，the wide desert，没有介词进行串连，没有主谓结构，仅是两个名词词组与一个名词孤立地并列。熟谙中国古诗并了解庞德进行的新诗实验的人一眼可看出，这是译者有意仿效中国古诗的意象并置手法（尽管这一句其实并非典型的意象并置句）。这种译法理所当然地使英语读者感到吃惊，但它的效果也是显而易见的，《泰晤士报》书评作者就曾坦承：“从奇异但优美的原诗直译，能使我们的语言受到震动而获得新的美。”[23] 其实，这种译法产生的何止是“震动”，它还触发了美国的一场新诗运动呢，美国的意象派诗歌运动正是在这类译诗的影响下发生的。

2. 误译与漏译

绝大多数的误译与漏译属于无意识型创造性叛逆。例如英译者在翻译陶诗《责子》中“阿舒已二八”一句时，把它译成了“阿舒十八岁”。他显然不懂汉诗中的“二八”是十六岁的意思，而自作聪明地以为诗

[23]　参见赵毅衡：《远游的诗神》，四川人民出版社，1985 年，第 229 页。

中的“二八”是“一八”之误。这样的误译造成了信息的误导。

造成误译的原因多是因为译者对原文的语言内涵或文化背景缺乏足够的了解。但与此同时也存在着有意的“误译”，傅雷翻译的几部巴尔扎克的长篇小说的书名即是有意误译的佳例。巴尔扎克原著的书名是 *La Cousine Bette*，*Le Pere Goriot*，本来，前者应译为《表妹贝德》或《堂妹贝德》，后者则应译为《高里奥大伯》或《高里奥老爹》。但傅雷在仔细揣摩了全书内容之后，却把前者译为《贝姨》，后者译为《高老头》，这样不仅从形式上缩短了译入语读者与译作之间的距离，而且还细微地传达出了人物在作品中的特定处境（《贝姨》）、独特的性格和遭遇（《高老头》），堪称成功的创造性叛逆。

以上译例表明，译者为了迎合本民族读者的文化心态和接受习惯，故意不用正确手段进行翻译，从而造成有意误译。

为了强行引入或介绍外来文化的模式和语言方式，也是造成有意误译的一个原因。如前面提到的庞德翻译的汉诗。这种翻译正如鲁迅所称，“不但在输入新的内容，也在输入新的表现法”。[24]

误译当然不符合翻译原要求，任何一个严肃的翻译家总是尽量避免误译。但是误译又是不可避免地存在，尤其是在诗歌翻译和较长篇幅的文学作品之中。从文化交流的层面上看，误译有时候却有着非同一般的研究价值，因为误译反映了译者对另一种文化的误解与误释，是文化或文学交流中的阻滞点。误译特别鲜明、突出地反映了不同文化之间的碰撞、扭曲与变形。

漏译也分无意与有意两种。无意的漏译多为一言半语，通常未产生什么文学影响。有意的漏译即节译，我们将在下面予以分析。

[24] 见鲁迅：《二心集》。

3. 节译与编译

节译与编译都属于有意识型创造性叛逆。造成节译与编译的原因有多种：为与接受国的习惯、风俗相一致，为迎合接受国读者的趣味，为便于传播、或出于道德、政治等因素的考虑，等等。

例如，我国早期翻译家伍光建在翻译法国大仲马的《侠隐记》（现通译《三个火枪手》）时，压缩或节略景物描写，凡与结构及人物没有多大关系的语句、段落、议论、典故等统统删去，把原作差不多删掉三分之一。其原因，一方面如茅盾所分析的，“他是根据了他所见当时的读者程度而定下来的……因为他料想读者看不懂太累赘的欧化句法”。[25] 另一方面则是因为中国历来的小说没有景物描写，照原著译出的话，怕读者不易接受。这样做的结果，读者阅读、接受固然就容易多了，但与此同时，由于大量节译作品的存在（林纾译《茶花女》、马君武译《复活》、曾朴译《九三年》，均有不同程度的删节），原作的丰富性、复杂性没有了，原作的民族文学特性（景物描写与心理刻划）也没有了，于是给读者造成一种错觉：“西洋小说太单调。”

接受国的道德伦理观念也是译者采取节译与编译的重要原因。譬如薄伽丘的名作《十日谈》和劳伦斯的名作《查特莱夫人的情人》，都因为道德方面的原因，在相当长的一段时间里，只有它们的节译本才能在中国公开出版发行，它们的全译本要么只能极少量地在内部发行，要么完全被禁止出版。

在某种程度上而言，编译也是一种节译，编译旨在理清原著的情节线索，删除与主要情节线索关系不大的语句、段落、甚至篇章，以简洁明快的编译本或节译本形式介绍原著。因此，在大多数情况下，

[25] 转引自《中国翻译文学史稿》，中国对外翻译出版公司，1989 年，第 84 页。

编译与节译在文学交流中所起的作用与产生的影响是差不多的。编译与节译最大的差别在于：节译本中所有的句子都是依据原本直接翻译缩写的，而编译本中的句子，既有根据原文编写、改写的，甚至还有编译者出于某种需要添写的。由于这后两种情况，编译本对原著造成的变形有时就要超过节译本。

但是，在不少场合，编译与节译实际上是混杂在一起的，根本无法区分。我国早期翻译家如林纾、包天笑等人的翻译，实际上都属于编译范畴。事实上，他们自己也意识到这点，所以他们称自己的译品为“译述”或“达旨”（严复语）。

节译与编译在传播外国文学上的积极作用是显而易见的。时至今日，我们仍有好多家出版社在组织译者从事节译外国文学名作的工作，这些书的发行量还相当大，可见读者对它们也仍然是非常欢迎的。

4. 转译与改编

文学翻译中的转译与改编都属于特殊型创造性叛逆，它们的共同特点是都使原作经受了“两度变形”。

转译，又称重译，指的是借助一种外语（我们称之为媒介语）去翻译另一外语国的文学作品。这种形式的翻译，无论中外古今，都很普遍。譬如，我国最早的汉译佛经所用的术语就多半不是直接由梵文翻译过来的，而是间接经过一个媒介——有学者认为可能是天竺文字或西域文字[26]；英国译者诺思是根据阿米奥的法译本翻译普鲁塔克的希腊语作品的；匈牙利、塞尔维亚和卢森堡的译者，在相当长时期里是通过德译本转译莎士比亚的作品的；在西班牙和意大利，人们读到的英国诗人杨格《夜思》的译本，是通过法国翻译家勒图诺尔的法译

[26] 参见马祖毅：《中国翻译简史》，中国对外翻译出版公司，1984 年，第 15 页。

本转译的；在日本，自明治至大正初年，也大多通过英文转译法国和俄国的文学作品,有一段时期（明治二十年代）甚至还盛行转译的风气，如森鸥外，即使懂得原作语言，也一律从德文转译。

在大多数情况下，转译是不得已而为之的，尤其是在翻译非通用语种国家的文学作品时，因为任何国家也不可能拥有一批通晓各种非通用语种的译者。然而文学翻译又是如此复杂，译者们在从事具有再创造性质的文学翻译时，不可避免地要融入译者本人对原作的理解和阐释，甚至融入译者独有的语言风格、人生经验乃至个人气质，因此，通过媒介语转译其他国家的文学作品之所以会产生“二度变形”，也就不难理解了。更何况媒介语译作中还存在一些不负责任的滥译本，以及存在一些有独特追求的译本，例如18世纪的法译本就追求“优美的不忠”，而18世纪时法语曾是英语与意大利语、西班牙语、葡萄牙语、有时还是波兰语与俄语之间的媒介语。通过这些“优美的不忠”的译本转译作品将会是什么结果，当是不难想见的了。

在我国，叶君健先生曾提供了好几个因转译而产生变形的例子。他把安徒生童话的丹麦文原作与英译本进行了对照，把但丁《神曲》片断的意大利原文与英、中译文进行对照，指出其中的巨大差异。[27]

除了变形问题外，转译中媒介语的变化也是一个值得研究的问题。如从“五四”前后直至20世纪三四十年代，日语曾经是我国文学翻译中的极主要的媒介语：鲁迅、周作人兄弟早在20世纪初编译出版的《域外小说集》中，就通过日语（还有德语）转译了波兰等“弱小民族”的文学作品以及俄国契诃夫、安德列耶夫等人的短篇小说。之后，包括不少大作家、大诗人在内的许多小说、诗歌、剧本，仍有不

[27]　见《文学翻译百家谈》，北京大学出版社，1989年，第118—121页。

少是通过日译本转译的，如高尔基的剧本《仇敌》《夜店》，雷马克的长篇小说《战后》，裴多菲的诗，等等。但是自20世纪50年代起，日语的这种媒介作用就明显地让位于英语与俄语了。这里面，政权的更迭当然是一个重要的原因，但是更重要的原因恐怕跟各个时代文化界人士中的留学生的由来也有很大的关系。众所周知，从“五四”至20世纪40年代，从日本留学回来的人士在当时我国的文化界占有相当的比例，而从20世纪50年代起，这一比例骤减，与此同时出现了大批的留苏学生。

最后，转译还具体地展示了译语国对外国文学的主观选择与接受倾向。一些掌握了英语、日语的译者、作家，不去翻译英语、日语国家的文学作品，却不惜转弯抹角、借助英语、日语翻译其他语种的文学作品，这个现象很值得研究。譬如巴金，在20世纪三四十年代的翻译活动中，除了偶尔翻译过一些英语作家的作品外，几乎一直致力于通过英语转译俄罗斯文学的作品。巴金晚年回忆自己50年文学生涯时这样说：“……我后来翻译过屠格涅夫的长篇小说《父与子》和《处女地》，翻译过高尔基的早期的短篇，我正在翻译赫尔岑的回忆录。”[28]从这里面不难窥见中国作家，以及以他为代表的广大中国读者对俄国文学的积极追求。

文学翻译中的改编，不单指作品文学样式、体裁的改变，同时还包括语言、文字的转换。

改编经常出现在诗歌、剧本的翻译之中。如林纾把易卜生的剧本《群鬼》改译成文言小说《梅孽》，方重用散文体翻译乔叟用诗体写成的《坎特伯雷故事集》，朱生豪用散文体翻译莎士比亚剧本中的人物

[28] 巴金：《文学生活五十年》，载《创作回忆录》，人民文学出版社，1982年。

对白（原作为无韵诗体），等等。

改编在国外也是普遍存在的。例如在法国，纪德与巴罗合作，把德语作家卡夫卡的小说《城堡》搬上了法国舞台，纪德也同样用散文体翻译了莎士比亚的无韵诗体剧《安东尼与克莉奥佩特拉》。

通常，改编的"叛逆"仅在于文学作品的样式、体裁的变化上。例如，由于莎剧的中译本大多是散文体翻译的，于是中译本的读者就得到一个错觉，以为莎剧的原作也是用散文体写作的。但是改编对原作内容的传达倒是比较忠实的，尤其是严谨的翻译家，例如上述方重翻译的《坎特伯雷故事集》和朱生豪翻译的莎剧，因为摆脱了诗体的束缚，译作对原作的内容反倒易于表达得比较透彻和全面。当然，由于文学翻译中普遍存在的创造性叛逆，即使是严谨的改编翻译，在作品内容的传达上照样有变形现象。

值得注意的还有另一种改编，这种改编多是在已有译本的基础上进行的，所以这种改编严格地说不属于文学翻译的范畴，只能视作文学翻译的外延，但它对原作进行"两度变形"的性质与上述改编是一样的。

譬如早期翻译家苏曼殊在翻译雨果的《悲惨世界》时，起先几章是照原作翻译的，但从第七章起译者便越来越偏离原作而随意发挥了。他为了批判孔子的话，竟自己杜撰了一段故事，并增加了一个人物男德，借此人之口，吐自己之言："那支那国孔子的奴隶教训，只有那班支那贱种奉作金科玉律，难道我们法兰西贵重的国民，也要听那些狗屁吗？"这种话原著里显然不可能有。

再如我国著名剧作家田汉与夏衍曾分别在1936和1943年把托尔斯泰的长篇小说《复活》改编成剧本，并搬上我国话剧舞台，产生很大影响。但由于改编者对托尔斯泰的原作的独特理解和改编意图，更由于两位改编者本人又是极优秀的剧作家，因此他们的改编作尽管在总的情节内容上忠于原作，但正如研究者所指出的，“两个改编本都抹去了原作的宗教色彩”，“作品的基调、风格等显然与小说《复活》有很大的差异，它们都已中国化了。”[29]尤其是田汉的改编本，针对当时中国正在遭受日本军国主义侵略的特定背景，有意突出原作中并不起眼的几个波兰革命者的形象，还让他们唱出“莫提起一七九五年的事，那会使铁人泪下；我们的国家变成了一切三的瓜，我们二千七百万同胞变成了牛马；我们被禁止说自己的话，我们被赶出了自己的家。”这样的歌，其对原作的创造性叛逆赫然可见。

接受者与接受环境的创造性叛逆更多地反映在翻译的传播和接受过程中。

有一个真实且有趣的故事，说的是我国某公司向美国出口一批吉普车，事先美方有关方面对这批吉普车的性能、质量已经表示满意，出口的条件也基本谈妥，就等着公司代表团抵美后签字了。代表团兴冲冲地来到了美国，不料在最后谈判阶段这笔生意却流产了。流产的原因不是别的，竟是因为这批吉普车品牌的英语翻译！

原来这批吉普车的牌名叫“钢星”——一个很响亮的中国名字。生产者考虑到出口需要，特地给这个牌名配上了英文翻译。本来，“钢星”译成英语的话可以译成 Steel Star，但是 Steel 这个英语单词读起来不够响亮，所以有关译者就把它音、意兼译，译成了 Gang Star——前一词是汉语“钢”的音译（汉语拼音），后一词则是汉语“星”的英语意译。中文的“钢”和英文的 Star[stɑː]，合在一起，念起来真是掷地有声，铿锵有力，生产单位非常满意。但问题却由此而生。

[29] 倪蕊琴：《列夫 · 托尔斯泰比较研究》，华东师范大学出版社，1988 年，第 109 页。

美国人看到了车上的这个英文牌名后立刻惊讶地大呼："Gang Star? Gang Star？哦，不行，不行！"他们把 Gang 这个词念得很响，而且是照英语的读法，把它念成了 [gæŋ]。

中国人赶紧纠正他们说："这里的 g-a-n-g 不念 [gæŋ]，念'钢'。是'钢'Star!'钢'Star!"

但这些美国人却不管，仍顾自 [gæŋ]、[gæŋ] 不止，最后竟至不欢而散，合同自然也没有签成。

中国的生产者怎么也没想到，中文里的"钢"，音译到了英文里正好成了一个英语单词 Gang，而且这个词又正好是表示"帮派"、"团夥"之类的意思。由于后一词"星"已经译成 Star，美国人自然而然地认为前面的"Gang"也是一个译成英文的单词，所以把它念成 [gæŋ]。于是中文的"钢星"，译成英文 Gang Star，给人的联想是"黑社会帮派之星"，"流氓团伙之星"。试想，这样的车谁还会来买？这样的车谁还愿意来坐？这笔生意做不成自然是情理之中。（这里顺便提一下，这个 Gang 确实也"词运不佳"，臭名昭著的"四人帮"，译成英语后也与 Gang 这个词有关，叫做 Gang of Four。）

由于货物品牌外文的翻译不当而造成货物出口受损，"钢星"吉普车并不是唯一的例子，前几年有一种电池出口时也碰到过类似的厄运。该电池的牌名为"白象"，在中文里"白象"含有"吉祥如意"的意思，所以在国内颇得顾客好感。但译成英语 White Elephant 后，给人的联想就完全不是这么回事了。在英语中，"白象"给人的联想是"中看不中用的东西"（因为白象比较尊贵，养在家里不干活），于是以"白象"为品牌的电池上市后的销路也就不难想象了。

与此相反的例子是几则洋货的中文翻译。日本香烟 Mild Seven 不是根据其原义意译成"温柔七星"或"七星牌"（在上海曾经这样译过），而是把它音译成“万事发”（粤语“万事发”发音与英语 Mild Seven 甚相接近），从而在市场上颇得烟民的青睐；还有一种外来的 Poison 香水，聪明的经销商也没有据其原意译成“毒药”，而是根据其英语的发音，音译成“百爱神”，于是频频博得了女士们的“爱”……

上述几则例子说明，翻译的效果与接受者和接受环境有很大的关系。在原语环境里明明是正面的东西，到了译入语环境里却变成了反面的东西了。在原语环境里是反面的东西，经过翻译到了译入语环境里倒成了正面的东西了。这就是翻译中的接受者和接受环境的创造性叛逆。文学翻译要比一般的翻译更为复杂，因此文学翻译中接受者和接受环境的创造性叛逆也就更加丰富多彩。

先谈接受者的创造性叛逆。

广义地说，文学翻译中的接受者应该既包括译者，又包括读者。众所周知，在文学翻译中，译者是一个一身兼二重身份的人：对于原作来说，他是个读者，他是源信息的接受者，但对于译作来说，他是个放送者，输出者。奈达曾用以下这样一个图形象地表示译者的这种二重身份：

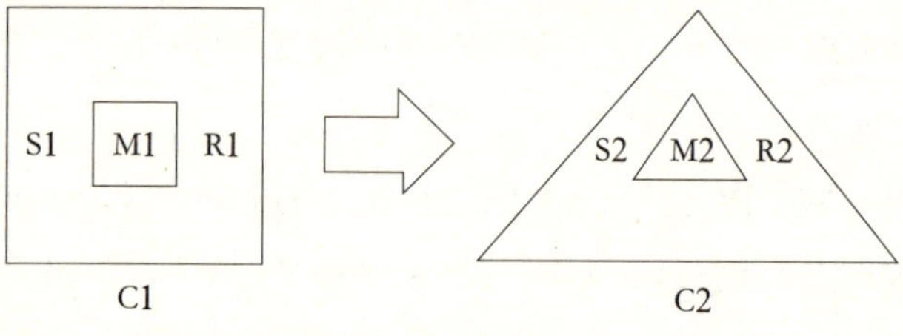

图中的 S 表示信息源（Source），也即信息的发出者，M 表示信息（Message），R 表示接受者（Receptor），C 表示信息传播所处的文化环境（Culture）。在 C1，也即在原作传播的文化环境内，译者是 R1，也

即接受者；而在C2，也即在译作的传播环境内，译者成了S2，也即信息的发出者了。译者在翻译中扮演的二重角色，由此可以看得很清楚。但译者的创造性叛逆我们在前面已经分析过了，因此这里集中分析的仅是作为接受者的读者的创造性叛逆。

对于读者在文学翻译中的作用，通常人们较少予以注意。然而，如果我们承认文学翻译的最终目的是文学交流，那么我们不难认识到，脱离了读者接受的文学翻译就是一堆废纸，毫无价值可言，因为只有在读者的接受中文学翻译才能实现其文学交流的目的。令人感到欣慰的是，近年来翻译研究者们也已经认识到，读者的阅读和理解实际上也是一种翻译。

由于读者的"翻译"是在译者翻译的基础上进行的,因此他的"翻译"与原作相比的话，必然比译者的翻译更富创造性、更富叛逆精神。如香港著名翻译家林以亮在看到俄国作家陀斯妥耶夫斯基的长篇小说《白夜》的标题后，产生了如下的联想："去年香港电影协会上映意大利导演维斯康蒂的*White Nights*，所有中文报纸的介绍文字都把它译为《白夜》。原作是杜斯妥耶夫斯基的短篇小说，经过维斯康蒂的改编而拍成电影。原作我没有读过，但*White Night*这个名词源自法文，在法文中作'失眠之夜'、'不眠之夜'解。帝俄时，上流社会中流行讲法文，杜斯妥耶夫斯基当然不会例外。甚至英文Brewer的字典也指出作'不眠之夜'讲。在这部电影中，男女主角总是在晚上谈情说爱，最后的一晚则是一个雪夜，这当然又是'双关'，可是前几晚却没有下雪，怎么能说是雪'白'的'夜'呢？"[30]

这里，接受者显然是运用自己的英文和法文知识去对俄文中的

[30] 林以亮：《翻译的理论与实践》，载《翻译研究论文集》（1949—1983），第208页。

“白夜”这一特定词语进行解读。但是，当接受者把俄文的“白夜”放到英文或法文的接受环境中去思考时，他却在无意中失落和增添了一些信息。在杜斯妥耶夫斯基（香港译名，内地通译陀斯妥耶夫基）的小说中，白夜指的是一种自然现象——极夜，即在俄罗斯的偏北地区(北纬60° 以北,小说发生的地点在彼得堡,正好地处北纬60° 左右）夏天有一段时间（通常在6月10日以后）因晚霞与朝霞相连，曙光与暮光相接，所以整夜不暗，形成所谓的“白夜”。杜氏小说中的故事就发生在彼得堡的几个白夜，因而得名。可见，所谓的“失眠之夜”或“不眠之夜”等等，系属接受者的创造性叛逆。

读者本人对某些社会现象或道德问题的强烈见解和思考，也会影响读者对文学作品的“翻译”。俄国作家屠格涅夫曾经成功地塑造了罗亭这样一个典型的“多余人”形象。也许是屠格涅夫对“多余人”形象的了解太深了，所以当他阅读莎士比亚的《哈姆雷特》时，竟不由自主地把哈姆雷特与俄国社会中的“多余人”形象相比较，从而得出了“哈姆雷特是自我中心的利已主义者，是对群众无用之人，他并不爱奥菲莉娅，而是个好色之徒，他同糜菲斯特一样代表‘否定精神’”这样的结论。[31] 这里，屠格涅夫显然塑造了一个作者、译者都始料未及的哈姆雷特形象。

读者的创造性叛逆一方面来自他的主观因素——他的世界观、文学观念、个人阅历等等；另一方面，也来自他所处的客观环境——不同的历史环境往往会影响读者接受文学作品的方式。这样，在后一种情况下，尽管创造性叛逆具体体现在读者的接受上，但其根源在于环境，因此有必要把这种创造性叛逆与读者的创造性叛逆分开考察。

[31] 参见杨周翰：《攻玉集》，北京大学出版社，1983年，第55页。

一般而言，作者在从事其文学创作时，心目中总有其特定的对象的，而且自信其作品能被他的特定对象所理解。但是由于文学翻译，他的作品被披上了另一种文化的外衣，被介绍给出乎他预料的对象阅读，而这些对象既不是与他处在同一文化环境，有时候还不处于同一历史时代，于是作品的变形在这样的接受中发生了。

斯威夫特的《格列佛游记》是一部字字隐藏着讥讽的政治小说，诸如书中拥护“甲党”和“乙党”的穿高跟鞋派，吃鸡蛋先敲大端的“大端派”和先敲小端的“小端派”，在斯威夫特所处的英国社会里，都有明显的影射对象。但是，当这部小说被译介到其他国家以后，人们不再注意小说的政治锋芒了，人们感兴趣的仅是作者以其丰富的想象力所描绘出来的充满怪诞异趣的大人国、小人国的故事。譬如在中国，斯威夫特的这部小说自 1914 年林纾开始翻译起，就不断地被译介。但大多数译本仅译出其第一、二部，即“小人国”、“大人国”两部，有的干脆以“小人国”、“大人国”名之，而且明确列入“少年文学故事丛书”或“世界少年文库”。一部严肃的政治讽刺小说，就这样因语言、文化环境变迁的作用，而演变成了一本轻松有趣的儿童读物。

《伊索寓言》的遭遇与《格列佛游记》遭遇也甚相仿佛。《伊索寓言》最初在古希腊其实也只是用于说词中加强说服力或使所宣讲的哲理更加形象化而插入的小故事而已（倒有点像我国先秦诸子口中的寓言），其对象自然不会是少年儿童。但后来时过境迁，尤其是在译成外文以后，《伊索寓言》在世界各国多被视作少儿读物。而更为有趣的是，据史料记载，明末清初时，《伊索寓言》又成了来华传教的耶稣会士和天主教士们宣传他们教义的出版物——《伊索寓言》被译成中文穿插在他们的宣教读物中。

在中国翻译文学史上，尤其是在清末民初的早期翻译时期，还有另一种接受环境对原作的创造性叛逆的情形，这就是译者为适应接受环境而作背离原作的变动。与前述媒介者的创造性叛逆相比，在这种叛逆中，媒介者也即译者所作的叛逆是被动的，更多地出于客观环境的制约。这里不妨以清末翻译家周桂笙翻译的法国作家鲍福的小说《毒蛇圈》为例。

译作首先把原作改造成中国的章回体小说模样，把原作分成几十回，并为每一回都拟了一个章回体标题，如“孝娃娃委曲承欢，史太太殷勤访友”，“几文钱夫妻成陌路，一杯酒朋友托交情”等等，这种标题连同其中的“史太太”、“几文钱”等文字，以及每回结尾处的“未知后事如何？且待下回分说”等话语，显然都是因为当时读者的阅读习惯而对原作进行的“叛逆”。

其次，出版者还为全书增配了许多精彩的眉批和回目尾评，使之成为一部与地地道道的中国章回体小说毫无二致的作品，从而进一步迎合了当时读者的阅读趣味和习惯。

然而，最为突出并且典型的“叛逆”则体现在译者对原作内容的“翻译”上。小说的第九回后半回有一段描述主人公瑞福之女妙儿思念其父的文字：

> （妙儿）暗想：我父亲答应早点回来的，何以到了这个时候，还不见人？就是往常赴宴，到了这个时候也就回来了，怎么今日有了特约，要早点回来的，倒反到了这时候还不见到呢？我父亲最心疼我的，临行还叫我先睡。我叮嘱的说话，我父亲一定不肯忘记的。莫非大客店里这班会友，今日又提议什么事，耽搁迟了么？又回想道：不是的。纵使他们要议什么事，何时何日不可议，何必定在这三更半夜的时候呢？莫非又是吃醉了么？唉，我这位

父亲，百般的疼爱我，说当我是掌上明珠一般，我非但不能尽点孝道，并且不能设个法儿，劝我的父亲少喝点酒，这也是我的不孝呢！但愿他老人家虽然是喝醉了，只要有一个妥当的地方，叫他睡了，我就等到天亮，我也是情愿的。独怕是喝醉了，在路上混跑，又没有个人照应，那才糟了呢！唉，我的父亲哪！你早点回来，就算疼了女儿吧。[32]

这一段话，据评点者吴趼人所言，竟是“原著所无”，是吴趼人（他也是此书的出版人）“特商于译者，插入此段”的。其中的原因，一是因为吴趼人觉得“上文写瑞福处处牵念女儿，如此之殷且挚，此处若不略写妙儿之思念父亲，则以慈孝两字相衡，未免似有缺点。”一是因为“近时专主破坏秩序，讲家庭革命者，日见其众。此等伦常蟊贼，不可以不有以纠正之”。[33] 由此可见，这一段文字完全是因为出版者考虑到接受者的道德伦理观念以及接受者所处环境中的社会事件等因素而添加进去的。不仅如此，吴趼人在增加了这一段“译文”后还觉得不过瘾，于是在这一段文字旁边还加了一段眉批，大声疾呼，“为人子女，不当作如是想耶？今之破坏秩序、动讲家庭革命之人听者”，要那些“讲家庭革命者”好好听着。接受环境对原作的创造性叛逆在此可谓体现得淋漓尽致。

即使在当代中国，接受环境的创造性叛逆也不乏其例。英国长篇小说《牛虻》在新中国的命运就很说明问题：英国女作家伏尼契的小说《牛虻》在其本土是一本并不出名的作品，但是在 20 世纪 50 年代末、

[32] 周桂笙旧译：《毒蛇圈》（外十种），岳麓书社，1991 年，第 85—86 页。
[33] 同上书，第 87—88 页。

60年代初的中国却受到广泛的欢迎。之所以如此，小说本身的艺术魅力固然是一个原因，但另一个原因也许也不容忽视，即当时的中国青年中正在开展一个向苏联革命作家奥斯特洛夫斯基学习的热潮，而《牛虻》恰恰是这位作家的自传体小说《钢铁是怎样炼成的》中的主人公保尔·柯察金最喜爱的作品，于是，英国作家的小说《牛虻》便与苏联作家的小说《钢铁是怎样炼成的》一起成了那个时代中国广大青年案头必备的读物。可是到了60年代下半期，中国发生了“文化大革命”，政治环境大变，一切从外国翻译进来的文艺作品（除了极少数之外）都被当作“封、资、修”作品否定，当在这种政治气候熏陶下的青年又一次接触到《牛虻》时，情况就大不一样了，他们中的不少人非但感受不到书中昂扬的革命精神，相反觉得这本书充满了资产阶级的人性论，甚至把它看作是一部“黄色小说”。这不禁使我们想起另一件可与之相“媲美”的趣事：一百多年前的满清时期，《伊索寓言》在中国的第一个正式译本——《意拾蒙引》（又作《意拾喻言》）于1840年出版后，传阅甚广，读者都津津乐道。一个偶然的机会，某个大官看到了这本“寓言”，他立即“对号入座”，说：“这一定是说着我们！”遂命令将这部寓言列入违碍书目中，《伊索寓言》因此成为禁书。[34]这真堪称是又一例绝妙的接受环境的创造性叛逆了。

文学翻译的创造性叛逆的意义是巨大的，正如埃斯卡皮所说：“说翻译是叛逆，那是因为它把作品置于一个完全没有预料到的参照体系里（指语言）；说翻译是创造性的，那是因为它赋予作品一个崭新的

[34] 此事原载英国人约瑟雅各（Joseph Jacobs）所著的《伊索寓言小史》，周作人在其《再关于伊索》（载《自己的园地 雨天的书 泽泻集》，岳麓书社，1987年，第152页）一文中引述了此事。但对于《意拾蒙引》曾否真被禁止这一节，觉得“可惜我们现在无从去查考”。

面貌，使之能与更广泛的读者进行一次崭新的文学交流；还因为它不仅延长了作品的生命，而且又赋予它第二次生命。”[35]确实，在古今中外的文学史上，正是文学翻译的创造性叛逆，才使得一部又一部的文学杰作得到了跨越文化、超越时空的传播和接受。

第三节　翻译中文化意象的传递

随着中外文化交流的日益频繁，人们对翻译提出了越来越高的要求。如果说在早期翻译工作者只要能把原作的信息基本传达出来就可以了，那么如今再这样做就不够了。“译述”、“达旨”、甚至“编译”，已经远远满足不了人们对外国文化的强烈需求。人们不仅要求译文优美流畅，更要求译文能尽可能地完整、准确地传达原作特有的文化意象。否则，无论多么好的译文，如果失落了、甚至歪曲了原文的文化意象，那就会使读者感到美中不足，有遗珠之憾，有时还会使读者产生错误的印象。

例如，有一位唐诗的英译者（John Turner）在翻译被蘅塘退士誉为“千古丽句”的李白的诗句“烟花三月下扬州”时，把这句诗译为“Mid April mists and blossoms go”而把原诗中“扬州”一词略去未译。英译者很可能以为此句中的“扬州”只不过是一个普通的地名罢了，略去不译也许于诗意无大损害。殊不知由于此句中的“扬州”一词未能译出，原诗丰富的涵义和优美意境大受影响。正如有的研究者所指出的，“‘千古丽句’之丽正在于‘烟花三月’春光最美之时，前往‘扬州’这一花柳繁华之地，时与地二者缺一不可。”研究者更进一步

[35]　参见杨周翰：《攻玉集》，北京大学出版社，1983 年，第 55 页。

指出：“倘若他（指英译者）了解唐代扬州的盛况，听过但愿‘腰缠十万贯，骑鹤上扬州’的故事，大概不会这样处理。”[36]

这里，“扬州”就是一个文化意象。在中国古代文人墨客的笔下，“扬州”决不是一个简单的地名，它不仅代表一个风光旖旎的风景地，一个城市名，在古代中国文化这样一个上下文中，它更代表了一个古代中国文人所向往的享乐去处，一个令他们销魂的所在。

对文化意象的翻译问题，像杨宪益夫妇、王佐良教授等几位卓有成就的翻译家早已经注意到了。在1980年接受澳大利亚《半球》杂志主编肯尼思·亨德森的一次采访时，杨宪益先生就指出过：“在文学中有许多其他的因素构成原文的某些含义，而要把这些含义传达给文化不同的人则是根本不可能的。譬如：对中国读者说来，中国诗词中的一棵垂柳就有某种油然而生的联想，译成另外一种语言，则不可能自然而然地引起这种联想。”杨宪益夫妇还指出英国翻译家亚瑟·威利在他的《诗经》英译中用了“骑士”、“城堡”等词，使得译文读起来“像英国中世纪的民谣，而不像反映中国情况的诗歌”。王佐良教授也说：“第二次大战时，盟军方面的人说一声敦刻尔克，马上会联想起一幅完整的画面。但是，这对中国人来说，不会引起任何反应；然而，只要我们中国人一用‘江南’二字，表示‘长江以南’的意思，江南秀丽的景色马上就会展现在我们的眼前，在那里可以看到最好看的园林，最漂亮的美人。同样，‘塞外’这一短语会使人联想到一片白雪皑皑、荒无人烟的景象，想到历史上的游牧部落。所以，我认为这些都是很难翻译的。”[37]他们虽然没有明说这是文化意象的传递问题，实际上已

[36] 翁显良：《译诗管见》，载《翻译理论与翻译技巧论文集》，中国对外翻译出版公司，1983年，第186页。

[37] 《附录：“土耳其挂毯的反面”》，载王佐良：《翻译：思考与试笔》，外语教学与研究出版社1989年，第85—7页。

经触及了这一问题。

但是，总的说来，迄今为止人们对文化意象的认识还是不够充分的，人们往往把意象与文化隔裂开来，把它与形象性词语、典故、成语、比喻、谚语等放在一起，把它视作近乎修辞手段一类的东西。毫无疑问，文化意象与形象性词语等确有极其密切的联系，但它与它们还是有所区别的，文化意象渗透在这些词语里面，但却又包含着更为丰富、更为深沉的内涵。

由于忽视了文化意象的意义，在翻译中，尤其是在文学翻译中，有时侯就会影响原作整体内容的传达，严重者，还会影响对原作意境、人物形象的把握。这方面一个著名的例子就是赵景深翻译的“牛奶路”。众所周知，自从20世纪30年代初鲁迅在《风马牛》一文中对赵景深把Milky Way译成“牛奶路”狠狠批评了一通以后，赵译“牛奶路”从此就一直是“乱译”的典型例子，甚至成为中国翻译界长期以来笑谈的对象。但是这里我们引用这个笑话却不是要笑话赵景深。[38]

据查，赵译“牛奶路”出自赵景深1922年翻译的契诃夫的短篇小说《樊凯》。《樊凯》，现通译为《万卡》，描写沙俄时代一个名叫万卡的九岁的小男孩不堪忍受城里备受欺凌的学徒生活，在圣诞节前夜写信给他在农村的祖父，请求祖父赶快来把他接回农村的故事。与“牛奶路”有关的段落反映万卡写信时回想在农村与祖父在一起时的愉快时光。

赵译系根据英国著名俄罗斯古典文学翻译家加尼特夫人(C. Garnett)的英译文转译，这段文字的英译文如下：

[38]　这里不无必要再次强调的是，本文从文化意象的角度肯定赵译“牛奶路”，不等于是肯定赵的粗枝大叶的翻译作风，希望读者不要把这两者混淆在一起。

The whole sky spangled gay twinkling stars, and the Milky Way is as distinct as though it had been washed and rubbed with snow for holiday.

目前比较通行、也是公认为比较准确的译文是这样的：

……整个天空点缀着繁星，快活地眨眼。天河那么清楚地显现出来，就好象有人在过节以前用雪把它擦洗过似的……

把英译文、中译文与契诃夫的俄文原文[39]对照一下，我们很容易地发现，在“牛奶路”的问题上，英译文准确地传达了俄文原文中的文化意象——英文 Milky Way 与俄文 **Млечный Путь** 完全对等（这与他们同属于希－罗文化传统当然有很大的关系），但中译文却推出了一个与俄文原文、也与英文译文截然相反的文化意象——“天河”。这个译法看似正确，甚至无懈可击，因为词典上就是这么翻译的，实际上歪曲了原文和谐的人物形象，歪曲了原文自然合理的情景描写，从而也使得译文变得自相矛盾，有悖常理。

这矛盾首先反映在字面上。由于原文中的意象“路”被中文中的意象“河”所代替，于是译文就出现了这样一句不可思议的句子：“天河……好象有人……把它擦洗过似的”。“河”怎么可以被人去“洗”呢？我们可以想象“洗”星星、“洗”月亮，“洗”一切固体的东西，包括“洗”由许许多多星星组成的“路”（尽管这条“路”纯属子虚乌有），但我们却无论如何难以想象去“洗”河，“洗”海，“洗”一切液体的

[39] 因篇幅关系，俄文原文省略未引。有兴趣的读者可参阅拙著《译介学导论》。

东西，即使这是一条“天河”。其实，无论在哪一种语言里，把“河”作为“洗”的对象而与“洗”搭配在一起，都是人们难以想象、也难以接受的。尽管常识告诉我们，这条“天河”实际上也是由固体（?）的星星组成的，但我们在进入文艺作品的阅读时，我们受制的就不光是常识了，而还有我们的民族文化积淀，而且后者更甚。而我们的民族文化积淀告诉我们，这条“天河”里流动着“液体”，这些“液体”还很深，流得还很急，否则，我们的牛郎织女为何只能可怜巴巴地苦守在“河”的两岸，隔岸相望，“脉脉不得语”，而要靠喜鹊们的搭桥才能一年相会一次呢?

矛盾还反映在人物形象身上。由于“路”与“河”这两个属于不同民族的文化意象的互换，于是一个在希－罗文化背景下的旧俄农村出生、长大的小男孩，竟具有了汉民族的文化思维，从而把在欧洲民族中几乎家喻户晓的 Milky Way 想象为“天河”。这样的译法显然破坏了人物的完整性，使这个人物形象显得不中不西。我们不妨设想一下，假如有人把这个旧俄农村的小男孩万卡写给他祖父信中的“祝您圣诞节好，求上帝保佑您万事如意”改译成“祝您春节好，求菩萨保佑您万事如意”，把“我求您看在基督和上帝的面上带我离开这儿吧”改译为“我求您看在玉皇大帝和观世音菩萨的面上带我离开这儿吧”，这样的译文将会产生什么样的效果呢?而这样的译文与把 Milky Way 译成“天河”在传达文化意象的意义上又有什么实质性的差别呢？

现在我们来看赵景深的译文：

……天上闪耀着光明的亮星，牛奶路很白，好象是礼拜日用雪擦洗过的一样。

这里，由于赵景深把 Milky Way 译成了“牛奶路”，所以赵译不但保留了原文中“路”的文化意象，而且还避免了“洗河”这样的字面上的矛盾，原文的人物形象也因此没有受到破坏。赵译的不足之处是：首先，这种译法尚未能反映出 Milky Way 一词的希－罗神话文化的内涵。众所周知，Milky Way 与希腊神话有着非常密切的关系，古希腊人认为它就是众神聚居的奥林帕斯山通往大地的“路”，至于它为何如此璀灿闪亮，则是与仙后赫拉洒落的乳汁有关。赵景深把它译成“牛奶路”，这种神话意味就完全失去了。鲁迅在《风马牛》一文中对这个故事作了极其风趣的描述，然后不无挖苦意味地建议把“牛奶路”改译为“神奶路”。这里，鲁迅其实倒是提供了一个比“牛奶路”更为合适的译法，尽管他本人并不以为然。其次，赵景深应该在“牛奶路”下加一条译注，说明“牛奶路”就是汉语中的“银河”、“天河”，这样，中国读者在读到“牛奶路”时就不至于感到突兀，甚至感到莫明其妙了。

对赵译“牛奶路”孰是孰非的问题国内翻译界数年前就已经有人注意到了。曹惇教授在《比较研究与翻译》一文中就针对某些人对赵译“牛奶路”的批评提出反驳：“要是有人主张凡是西文里的‘The Milky Way’都得译为‘银河’，那么按翻译上力求对等的原则，是否汉语里的‘银河’译成欧西文字时，也必须都译成‘牛奶路’呢？如果都译为‘牛奶路’，那么，象我国美丽的民间故事牛郎织女七夕相会，要靠喜鹊在银河上搭桥成全好事的情节，就很难实现了，因为牛郎织女之间只隔一条‘路’而不是‘河’！”[40] 这里，表面上曹文是借用翻译上力求对等的原则批驳对方，所谓以子之矛攻子之盾，实际上它涉及的就是一个文化意象的传达问题：如果英译者不传达中华文化的意

[40] 《翻译通讯》1984 年第 2 期。

象，那么中国美丽的民间故事，如牛郎织女鹊桥相会等，就很难实现。这个情况其实同样存在于中译文中：试想，如果中译者不分具体情况，把 Milky Way 也一律译为‘银河’，那么许多美丽的希腊神话传说又将从何说起呢？居住在奥林帕斯山上的众神将无法下山，而凯旋归来的天神朱庇特也将无法顺着 Milky Way 得胜回朝了，因为他们的“路”已经被中译者改造为“河”了。

从以上 Milky Way 的汉译所遇到的问题，我们不难窥见文化意象的一个特点，这就是不同的文化意象之间存在着错位的现象：你以为是条“河”，他却以为是一条“路”。这种错位现象给翻译，尤其是文学翻译带来了很大的困难。

一般说来，文化意象大多凝聚着各个民族的智慧和历史文化的结晶，其中相当一部分文化意象还与各个民族的传说，以及各个民族初民时期的图腾崇拜有密切的关系。在各个民族漫长的历史岁月里，它们不断出现在人们的语言里，出现在一代又一代的文艺作品（包括民间艺人的口头作品和文人的书面作品）里，它们慢慢形成为一种文化符号，具有了相对固定的、独特的文化含义，有的还带有丰富的、意义深远的联想，人们只要一提到它们，彼此间立刻心领神会，很容易达到思想的沟通。

文化意象有许多种表现形式：

它可以是一种植物，例如汉民族语言里的松、梅、竹、兰、菊，欧美民族语言里的橡树、橄榄树、白桦树、玫瑰花、郁金香，等等；

它可以是一种实有的或传说中的飞禽或走兽，例如汉民族语言中的乌鸦、喜鹊、龙、麒麟，欧美民族语言中的猫头鹰、狮、熊，等等；

它可以是一句成语、谚语、一则典故或某个形容性词语中的形象或喻体等等，例如汉民族语言中的“画蛇添足”、“三个臭皮匠，顶个诸葛亮”，欧美民族语言中的“给车装第五个轮子”（To Put a Fifth Wheel to the Coach）、“条条大路通罗马”（ All Roads Lead to Rome ），等等（这里的“蛇足”、“诸葛亮”、“第五个轮子”、“罗马”，都已取得了特定的含义，成为特定民族语言中的一个文化意象）；它甚至可以是某个数字，例如汉民族语言中的“三”、“八”，欧美民族语言中的“七”、“十三”，等等（汉语中的“三”还含有“众多”的意思，如“三思而行”；“八”因为与“发”谐音而取得了“发达”、“发财”的意思。英、俄语中的“七”也有“众多”的意思，如形容幅度大，说“At Seven-league Strides”，提醒人三思而行，俄语中说“量七次，剪一次”，“十三”在西方语言中则被视作不吉祥）。

然而，不同的民族由于其各自不同的生存环境，文化传统，往往会形成其独特的文化意象，如阿拉伯民族视骆驼为耐力、力量的象征，在古代埃及文化里奶牛被视作神圣的象征，在印度文化里大象是吉祥的象征，在中国文化里牛是勤劳的象征，等等。这些意象一般不会构成文学翻译中的问题。但是，还有一些意象，它们甚至为好几个民族所共有，可是不同的民族却又赋予它们以不同的、有时甚至是截然相反的含义。在一种语言中带有褒义、正面意义的事物，在另一种语言中成了贬义、反面意义的事物；或者，虽然意义不是截然相反，但至少也是大相径庭的。用语言学家的话来说：“世界各族人看到的同一客观现象，不同的民族语言却给它‘刷上了不同的颜色’。”这也就是我们所谓的文化意象的错位。

譬如龙，在英语文化和汉语文化里都有这个意象。在汉语文化里，龙是皇帝的代表，是高贵、神圣的象征。汉民族传说中的龙能呼风唤雨，来无踪，去无影，神秘莫测，令人敬畏，所以龙在汉语文化里又是威严、威武的象征。与之相应的，许多与龙有关的词汇也就因此染上高贵、神圣的色彩，诸如“真龙天子”、“龙宫”、“龙颜”、“龙袍”、“龙床”、“望子成龙”，等等。但是在英语文化里，龙却是一个凶残肆虐的、应该消灭的怪物，一个可怕的象征。一些描写圣徒和英雄的传说都讲到与龙这种怪物的斗争，并以龙的被杀为结局，如英国古代英雄史诗《贝奥武甫》、德国古代英雄史诗《尼伯龙根之歌》等，都有关于主人公杀死龙的描写，并以此突出主人公的丰功伟绩。在俄罗斯也有关于英雄剪除三头凶龙的传说。这样，当中国人不无自豪地宣称自已是“龙的传人”时，西方人听了这句话就未必能体会到其中的自豪之情。

又如，在汉民族文化里，“狗”总是一个受到鄙视、诅咒的对象，与“狗”有关的词语几乎都带有贬义，诸如狗胆包天、狗急跳墙、狗血喷头、狗眼看人低、狗仗人势、狗嘴里吐不出象牙，等等，不一而足。但在西方文化里，狗却是“人之良友”，“地位”要高得多。当某人碰到好运时，人们会对他说：“ You are a lucky dog.”（直译：你是一条幸运的狗）；当某人感到累的时候，他会说自已“像狗一样累坏了（Dog-tired)”；当某人感到自已上了年纪，学不会新东西了，他会说：“I’ m too old a dog to learn new tricks.”（直译：我这条狗太老了，学不会新玩意了）。至于谚语“Every dog has his day.”（直译：每一条狗都有出头的一天）和“Give a dog a bad name and hang him.”（直译：给狗一个坏名声并把它吊死），前者意为“人人都有得意之时”，以狗喻人，却无贬义；后者意为“欲加之罪，何患无词”，其同情之心明显在狗的一边。

再如，在汉民族文化里，蝙蝠是吉祥、健康、幸福的象征，但在西方文化里蝙蝠并没有给人以好感，相反，它是一个丑陋、凶恶、吸血动物的形象。与蝙蝠有关的词语大多带有贬义，如“as blind as a bat（瞎得像蝙蝠一样，有眼无珠)”，“crazy as a bat（疯得像蝙蝠)”，“have bats in the belfry（发痴，异想天开）”等；海燕，当代中国人把它看作勇于在暴风雨中搏击风浪的斗士，许多青年人都把它当作学习的榜样，但在西方文化里，海燕却是一个“预示灾难、纠纷、暴力行动即将出现的人或幸灾乐祸的人”。两者相差，不啻天壤之别。

再例如，西风，对英国人来说，因为它带来温暖和雨水，所以对它很有好感，诗人雪莱还有《西风颂》的名篇传世；但对中国人来说，它是“寒冷”、“严冬”的象征，因此对之并无好感。喜鹊，中国人认为是吉祥之物，但西方人却视作“饶舌”，甚至是“小偷”的象征。猫头鹰，中国人视作不祥之物，但西方人却奉作“智慧”的代表（近年国内某出版社出版了一套外国名家的哲理散文丛书，命名为“猫头鹰丛书”，显然是受到这种观点的影响）。水仙花，中国人称之为“凌波仙子”，可见对它非常赞赏，但是西方人因为希腊神话中的一个传说，而把它看作自恋的象征。兰花，中国人以为是“高雅”、“脱俗”的代表，但西方人对之却并无优美的联想，不仅如此，由于英语中兰花（Orchid）一词的词源学上的原因，有些墨守成规的礼法人士，在妇女面前甚至还不好意思提起这个词呢。[41]

此外，像在汉民族文化里，兔子是跑得快的象征，因此在古代汉语里有“静若处子，动若脱兔”的说法，现代汉语里也有“他像兔子一样一溜烟地逃走了”的说法。但是在英语中“兔子”却是作为“胆小”的象征（或意象），于是就有了“as timid as a hare（胆小如兔）”的说法。英语中作为“胆小”的意象还有“小鸡”(chicken-hearted)、“鸽子”(pigeon-hearted)，而汉语中作为“胆小”的意象却是“老鼠”——“胆

[41] 罗斯：《翻译常识浅谈》中《不敢讲兰花》一文称，英语“兰花”（orchid）一词源自希腊语 orchis（睾丸）一词。

小如鼠”。

以上这些都属于第一种类型的文化意象的错位，其原因多与各民族的地理环境、生活习俗、文化传统等等的差异有关，其中，文化传统的差异是最主要的原因。语言是文化的载体，不同的语言决定了不同的民族不同的思维方式、行为方式以及语言的表达方式。悠久的历史文化，神话传说、历史事件和文学作品等的积淀，都是构成各民族独特的文化意象的原因。

第二种类型的文化意象的错位则表现为作为喻体的意象上的差异。这种情况在成语、谚语中反映得尤为突出。这种意象本身并没有太多的文化积累，而是在特定的语言场合中取得了特定的涵义（多为比喻的喻体）。

例如，中文中形容某人瘦，说“他瘦得像猴子”，英文中却说“瘦得像影子（As Thin as a Shadow）”；中文中形容某人穷，说“他穷得像叫化子”，英文中却说“穷得像教堂里的耗子（As Poor as a Church Mouse）”；中文中形容某人吝啬，说“他像一只铁公鸡（一毛不拔）”，英文中却说“他是一枚起不动的螺丝钉（An Old Screw）”；中文中说“挥金如土”、“水底捞月”，相应的英语却是“To Spend Money Like Water（花钱如水）”和“Fishing in the Air（空中钓鱼）”。

在谚语中，意象作为喻体的“错位”也很多。中文中喻凡事皆有原因，说“无风不起浪”，英文（俄、法文也是如此）却说“无火不冒烟（No Smoke Without Fire）”；中文中说“一国三公”，喻“管事的人太多反而把事情弄糟”，英文却说“Too Many Cooks Spoil the Broth（厨师太多难做汤）”；中文中描写事物发展迅速、日新月异的景象，爱用“雨后春笋”作比喻，俄语中却用“雨后蘑菇”作比，英语也用蘑菇作比，如“The Mushroom Growth of（像蘑菇般地成长）”，“Spring up Like Mushrooms（像蘑菇般地涌现）”；中文中描写相同气质（类型）的人爱在一起比喻为“物以类聚”，较为抽象；英语中喻为“同羽毛的鸟总是聚在一起（Birds of a Feather Flock Together）”，较为具体；但是中文中的“明枪易躲，暗箭难防”，却比英语中的“ Better an Open Enemy，Than a False Friend（宁要公开的敌人，不要伪装的朋友）”更为形象、生动，等等。

当然，即使是成语、谚语中作为喻体的意象，其实也总是带着特定民族的文化色彩的，只不过有时比较明显，有时比较隐晦些罢了。例如，中文中形容某人表面慈善，内心却狠毒无比时，中文里的“笑面虎”仅是一个一般性的意象，而英语中的“披着羊皮的狼”就有深远的文化渊源——它与欧美文化圈内广为流传的一则伊索寓言有关；英语中的“When you are at Rome，do as the Romans do（到了罗马，就照罗马人的规矩办）”，当然可以译成“入境问俗”，但原文的文化色彩却已丢失；把“Talk of the devil，and he is sure to appear（说到魔鬼，魔鬼就来）”译成“说到曹操，曹操就到”，意思似乎并不错，但由于曹操这一特定的带有浓厚民族文化色彩的历史人物，译文会使读者产生错误的联想。

总之，文化意象上的错位现象，的确给翻译工作者提出了一个值得探究的问题。这是因为文化意象一般都有表层和深层两层意义。把“三个臭皮匠，顶个诸葛亮”译成“Even three common cobblers can surpass Zhuge Liang”，传达出了该谚语的表层意义，但其深层意义却没有得到表现，译成“Many heads are better than one”或“Collective wisdom is greater than a single wit”，译出了它的根本意思，却又丢失了两个汉语中特有的文化意象——“臭皮匠”和“诸葛亮”。由于原文中原本非常和谐、有机结合在一起的意义和意象的语言统一体，在译语中不得不隔裂为二，这就常常使译者陷入了顾此失彼的困境，导致文化意象的失落与歪曲。

譬如李清照《渔家傲·记梦》词里有一句“星河欲转千帆舞”，把正在退隐的群星想象成正在退去的河水，由此又把星星联想成随着河水起伏的无数张船帆，这是一幅非常生动、非常美丽的景象。但是一位美国译者把它译成“A thousand sails dance in the fading Milky Way（直译：一千张帆在渐渐退隐的仙奶路上舞动）”，由于把“星河”硬译成The Milky Way，原诗所赖以想象的根据没了，船帆被搬到了“路”上，再现的画面自然不可能生动，甚至令人觉得别扭，感到难以理解。也许有鉴于此，一位中国译者把此句翻译成“The Silver River fades，sails on sails dance on high（银河正在退去，成千上万张船帆在高处舞动）”，他把原文中“星河”的形象直接传递了过去，译成“The Silver River（银河）”，这样，原文中富有艺术想象的画面完整地保存了下来，艺术效果自然也要好得多。为了英语读者在读到“The Silver River”时不至感到突兀和困惑，他做了一个脚注，说明这是中国人对“The Milky Way”的称呼。[42]这样，既可不破坏译诗的艺术和谐，还可丰富译诗所包含的信息。

指出翻译过程中文化意象的失落与歪曲现象，实际上是要用“文化意象”这一术语去概括文学作品中具有意象特征的文学现象，并且把文化意象的传递作为文学翻译中的一个专门问题提出来进行讨论。虽然迄今为止似乎尚未有人明确提出文化意象的翻译问题，但国内外不少专家在对某些翻译问题进行分析研究时，实际上已经在不同程度上触及了这个问题。

国内学者基本上是从以下三个方面去触及文化意象的传递问题的。

[42]　许渊冲：《中诗英韵探胜》，北京大学出版社，1992年，第400页。

1. 把文化意象的传递作为一种翻译技巧问题进行讨论

此类研究主要着眼于成语、谚语、典故、形容性词语的翻译研究，引例丰富，实践性强，给翻译工作者颇多具体启发。在方法论上，则不外乎直译、意译、直译与意译相结合这“老三论”。如陈琳的《谈汉语习语的英译》提出“照原文直译、借用英语中的相应习语、直译和借用英语习语相结合、意译、直译和意译相结合、利用注释”这样六种方法。[43]其他如巫维衔的《关于英语成语中比喻形象的翻译》[44]，潘绍中的《关于英语形象词语的汉译》[45]，汪纯子的《法语谚语的汉译》，吕俊的《惯用语的汉英翻译》[46]，等等，引例不同，观点大致相仿。

2. 从心理语言学的角度谈形象语汇的翻译

此类研究提出“任何语言的形象语汇都是一种修辞手段，给读者生动深刻的印象，也就是说，要增强对读者心理活动的影响”，认为形象语汇的翻译应能唤起读者“脑中已存在的对于客观事物感知的记忆”，激发他们“进行由此及彼的联想，进而产生创造性的想像”。基于这样的认识，《从心理语言学的角度谈形象性语汇的翻译》[47]一文的作者张杰主张，“翻译形象语汇时不应以移植为主”，他觉得用“情人眼里出西施”、“班门弄斧”这样一些中国人人熟悉的成语去翻译国外有关的成语，不仅无可厚非，而且更能收到达义传神的效果。不难发现，张文所选择的心理语言学不失为一个独特的研究角度，但由于该文只强调读者心理反映，其结果未免有失偏颇，因为译文不仅应该用读者熟悉的形象去调动读者的联想，译文还应该给读者介绍其原先不熟悉

[43] 《翻译通讯》，1980 年第 5 期。
[44] 同上刊，1981 年第 4 期。
[45] 同上刊，1982 年第 6 期。
[46] 同上刊，1984 年第 12 期。
[47] 同上刊，1984 年第 5 期。

的外来形象。正如另一位研究针对张文所说的："但是，我们却不能由此得出结论说，任何形象性语汇我们都只接受了它内在的涵义和比喻，而它们的形象对我们是毫无意义的。"[48]

3. 从文化对比的角度出发研究某些文化概念、典故、谚语等的理解和表达

谭载喜在《文化对比与翻译》[49]一文中指出，不同民族文化个性的差异导致"词汇空缺"和"词汇冲突"等现象，如欧美人的语言中不会有中国人的"红白喜事"中的"白喜事"这一概念，中国人的语言虽然有"玉帝"、"阎王"、"龙王"，但并不等于欧美人语言中的"上帝"，等等，因此译者必须辨别文化的类同与差异，才能在翻译中达到正确的理解与表达。万昌盛指出："语言是文化的载体。文化铸定了一个民族的思维、气质、道德价值、行为规范、语言习俗和生活方式……在翻译过程中，我们如果忽视了这一点，那么，译文难免不出败笔，或一味硬译死译，或牵强附会，词不达意。"[50]周秀凤、张启荣具体分析了列宁著作中许多典故的翻译，提出："在翻译外国典故时，是大可不必换上中国牌号，改装成'国货'的。否则，把'朱庇特'译成'玉皇大帝'，把'农夫与蛇'改写为'东郭先生与狼'岂不是帮了倒忙！这样的民族化实际上成了化民族——把人家的东西都给化掉了。"[51]

国外学者对文化意象的传递问题也有论及。匈牙利翻译家乔杰·拉多（Gyogy Rado）从翻译单位这一角度也接触到了这一问题。他在1979年发表于国际译联会刊《巴别尔》上的《系统翻译概要》一文

[48] 陈广珍：《洋人还是穿洋装好 —— 也谈形象词汇的翻译》，《翻译通讯》，1985年第7期。
[49] 谭载喜：《中国翻译》，1986年第6期。
[50] 万昌盛：《色彩的困惑》，《中国翻译》，1991年第3期。
[51] 周秀凤、张启荣：《谈列宁著作中典故的翻译》，《翻译通讯》，1983年第12期。

中提出了一个新术语——逻辑素（logeme），专指“翻译家从事翻译这种艺术创作过程时必须从原著分解出来，然后在译著中加以再现的成分”。[52] 从该文所举的一个例子我们可以窥见拉多所说的“逻辑素”与我们所说的“文化意象”之间的关系：匈牙利诗人有一诗题为《我们需要莫哈奇》，乌克兰文译者翻译时照搬原题，英译者翻译时把它译成《我们需要失败》，拉多认为这两种译法都正确。原来莫哈奇是一座城市的名字，1526 年匈牙利人在此惨败，于是成为土耳其人统治匈牙利的象征。这段史实，东欧各国都很熟悉，照译就能把原作所包含的特定的文化内涵——诗人对亡国的沉痛感慨（也即拉多所说的“逻辑素”）传达出来。英译者径直译出了它的本义，虽然没有错，但丢失了“逻辑素”，总觉少了一点东西。由此可见，拉多所说的“逻辑素”（至少在上述例句中），其实就是我们所说的文化意象所具有的特定民族的文化内涵。

对文化意象的传递论述得最为直接的也许要推捷克翻译理论家伊列克（Bohuslav Ilek）。他虽然没有提出“文化意象”这一概念，但从他对意象特征的分析来看——强调意象与特定语言之间的密切联系，突出意象“融入了一个由特定的文学、美学传统构成的复杂整体”。他的《论意象的翻译》一文是从文化角度展开论述的，该文分析了译者在翻译意象时存在的三种弊病，即“意象常常被略去不译”，“意象被译者解释、引伸而遭破坏”，“一个新鲜的意象常常被陈旧、平庸的意象所取代”[53]，对中国译者来说也是很有借鉴意义的。

[52] 参见罗进德：《翻译单位 —— 现代翻译学的一个研究课题》，《翻译通讯》，1984 年第 12 期。

[53] B.Ilek. “On translating images”, in *The nature of Translation*. Publishing House of the Slovak Academy of Sciences Bratislava, 1970.

从以上所述可以看到，对翻译中文化意象的传递问题，中外学者不管意识到还是没有意识到，都已经不可避免地接触到了。但是从文化意象的角度来探讨这一问题，显然易于把这一问题谈得清晰明了，谈得更为形象和具体。

传递文化意象的问题，从根本上而言，其实也就是一直困扰翻译界的如何正确处理翻译中原作的形式与内容的问题。长期以来，我们一直比较重视内容的问题，而轻视形式的意义。我们只强调形式为内容服务，却忽视了形式本身所具有的意义。在翻译中，我们往往只强调用读者熟悉的形象去调动读者的联想，结果就用“班门弄斧”、“情人眼里出西施”等过分民族化的词语去翻译国外相应的成语。这样做的结果，译文是民族化了，但是与此同时，也正如有的学者所指出的，把人家民族的东西“化”掉了。譬如，在翻译上面提到的那些文化意象时，它们的内在含义当然是我们应该注意传达的，但是它们的形象本身难道对于我们来说就是可有可无的吗？我们的译者难道不应该把我们原先不熟悉的意象介绍给我们的读者吗？文化意象问题的提出，实际上也是对译者提出了更高的要求，要求译者在翻译时不但要译出原作的语义信息，而且还要译出原作的内在的文化信息。

至于传递文化意象的具体途径，英美人有句谚语说：“剥掉猫皮，刮洗牛头，有好多种方法。”传达文化意象的方法同样也是多种多样的，这跟翻译的再创造性质是一致的。但是有两条原则有必要一提：

一是译者的职责，即译者不应满足于传达原文文化意象的一般意义，而应把尽最大可能传达原文的文化意象也视为自已的一种职责。

二是对读者的信任，即译者应该相信读者随着民族际文化交流的日益频繁，随着读者接触到的外来文化日益增多，今日的读者有能力接受带有外来文化印记的各种文化意象。不仅如此，他们对于外来的文化意象还表现出越来越浓厚的兴趣。因此，译者大可不必越俎代庖，徒费心力地把面包改做成馒头塞给读者。

把“As Poor As a Church Mouse”不译成“穷得像叫化子”，而译成“穷得像教堂里的耗子”，把“He is an old screw”不译成“他吝啬得像一只铁公鸡，一毛不拔”，而译成“他吝啬得像一枚起不动的螺丝钉”，等等，这样译，不仅同样能传达原文的信息，而且还能引入新的形象，丰富我们的文化意象。

传递文化意象问题的提出，在很多情况下确实是把译者推到了一个“熊掌与鱼不可兼得”的境地。但是富有才华、富有事业心的译者不会就此却步的。他们本着对自己钟爱的翻译事业的强烈追求，知难而上，殚精竭虑，以自己的创造性劳动把原作者精心烹调而成的“佳肴”尽可能完整地奉献给读者，使读者不仅能品尝鱼的美味，也能享受到熊掌的精华。

第四章

对翻译文学的发现与承认

第一节　翻译文学：从隐身到现身

从某种意义上而言，对翻译文学的发现与承认也可视作是传统译论与现代译论的一个分水岭。因为只有树立了现代译论的意识，才会把研究的目光投射到文本以外，投射到译入语环境中的翻译现象，注意到翻译在译入语环境中的接受、传播与影响，也才会意识到翻译文学的存在并给予它以相对独立的地位。尽管早在半个多世纪以前，我国学界已经有人注意到了翻译文学的存在，甚至还在我国的早期文学史著述中给予了它一定的地位。可是由于没有现代译论的支撑，隔不了多久，它又很快失去了这一地位，直到译介学理论在国内被广泛接受以后，它才重新确立起在中国现当代文学史上的地位。

确实，早在1929年，陈子展在其描述清末民初30年中国近代文学的小册子《中国近代文学之变迁》一书中就已经为翻译文学设立了专门的一章，还给予了相当多的篇幅。继陈著之后，在20世纪30年代又陆续出版有《中国新文学运动史》（王哲甫著）和《中国小说史》（郭箴一著）等文学史类著作。在这两部著作里，翻译文学仍被视作中国文学的一部分而给予专章论述。可是自1949年以后，在各种新编写的中国现代文学史著述里，翻译文学却不再享有这样的地位了：它只是在字里行间被提及，或一笔带过，没有专门的论述，更没有关于它的专门章节了。

翻译文学在中国现代文学史上的地位这种大起大落现象，其背后折射出的是人们对翻译，这里尤指对文学翻译的认识和理解。长期以来，人们总以为文学翻译只是一种纯粹技术性的语言符号的转换，在他们看来，似乎只要懂一点外语，有一本双语辞典，任何人都能从事文学翻译。他们看不到，或者根本就不承认文学翻译过程中存在的再创造事实，从而也更看不到文学翻译作品相对独立的艺术价值。由于这种误解与偏见，文学翻译家及其翻译文学作品也就一直处于一种偏见的阴影下：前者被鄙薄为“翻译匠”——他们不能在国别（民族）文学史上占有一席之地，后者同样也没有自己独立的地位，既不是中国文学，又不是外国文学（尽管在某些人的眼中它是外国文学，但实际上外国的文学史家们，举例说如英、美、法、俄等国的文学史家，是决不可能让中国的翻译文学家及其译作在他们的国别文学史中占上一席之地的），这样，翻译文学就成了名副其实的“弃儿”。在20世纪比较文学在中国重新崛起之前，在我国绝大多数文学词典里，甚至都没有作为专门术语的“翻译文学”的词条。[1]

然而，如果说从语言学，或者从翻译学的角度出发，我们仅仅发现文学翻译只是一种语言文字符号的转换的话，那么，当我们从文学研究、从译介学的角度出发去接触文学翻译时，我们就应该看到它所具有的一个十分重要的意义，即文学翻译还是文学创作的一种形式，

[1] 这个情况已经有所改变，日本1970年代出版的《比较文学辞典》和我国20世纪出版的《中西比较文学手册》（四川人民出版社，1987年）均收入了“翻译文学”的词条。

也是文学作品的一种存在形式。文学翻译和翻译文学正是从这个意义上取得了它的相对独立的艺术价值。

众所周知，自从进入书面文学阶段以来，文学作品的形式就越来越多样、越来越丰富了。如果说，在口头文学阶段，文学作品的形式仅是歌谣、传说、说唱等不多的几种样式的话，那么，进入书面文学阶段后，它就有了戏剧、史诗、小说、抒情诗、散文等许多种形式，至于进入现代社会以后，文学作品的存在形式更是多种多样，它还取得了电影、电视剧、广播剧等各种结合现代声像手段的存在形式。

一般而言，一部作品一旦经作家创作问世后，它就具有了它的最初的文学形式。如经莎士比亚创作成功的《哈姆雷特》，就具有戏剧的形式，曹雪芹创作了《红楼梦》，同时也就赋予了这部作品以长篇小说的形式。然而，这些形式都仅仅是这两部作品的最初形式，而不是它们的唯一形式。譬如，经过兰姆姐弟的改写，《哈姆雷特》就获得了散文故事的形式；进入 20 世纪以后，《哈姆雷特》被一次次地搬上银幕，这样，它又具有了电影的形式。曹雪芹的《红楼梦》也有同样的经历：它被搬上舞台，取得了地方戏曲如越剧、评弹等形式，它也上了银幕和荧屏，取得了电影、电视连续剧的形式。由此可见，一部文学作品是可能具有多种不同的形式的。

文学作品通过改编而获得另一种形式。通常越是优秀的作品，就越有可能被人改编，从而也越有可能取得各种不同的文学形式。尤其是一些世界文学名著，其人物形象鲜明，性格复杂，主题深邃，内涵丰富，值得从多方面予以开掘和认识，从而为改编成其他文学形式提供了厚实的基础。而名著已经享有的声誉和地位，则更是为改编作的价值和成功创造了有利的先天条件。

改编的目的通常有两种，一种是为了更新、扩大被改编作品的传播范围，一种是便于借题发挥。《哈姆雷特》《红楼梦》的改编即属于第一种。莎士比亚赋予《哈姆雷特》的最初形式是诗体剧，这种形式具有很高的艺术价值，但它只能在具有一定文化修养的读者圈内流行。然而兰姆姐弟却用浅显生动、明白晓畅的散文语言把它改编成可读性很强的引人入胜的故事，这样，广大初习文字的少儿读者以及文化程度不高的成人读者也就能轻松地一睹（当然是间接地）举世闻名的莎剧的风采。《红楼梦》的改编成越剧和电视连续剧，同样使得许多无力或无法直接阅读卷帙浩繁的长篇原作的城乡居民有可能领略这部世界名著的概貌（尽管已经变形）。

第二种改编的目的，即借题发挥，是一个笼统的说法。其中也有两种情况：一种是出于某种社会的或政治的现实需要，如田汉曾将托尔斯泰的长篇小说《复活》改编成话剧，改编时田汉不仅加入了十几首渲染和营造舞台气氛的插曲，更有意突出三名波兰革命青年的戏，让他们中间的一个说出了这样的话：“这次到远东去若是会见了中国人，我一定告诉他们，我们波兰给普、奥、俄三个帝国主义瓜分了快一百年了，为着反抗帝国主义统治，波兰人民不知流过多少宝贵的血；……我一定用自己的例子喊醒中国人民觉悟吧！斗争吧！”而这些人物在原作中只是被虚笔带过的，这些台词更是改编者所重新创作的。这样的改编，显然与当时中国正在遭受日本军国主义的侵略这一特定历史条件有关。另一种改编则是通过对原作的改编塑造新的形象，阐发新的思想，如英国诗人雪莱的诗剧《解放了的普罗米修斯》，尽管也沿用了埃斯库罗斯剧本的情节，但他改变了原作中普罗米修斯与天帝朱比特妥协的“那种软弱无力的结局”，塑造了一个敢于对抗暴君、坚毅不屈的反抗者的形象。

但是，不管是哪一种性质的改编，被赋予了新的形式，新的思想，或新的形象的改编作品都已经是一个独立的存在，在人类的文化生活中发挥着原作难以代替的作用，这是一个无可争辩的事实。譬如兰姆姐弟的《莎士比亚故事集》，它在传播和扩大莎剧的内容和影响方面所起的作用，恐怕是其他文学样式所难以望其项背的。小说《红楼梦》的越剧改编同样发挥了惊人的作用，因为它使得甚至是文盲的村民乡妪也都能欣赏并理解《红楼梦》这部古典名著。类似的例子不胜枚举。当然，在强调改编作的独立存在意义时，我们无意抹杀改编作与原作的血缘关系，更无意因突出改编作的作用而贬低原作的价值。事实上，改编者本人对此也都是很清楚的，因此绝大多数的改编作都明确标明了它们据以改编的原作的篇名以及原作者的姓名。

把改编与文学翻译作一下比较的话，我们会发现两者颇为相似。如果说改编大多是原作文学样式的变换的话（小说变成电影，或剧本变成散文故事等），那么文学翻译就主要是语言文字的变换。除此以外，它们更有很多相似之处：无论是前者还是后者，它们都有一本原作作为依据，而且它们都有传播、介绍原作的功能与目的，尤其是当改编或翻译涉及的作品是文学经典和文学名著的时候。当然，那种借题发挥的改编不在此例，这些改编往往另有追求，不以介绍原作为目的，故而常常偏离原作甚远。然而，与此相仿的情形在文学翻译中其实也同样存在，譬如我国早期翻译家林纾在翻译狄更斯的《董贝父子》（林译作《冰雪姻缘》）时，删去了原作中论述工业化功过的段落，却添上了有关女儿孝道的议论。诗僧苏曼殊翻译的法国作家雨果的《惨世界》（现通译《悲惨世界》）也是一例。《惨世界》的开首情节基本是按雨果原作《悲惨世界》的故事展开的，并且比较完整地传达出了原作一个主要人物冉阿让的故事。但是随着故事的发展，译者掺入了越来越多的他自己创造的内容，使《惨世界》变成了似创作非创作、似译作非译作这样一个复杂的混合体。这当然是属于中国文学翻译早期历史上的一种特例，但与借题发挥型的改编颇有异曲同工之妙。绝大多数的翻译则与第一种类型的改编一样，是以传达、介绍原作为其出发点的。

但是，翻译与改编有着一个实质性的区别：改编通过文学样式的变换把原作引入了一个新的接受层面，但这个接受层面与原作的接受层面仍属于同一个文化圈，仅仅是在文化层次、审美趣味或受众对象等方面有所差异罢了。如长篇小说《红楼梦》的读者与越剧《红楼梦》的观众或听众，属一个相同的汉文化圈；而翻译却是通过语言文字的转换把原作引入了一个新的文化圈，在这个文化圈里存在着与原作所在文化圈相异甚至完全不同的文化传统，存在着相异甚至相去甚远的审美趣味和文学欣赏习惯，如莎剧在中国的译介就是这样。翻译的这一功能的意义是巨大的，它使翻译远远超过了改编。正如法国文学社会学家埃斯卡皮所指出的，“翻译把作品置于一个完全没有预料到的参照体系里（指语言）”，“它赋予作品一个崭新的面貌，使之能与更广泛的读者进行一次崭新的文学交流”，“它不仅延长了作品的生命，而且又赋予它第二次生命。”[2]

回顾人类的文明历史，世界上各个民族的许多优秀文学作品正是通过翻译才得以世代相传，也正是通过翻译才得以走向世界，为各国人民所接受的。古希腊罗马文学中的荷马史诗《奥德赛》和《伊利亚特》，埃斯库罗斯、索福克勒斯的悲喜剧，亚里士多德、维吉尔等人的作品，这些举世公认、然而却是用已经“死去的语言”——古希腊文或拉丁语写成的杰作，假如没有英语等其他语种的译本，它们也许早就湮没

[2] 〔法〕埃斯卡皮：《文学社会学》，安徽文艺出版社，1987 年，第 139 页。

无闻了。这种情况在“小”语种，或者确切地说，在非通用语种的文学里更为明显：试想，用波兰语创作的波兰作家显克维支，用意第绪语写作的美国犹太作家艾萨克·辛格，用西班牙语出版了小说《百年孤独》的哥伦比亚作家马尔克斯，假如他们的作品在世界上只有原作而无译作的话，他们的作品会被世人了解、世界性文学巨奖的桂冠会降临到他们的头上吗？

其实，时至今日，当今世界上越来越多的文学经典作品主要就是以译作的形式在世上存在、流传，在世界各国被认识、被接受、被研究的。古希腊罗马的文学作品是如此，非通用语种文学家的作品，如易卜生的戏剧、安徒生的童话是如此，有时甚至连本国、本民族历史上的一些作品都是如此。如托马斯·莫尔的名作《乌托邦》，它的主要存在形式就是英译本，因为原作是拉丁文。芬兰文学的奠基人鲁内贝格的诗是以芬兰文译作的形式存于芬兰的，因为原作是瑞典文。

然而，与原作相比，作为文学作品的一种存在形式的译作，它还具有一些原作所不具备的独特的价值呢。

首先是译作对原作的介绍、传播和一定程度上的普及作用。这种介绍和传播并不局限于一国、一民族对另一国、另一民族的关系上，它往往还对第三国、第三民族，甚至更多的国家、民族发生作用，产生影响。譬如，中国读者在20世纪上半叶很早就对俄罗斯文学发生了兴趣，然而当时中国懂俄语的译者其实寥寥无几，所以大量的俄国文学作品是通过英译本、日译本转译过来的，英译本、日译本发挥了传播俄国文学的媒介作用。目前世界上的语言有好几千种，仍在使用的、并有文字创作的少说也有一百多种，我们不可能指望每一个国家都拥有如此众多的外语人才。因此，译作作为世界各国各民族文学、文化的媒介体，必然还将长久地存在下去。

除了介绍、传播原作外，译作还有帮助读者认识原作价值的作用。一部严肃、认真的译作，往往都有两个部分组成，即“主件”——原作本文的翻译和“配件”——译序、译后记和译注等。无论是原作本文的翻译，还是译序、译后记和译注，它们都是译者对原作细心研究的结果。一部原作之所以会有几种不同的译本，一方面固然是因为译者对原作有不同的理解，另一方面也是因为译者各自对原作进行了研究，得出了不同的结论。莎士比亚一句“To Be or Not to Be”在中文里引出了五六种不同的译法，在俄文里也有十几种译法，就是这个道理。一位懂俄语或汉语的英国人假如能读一读这些译文的话，肯定能加深他对莎翁原文的理解。这就像一位懂外语的中国读者在读了译成外文的中国古诗后，能从中得到启发，并因此对这首中国古诗认识得更加全面一样。

有时候，译作还能帮助源语国的读者重新发现某部以前被忽视的作品的价值。菲茨杰拉德翻译的《鲁拜集》的意义不光在于向英国、向整个西方介绍了一位东方的诗人，它还极大地提高了这位波斯诗人在其本国的地位。由于小说《牛虻》在苏联、东欧各社会主义国家以及中国的大量译介和广泛传播，英国的读者才知道并认识了他们的同胞——女作家伏尼契。[3]小说《围城》早在20世纪40年代就已经出版，但直至20世纪70年代它在国内还一直鲜为人知。从20世纪70年代起西方各国以及苏联对它的竞相译介（当然还有另外一些原因），使中国读者重新发现了它，并在1980年代的中国掀起了一股《围城》热。正如斯坦纳所说的：“有些作品，原作可能被人们忽视了，或者没有得到应有的评价，通过翻译可以显示出它的价值，这听起来令人难以

[3] 严格而言，伏尼契是爱尔兰作家。

相信，但的确是有这种情况。福克纳的作品译成法语，受到称赞，消息传到美国，才引起了人们的重视。”[4]

有些译作本身就是一部出色的文学作品，并且具有独立的艺术价值。上述菲茨杰拉德的《鲁拜集》就被英国人视作英国文学史上的杰作。德国大文豪歌德在读了法译本《浮士德》之后给译者写信说："读了您的译作，我对自已失去了信心。”无独有偶，1970 年当《百年孤独》的英译本出版并很快跻身畅销书行列以后，原作者马尔克斯当即宣布说，他认为译者拉巴萨的英译本比他自己用西班牙语创作的原著要好。[5]

然而，如果说，在把译作视为与原作改编后的其他文学样式一样是文学作品的一种存在形式的问题上，人们还是比较容易达成共识的话，那么，在涉及这些无数以译作形式存在的文学作品的总体——翻译文学的国别归属问题时，人们的意见却开始分歧了。分歧的焦点在于：翻译文学究竟是属于本国文学还是外国文学？或者说，翻译文学能不能视作国别（民族）文学的一个组成部分？对我们中国文学来说，也就是说，翻译文学能不能视作中国文学的一个组成部分？

譬如，有人就曾在报刊上撰文质问："汉译外国作品是‘中国文学’吗？”“翻译文学怎么也是中国文学的‘作家作品’呢？难道英国的戏剧、法国的小说、希腊的戏剧、日本的俳句，一经中国人（或外国人）之手译成汉文，就加入了中国籍，成了‘中国文学’？”[6]还有人提出，“创作是创作，翻译是翻译，各有自己的位置”，“但没有一部文学史

[4]　〔美〕斯坦纳：《通天塔 —— 文学翻译理论研究》，第 115 页。

[5]　转引自 1984 年 11 月 19 日美国《时代》杂志。

[6]　王树荣：《汉译外国作品是“中国文学”吗？》，《书城杂志》，1995 年第 2 期。

会把翻译的外国文学作品说成是本国文学作品”。[7]值得注意的是，这两位作者在提到翻译文学时，还有意不用“翻译文学”这个词，而用了一个含义暧昧的词组“汉译外国作品”，表明在他们眼中，翻译文学就是外国文学。或者更确切地说，在他们眼中，根本就不存在关于“翻译文学”的概念。然而，“汉译外国作品”与“翻译文学”却是两个范畴大小相差甚远的不同的概念，“翻译文学”指的是属于艺术范畴的“汉译外国文学作品”，而“汉译外国作品”则不仅包括上述这些文学作品，还包括文学的理论批评著作，同时还包括哲学、经济学、社会学、人类学等等所有的社会科学、人文科学，甚至（在某种意义上）还可以包括自然科学文献的汉译作品。虽仅两字之差，却不知把“翻译文学”的范围扩大了多少倍。

对翻译文学认识的混乱其实带来了很严重的后果。首先，它直接导致勾销对翻译家劳动价值的承认——既然是外国文学，其价值自然就全是外国作家创造的了，翻译家的工作无非是一个技术性的语言转换而已，而翻译家也就成了“翻译匠”[8]；其次，对国别文学史的编写也带来了困惑：翻译文学有没有资格在国别文学史（对我们来说，也就是中国文学史）上占有一席之地呢？那浩如烟海的翻译文学作品和为文学翻译事业奉献了全部生命的文学翻译家，他们的位置应该在哪里？

以上问题貌似复杂，其实，只要明确了翻译文学的性质、找到了判别文学作品国别的依据、辩明了翻译文学与外国文学的关系，这些问题都可迎刃而解。

---

[7] 施志元：《汉译外国作品与中国文学》，《书城杂志》，1995 年第 4 期。

[8] 目前国内高校普遍不承认翻译作品为科研成果，与这种认识也不无关系。

我们先看第一个问题。

如上所述，对翻译文学的性质不少人的认识是比较模糊的。这种模糊的认识主要源于他们对什么是文学翻译，什么是非文学翻译辨别不清。在他们看来，不管是什么翻译，都是一样的对“外国作品”（不管是文学作品还是非文学作品）中信息的传递。正因为这个原因，所以他们才会荒唐地援引不属艺术范畴的马克思主义的哲学著作的汉译去对属于艺术范畴的“翻译文学”的观点提出责问：“难道（译成汉语以后的）《哲学的贫困》就因此成了中国现代哲学史中的著作？（译成汉语以后的）《资本论》就成了中国现代经济学史的‘组成单元’？”[9]另外，还有人则援引佛教典籍的翻译责问把翻译文学视作国别（民族）文学一个组成部分的观点。[10]

然而文学翻译与非文学翻译其性质实在是大相径庭的。文学翻译属于艺术范畴，而非文学翻译属于非艺术范畴。非艺术范畴的哲学、经济学等学科的著作的翻译，也包括佛教典籍的翻译，其主要价值在于对原作中信息（理论、观点、学说、思想等）的传递，译作把这些信息正确、忠实地传达出来就达到了它的目的。这里有必要特别强调的是，当译作把这些非艺术范畴的哲学、经济学、佛学等著作所包含的信息（理论、观点、学说、思想等）传达出来后，这些信息，具体地说，也就是这些著作中的理论、观点、学说、思想等，它们的归属并没有发生改变。《资本论》中所阐发的理论仍然属于马克思，译成中文后的印度佛学典籍中的思想，也仍然属于印度。所以，这里不存在《哲学的贫困》译成中文后“就成了中国现代哲学史中的‘组成单元’”，

[9]　施志元：《汉译外国作品与中国文学》，《书城杂志》，1995 年第 4 期。
[10]　刘耘华：《文化视域中的翻译文学研究》，载《外国语》，1997 年第 2 期。

也不存在把汉译佛典与印度佛学相混淆的问题。

但属艺术范畴的文学作品的翻译则不然，它不仅要传达原作的基本信息，而且还要传达原作的审美信息。如果说属于非艺术范畴的作品中的基本信息（理论、观点、学说、思想，以及事实、数据等）是一个具有相对的界限也相对稳定的“变量”的话，那么属于艺术范畴的文学作品中的基本信息（故事、情节等）之外的审美信息却是一个相对无限的、有时甚至是难以捉摸的“变量”。而且，越是优秀的文学作品，它的审美信息越是丰富，译者对它的理解和传达也就越难以穷尽。优秀文学作品中的审美信息就像一座开采不尽的宝藏（在诗歌中这一点尤其突出），需要译者们从各自的立场出发、各显神通对它们进行“开采”。正是在这个意义上，我国的文学大师茅盾说：“这样的翻译，自然不是单纯技术性的语言外形的变易，而是要求译者通过原作的语言外形，深刻地体会了原作者的艺术创造的过程，把握住原作的精神，在自己的思想、感情、生活体验中找到最适合的印证，然后运用适合于原作的文学语言，把原作的内容与形式正确无遗地再现出来。这样的翻译的过程，是把译者和原作者合而为一，好像原作者用另外一国文字写自己的作品。”[11]

现在我们再来讨论第二个问题，即如何判断文学作品的国籍问题。

在民族文学正式确立之前，文学作品的国籍不成为一个问题，因为在此之前我们面临的一直是国别（民族）文学的问题。但即使在国别（民族）文学的框架内，我们还是可以发现判断文学作品的国籍的依据的。试想，当我们编写一部国别文学史的时候，我们为什么只收

[11] 茅盾：《为发展文学翻译事业和提高翻译质量而奋斗》，载《翻译研究论文集》(1949—1983)，外语教学与研究出版社，1984年，第10页。

某一部作品而不收另一部作品呢？譬如我们在编写中国文学史的时候，为什么收入了鲁迅的《狂人日记》，而不收入果戈里的《狂人日记》呢？其理由应该是最简单不过的：因为前一部作品的作者是中国作家，后一部作品的作者不是中国作家，而其他原因，诸如作品使用的语言，作品流传的地域，作品中人物形象的国籍，作品故事发生的地点，等等，均不足为据。由此我们可以得出结论，我们判断一部作品的国籍的依据就是该作品作者的国籍。这里特别要强调的是作者的国籍，而不是作者属何民族。举例说如纳博科夫，尽管他是个俄国人，但他已经入了美国国籍，他的作品，如《洛莉塔》，就只能算是美国文学作品，而不能视作苏联文学的一分子。基于同样的理由，一些美籍（或英籍等）华裔作家的作品，如林语堂的《京华烟云》，也不能当作中国文学的一部分来看待。虽然，这些作家的作品与其所属民族的文学传统有着千丝万缕的联系，如主题、人物形象、情节、作品结构、风格等，甚至有些作家写作的语言也仍是其所属民族的语言，如纳博科夫早期还用俄语创作了不少作品，林语堂也不乏用中文写作的作品，但这毕竟与作家及其作品的国籍判断是两回事，我们不可能仅仅根据作家创作所使用的语言去决定作家及其作品的国别归属，把凡是用英语写作的作家都归为英美作家，他们的作品都视作英美文学作品，把凡是用中文写作的作家及其作品都视作中国作家和中国文学作品。这样做是荒谬的，会造成作家、作品国别判断的混乱。另外，在作家中还有些特例，如 T. S. 艾略特，早期是英国作家，后期又成了美国作家。他的作品的国籍如何判断呢？其实也很简单，当他是英国作家时，他的作品属于英国文学，而当他加入美国国籍后，他的作品就是美国文学的一部分了。事实上，英、美两国文学史也确是都把 T. S. 艾略特及其作品视作他们的国别文学史的一部分的。

现在我们来看翻译文学。翻译文学作品的作者是谁呢？是外国人还是中国人？在日常生活中，我们看到一部翻译文学作品，例如《高老头》，我们往往会不假思索地脱口而出，说《高老头》的作者是巴尔扎克。粗一听，这种说法似乎不错，但细细一推敲，便觉大谬不然，因为我们这里指的是用中文出版的《高老头》，如果说它的作者是巴尔扎克的话，岂不意味着巴尔扎克会用中文写作？这显然于理不通，因此中文本的作者理应是译者傅雷（或其他有关译者），而不是法国作家巴尔扎克。而一旦明确了译本的作者是谁，该作品的国别归属问题也就不言自明了。

然而，如此顺理成章的推理，仍然有不少人想不通，觉得难以接受。“什么？”他们大惑不解地问道：“明明是人家法国作家的作品，怎么一下成了我们中国文学的作品了呢？你译者和译作不过是起了点传递作用罢了，而传递的内容（信息）毕竟还是人家的么。怎么就此把一部作品的国籍归属改变了呢？”

这种看法的问题首先在于混淆了译作与原作的关系，巴尔扎克原作的国别归属很明确，我们并没有加以改变，我们改变的，或者说我们明确的是译作的国别归属。其次，这种看法没有分清传递作用与传递者（译者、译作）之间的关系。众所周知，我们决不能因某人或某物起的是传递作用而改变该人该物的归属。打一个不十分确切的比喻，这就好比我们家里的电话机，我们不能因为它总是传递他人的信息，而把它说成是人家的。同样道理，我们也不能因为翻译文学传递的是外国文学的信息而把翻译文学混同于外国文学。由此可见，当译者的国别归属明确以后，译作的国别归属应该是不言而喻的。

诚然，翻译文学传达的基本上是外国文学原作的内容，表达的也是外国文学原作的形式意义——或是诗，或是散文，或是戏剧，创造的也是外国文学原作提供的形象与情节，但是它毕竟不是外国文学原作的直接呈现，它已经是经过翻译文学家再创造的产物了。作为一个整体的翻译文学，它是外国文学的承载体——把外国文学“载运”（介绍）到各个国家、各个民族。而具体的一部部译作，则把一部部外国文学作品“载运”（介绍）给各个国家、各个民族的一个个读者。在大多数情况下，外国文学与国别（民族）文学之间是无法直接交往的，它只有通过翻译文学才能发生关系。在大多数情况下，读者也无法直接阅读外国文学的原作，他只能通过译作才能接触阅读外国文学的原作。然而，每当我们捧着（举例说）傅雷翻译的《高老头》开卷启读时，我们往往只想到自己是在读巴尔扎克的作品，却忽视了一个十分简单却又非常根本性的事实：巴尔扎克怎么可能用中文写作？我们也忘记了，我们读到的其实是一个中国翻译家根据巴尔扎克的原作翻译（再创造）的作品。由此可见，人们之所以把翻译文学混同于外国文学，其根本原因还在于持这种看法的人对文学翻译所起的特殊传递作用认识不足，因而忽视了翻译文学的存在。然而，文学翻译不是电话机，可以把发话人的声音直接传递到受话人的耳中，也不是邮递员，可以把发信人的信件完整地送到收信人的手中。它传递的是一个特殊的对象——文学作品，是一部在异族环境中、在完全不同的文化背景下形成的文学作品，这使得文学翻译这一跨越民族、跨越语言的传递变得相当复杂。所以我们说文学翻译不是普通的传递，而是一种相当艰难的艺术再创造。正是这种再创造，使得文学翻译具有了特殊的价值。

这里，不无必要指出的是，这时站在我们面前的巴尔扎克也已不是法国那个巴尔扎克了，而是穿上了中国翻译家傅雷为他“缝制”的中国外衣的、已经中国化了的巴尔扎克，而这部《高老头》也已经不完全等同于巴尔扎克笔下的那部《高老头》了。这也就引出了我们要讨论的第三个问题，即翻译文学与外国文学的关系。

翻译文学与外国文学是一回事吗？这个问题的实质其实也就是译作与原作的关系。如果译作能等同于原作，那么翻译文学自然也就等同于外国文学了，否则就不等同。然而，正如我们在上一章对文学翻译性质的分析中所指出的，在文学翻译中，创造性叛逆几乎是不可避免的。而译者的创造性叛逆，决定了译文与原文间必然存在的距离，也决定了译作决不可能等同于原作。

这种创造性叛逆最明显地体现在文学翻译过程中译者的再创造中。众所周知，每一部外国文学原作的翻译都必须经历两个过程：第一个过程是译者对原作的理解和感悟。在这一阶段，译者得深入外国作家创造的文学世界，体验和感受外国文学原作的艺术意境，认识和领悟外国文学原作的艺术形象，为此目的他还须收集和熟悉与原作内容有关的背景材料，如社会、历史、政治、风俗、人情等。第二个过程是译者用另一种语言再现外国文学原作，在这一阶段，译者得调动一切可能的手段，使原作塑造的文学形象在另一个语言环境里仍然栩栩如生，使原作的思想和精神能被另一语言系统中的读者所理解和接受，甚至还要使他们能感受和体会到原作的意境和语言风格等。以殷夫翻译的裴多菲的《自由与爱情》为例："生命诚可贵，爱情价更高；若为自由故，两者皆可抛。"短短四句，表达的固然是匈牙利诗人裴多菲原作的思想，但是译者的再创造赋予它的形式美和音乐美（整齐划一的五言诗形式，抑扬顿挫的韵律和节奏等），显然是使这首小诗在中国读者圈内取得独立存在意义并得到广泛流传的更为重要的因素。从这个意义上看，译诗与原诗之间显然是无法划上等号的。

把一部文学作品从一种语言变为另一种语言，表面看来似乎只是两种语言的简单转换，实际上背后蕴藏着译者极其紧张的、富有创造性的劳动。中国有句古话，叫“诗无达诂”。在同一个文化系统内，用同一种语言去阐述一件作品，尚且无法“达诂”，更何况译者往往属于另一个文化系统，他不仅要理解这件作品，而且还要用另一种语言把它表达出来，其工作之艰难，可想而知。英国学者 A. C. 格雷厄姆曾比较了杜甫《秋兴八首》的两种英译本，并以其中的一联“丛菊两开他日泪，孤舟一系故园心”为例具体揭示了英译者对杜诗的理解与表达。他指出，这两句诗在中文里也许“很清楚”，但英译者在把它译成英语时却必须作出诗人在原文中用不着作出的选择：“丛菊两开他日泪”中的“开”，是花开还是泪流开？“孤舟一系故园心”中的“系”，系住的是舟还是诗人的心？“他日”是指过去，还是指未来的某一天？这一天很可能像他在异乡看见菊花绽开的两个秋天一样悲哀？“泪”是他的眼泪，还是花上的露珠？这些泪是他在过去的他日还是在未来的他日流下的，或者他现在是在为他日的哀愁而流泪？他的希望全系在可以载他回家的舟上，还是系在那永不会扬帆启程的舟上？他的心是系在这里的舟上，还是在想象中回到故乡，看到了在故园中开放的菊花？……[12] 理想的译文当然应该把上述所有理解到的内容都包括进去，但这是不可能的，一方面是译入语（英语）的表现力与源语（汉语）的差异，另一方面是不同的译者对原文有其独特的理解。格雷厄姆为我们提供了两种译文[13]，让我们看到，在第一种译文里，“丛菊已经开放了两次，未来的日子将伴随着泪水；孤独的小船已经系住，但我的心仍在昔日的庭园。”在第二种译文里，却是因为“看见了重新开放的菊花，才引得诗人泪流满面，沉浸在对往昔的回忆中；诗人把归家

[12]　见《比较文学译文集》，北京大学出版社，1982 年，第 226 页。

[13]　英译文此处从略，可参见上书，也可参见本书第五章《解构主义：“忠实”翻译观的再思考》一节内有关引文。

的希望徒然地寄托在那已经系住的孤舟上”。这是两种截然不同的译本，它们从不同的角度传达出了上述二句杜诗的形式和意义，使英语读者领略到杜诗的意境和了解到中国诗人的思乡愁绪。但它们又都失去了点什么，汉语中特有的平仄音韵构成的节奏和造成的音乐美丧失殆尽，自不待言，即使从诗意来说，英译者由于受到英语语言和各自理解的限制，不得已把原诗中某些隐而不露的内容明确化、具体化，于是使得原诗中一大片原本可供驰骋想象的广阔空间受到约束，因此，上述两种翻译，我们只能说它们是杜诗的译本，却不能说它们就是杜诗。诗如此，小说、戏剧等其他文学样式也莫不如此。

也许有人会问，那么忠实的译本呢？一本忠实的译本能不能等同于原作呢？忠实的译本当然比较接近原作，但也仅仅是接近而已。而不管怎样忠实的译本，永远只能是接近，而不是等同于原作。在文学翻译中，译本对原作的忠实永远相对的，而不忠实才是绝对的。

第二节　翻译文学史：翻译文学的归宿

其实，在世界各国的文学发展史上，对翻译文学的重要地位早就是一致公认的。有不少国家，他们的最早的书面文学作品就是翻译文学。伟大如俄罗斯文学，车尔尼雪夫斯基都说：“在普希金以前翻译文学实在比创作还重要。直到今天（1857年——引者）要解决创作文学是否压倒了翻译文学还不是那么容易哩。”[14]

我们经常谈外国文学的影响，但是在中国现代文学史上，外国文学的直接影响，诸如中外作家的直接交往，或是中国作家因出国或留

[14]　《车尔尼雪夫斯基论文学》（下卷，一），辛未艾译，上海译文出版社，1982年，第423页。

学而受到外国文学的熏陶，或是以外国文学的募仿作转而影响国内的文学创作的，那还是少数。无论是歌德、拜伦、雪莱，或是巴尔扎克、福楼拜、雨果，或是普希金、果戈里、屠格涅夫、托尔斯泰，他们之所以能对中国文学产生巨大的影响，他们之所以能在广大中国读者的心目中占据重要的地位，主要地，而且在绝大多数情况下完全是由于他们作品的译本。类似情况在国外也比比皆是。在西方学术界人们经常提到拜伦受到哥德《浮士德》的巨大影响。但正如当代西方翻译研究家安德烈·勒菲弗尔所指出的，人们却往往忽略了一个事实，即拜伦根本不懂德文，他是通过斯达尔夫人对《浮士德》一剧中最主要的几幕的法文翻译以及对该剧的剧情简介才了解《浮士德》的。普希金的情况也与之相仿。这位俄国伟大的诗人对拜伦推崇之至，但他也不懂英文，无法一睹拜伦的“庐山真面貌”，他是通过拜伦作品的法译本才领略到拜伦诗歌的真谛并受到其深刻影响的。

当然，我们强调翻译文学是民族文学或国别文学的一个组成部分，并不意味着我们把翻译文学完全等同于民族文学或国别文学。在肯定翻译文学在民族文学或国别文学史上的地位的同时，我们也清醒地看到，翻译文学与民族文学或国别文学的差异。

首先，在作品反映的思想、观点方面，民族文学或国别文学作品表达的是民族文学或国别文学作家本人的思想和观点，翻译文学则都是传达另一个民族或国家的作者们的思想和观点。

其次，在作品的内容方面，民族文学或国别文学的作品基本上反映的是本族或本国人民的生活，而翻译文学则绝大多数反映的是异族或异国人民的生活。当然，也有相反的情形，但在那种情况下，民族文学或国别文学是从本族或本国作家的角度去反映外族或外国人民的生活的，而翻译文学则是从外国作家的立场来反映译者所属民族或所属国人民的生活。譬如美国作家赛珍珠的创作，她的作品反映的就是一个美国作家所观察到的中国人民的生活，而与中国作家所创作的同类、同题材作品大异其趣。

最后，恐怕也是最根本的，民族文学或国别文学是作家以生活为基础直接进行创作的，而翻译文学是译者以外国文学的原作为基础进行创作的——因此之故，译者的劳动被称之为再创作。再创作与创作虽然仅一字之差，但是在艺术创造的价值方面存在着较大的差别。因为一部作品的价值更多地体现在作品题旨的确立、作品整体结构的安排、作品情节的编织、人物形象的塑造等方面，而在这些方面译者没有付出多少实质性的劳动。有鉴于此，所以我们一方面应该承认翻译文学在民族文学或国别文学中的地位，但另一方面，也不应该把它完全混同于民族文学或国别文学。比较妥当的做法是，把翻译文学看作民族文学或国别文学中相对独立的一个组成部分。

承认翻译文学，其最终体现其实落实在两个方面，一是在国别（民族）文学史内让翻译文学占有应有的一席之地，譬如在编写本国文学史时为翻译文学设立专门的章节；二是编写相对独立的翻译文学史，从而为翻译文学找到其最实在的安身立命之处。

第一个方面，从胡适的《白话文学史》以来，包括陈子展的《中国近代文学之变迁》、王哲甫的《中国新文学运动史》、郭箴一的《中国小说史》，等等，都已经做了。进入新时期以后，像陈平原的《二十世纪中国小说史》（第一卷）[15]对此也有所体现，在该书第二章《域外小说的刺激与启迪》里详细考察了域外小说借助什么样的手段、通过什么样的途径进入中国、并最终影响中国作家的全过程。此外，像“中

[15] 陈平原：《二十世纪中国小说史》（第一卷），北京大学出版社，1989 年出版。

国近代文学大系”也收入了三大卷《翻译文学》，以及从2001年起出版的“21世纪中国文学大系”也同样收入了《翻译文学卷》。这都表明了学界对翻译文学的承认。

至于第二个方面，即编写相对独立的翻译文学史，在我国以前也并不是没有人做过。而且，这样的翻译文学史我们国家出版了还不止一部，开此先河者是阿英的《翻译史话》[16]，它套用我国传统的章回小说的形式，以风趣、生动的语言，介绍了我国早期文学翻译的历史。而且，更值得肯定的是，“史话”并不单是叙述外国文学家传入中国的历史，它还分析了某些作品在中国的接受情况。譬如，它对早期中国翻译文学中的一个“主流”——“虚无党小说”的翻译，就作了非常精辟的分析。作者指出：“虚无党小说的产生地则是当时暗无天日的帝国俄罗斯。虚无党人主张推翻帝制，实行暗杀，这些所在，与中国的革命党行动，是有不少契合之点。因此，关于虚无党小说的译印，极得思想进步的智识阶级的拥护与欢迎。”作者接着又指出：“不过，作为主流的虚无党小说的时代，并不怎样长。由于中国智识阶级政治理解的成长，由于辛亥（一九一一）革命的完成，这一类作品，不久就消失了他的地位，成为一种史迹。”[17]

阿英的《翻译史话》写于1938年，尽管没有明确标明是“翻译文学史”，却是我国第一部具有翻译文学意识的翻译文学史。

我国第二部翻译文学史的编写是20年以后的事了，而且这本翻译文学史一直没有正式出版，这就是由北京大学西语系法文专业57

[16] 《翻译史话》写于1938年，后收入阿英论文集《小说四谈》，上海古籍出版社，1981年出版。

[17] 同上书，第238—239页。

级全体同学编著的《中国翻译文学简史》(初稿)(以下简称“简史”)。[18]

说起来，这本“简史”还是一场荒谬的政治运动——大跃进的产物。正如编写者在该书的《后记》里所说的:“去年（指 1958 年——引者）八月，在党的‘敢想、敢说、敢做’的号召下，在本校的‘群众办科学’运动的鼓舞下，我们这一群年青人提出要编写一部‘中国近代文学翻译史’，当即受到党总支的重视、关怀、指导和全班同学的支持。编写工作接着就紧张地开始了。”

由于这样一个特殊的时代背景，因此这本“简史”从头至尾贯穿并充斥着不少极左思潮的观点也就不足为怪了。譬如，该书认为，在我国的翻译界自始至终存在着两条路线的斗争，存在着尖锐的阶级斗争。在该书第四编《1937——1949.9 的翻译文学》专门设立一章“两个批判”，集中批判了著名翻译家傅雷和傅东华对《飘》的翻译，等等。

不过如果撇开书中明显的受极左思潮影响的一些观点不提的话，那么这本“简史”完全可以视作是我国有史以来编写翻译文学史的第一个完整的实践尝试，而且，即使从今天的观点来看，“简史”在编写翻译文学史方面所作的探索有不少方面也是值得肯定和值得后来者借鉴的，这大概与“简史”在编写过程中得到了当时不少著名的学者、翻译家的指导也有一定的关系。

“简史”的意义首先在于从史的角度注意到了翻译文学对中国文学的巨大影响和在中国现代文学发展中的重大作用，并以相当多的篇幅（如第四编第三章中的《高尔基、马雅可夫斯基等在中国》和第五编第二章中的《社会主义国家文学的翻译》等）论述了这个问题。譬

[18] 该书未正式出版，封面上方第一行印“中国翻译文学简史”八个大字，第二行印带括号的（初稿）二字，第三行印“北京大学西语系法文专业 57 级全体同学编著”，下方分二行印“北京大学西语系”和“1960 年 1 月”，说明该教材印行于 1960 年 1 月。

如在第二编里，编著者以十多页的篇幅论述了翻译文学对中国新诗、对中国话剧的影响，尤其具体分析了泰戈尔、海涅、惠特曼、歌德对郭沫若诗歌创作的影响，还分析了“外国剧本的翻译活动”对“五四”时期提倡新剧运动所起的重要作用。

特别值得一提的是，“简史”还注意到了中国读者对翻译文学的接受情况，这是一部翻译文学史至关重要的内容。譬如在第二编第二章编著者引用阿英的话说明中国读者对易卜生作品的反应：“易卜生在当时中国社会引起了巨大的波澜，新的人没有一个不狂热地喜爱他，也几乎没有一个报刊不谈论他。”在第五编第二章谈到中国读者如何喜爱马雅可夫斯基的诗：“在中国到处都可以听到‘我赞美祖国的现在，我三倍地赞美祖国的未来’这样豪迈的诗句。它激励着中国人民的热情，它时刻鼓舞着中国人民去斗争、去建设、去热爱生活，去热爱祖国。”谈到“很多大、中学生都会背诵土耳其诗人希克梅特的长诗《卓娅》里的‘好象是进攻的信号，好象是未来胜利的消息，好象是不朽的象征，它在大地上飞升’这样精彩的诗句”。

当然，“简史”站在当时特定的立场，也批判了“很多青年阅读西方古典文学的目的还不很明确”，“吸收了很多腐朽的、甚至反动的东西”，等等。这些都是时代的局限，也可以说是那个特定时代的烙印，不过这也让我们从另一个侧面看到了当时读者对翻译文学的接受。

对翻译家和翻译文学作品的重视，是这本“简史”的又一特点。“简史”仅目录中提到的，也即设立专章或专节的翻译家即有15名，至于在书中提到并给予介绍的就更多了。而且在介绍这些翻译家（包括一些政治家兼翻译家或文学家兼翻译家）时，还进一步论述了他们的翻译目的、他们的翻译观点、翻译成就和存在的不足。

在翻译文学史里，如何让读者看到翻译文学作品和翻译文学里的人物形象，在这方面“简史”也做了一定的努力。书中对当时一些产生过重大影响的文学形象，如鲁迅翻译的《工人绥惠略夫》中的同名主人公，郑振铎翻译的路卜洵（书中误印成“路十间”）的《灰色马》中的主人公乔治，对莫里哀《悭吝人》的主人公阿巴公，对福楼拜长篇小说《包法利夫人》（李劼人当时译为“马丹波瓦利”）的同名女主人公，等等，都作了相当具体的分析。至于解放后翻译的一些苏联作品，如《钢铁是怎样炼成的》《勇敢》《拖拉机站站长和总农艺师》等，“简史”中的分析简直就是细致入微了。

总之，“简史”在编写中国翻译文学史的实践上进行了有益的探索，而且也已初步触及到了一部翻译文学史应该涉及的几个基本要素，即作家（包括翻译家）、作品（包括人物形象）和事件（不仅指文学翻译事件，还有翻译文学对中国文学的影响等），对此后的翻译文学史的编写很有借鉴意义。可惜的是，由于受特定时代的局限，书中的分析和观点大多失之偏颇。此外，由于“简史”一直没能正式出版，这使它在中国翻译文学史的编写实践上所作的探索鲜为人知，这个缺憾只能由 30 年以后编写的《中国翻译文学史稿》[19] 来弥补了。

编写和出版于改革开放年代的《中国翻译文学史稿》(以下简称“史稿”)，在对翻译文学的认识方面明显超过以前两部。该书的《编后记》明确指出：“翻译是人类社会的重要文化活动，翻译文学是世界文学的重要组成部分。我国的翻译文学……对我国近代以来的文学发展影响深远，尤其对新文学运动的发展起了很大的促进作用。”

尤其值得称许的是，该书编著者特别强调了翻译文学相对独立的特点，提出“翻译文学的产生和发展，同其他形式的文学一样，有着

[19] 陈玉刚：《中国翻译文学史稿》，中国对外翻译出版公司，1989 年出版。

自己的规律”。所以他们撰写中国翻译文学史时，是“以文学翻译的活动的事实为基础，以脉络为主，阐明翻译文学的发展历史和规律，并力图对翻译文学和新文学发展的关系，各个时期翻译文学的特点，重要翻译家的翻译主张以及他们之间的继承和相互影响，翻译文学最基本的特征和它同其他形式的文学基本的不同点等问题进行探讨”。

在《编后记》的最后，他们更是热切呼吁：“现在是该让‘译学’（包括文学翻译在内）引起人们的重视，并使之作为一门独立学科而设立，加强研究探讨的时候了。”这种关于“译学”（包括文学翻译）的独立学科意识是前所未有的，它把对文学翻译的研究提高到了一个新的高度。

与“简史”一样，“史稿”对翻译家也非常重视，而且给予了比“简史”更多的篇幅进行评述。“史稿”中设立专章或专节进行论述的翻译家约15个，数量与“简史”差不多，但人选有所调整，增加了巴金，更增加了朱生豪、梅益、李健吾、戈宝权、方重等专门的翻译家。而在书中以专门的篇幅和段落进行论述的翻译家人数更多，将近七十人，从苏曼殊、马君武、伍光建，直至查良铮、叶君健、草婴，中国近一百余年来的主要翻译家几乎全部收入书中。其实，对翻译家的重视正是“史稿”的一个突出成就之一。全书近百位翻译家，“史稿”对他们都有或简或详的生平、翻译活动、翻译观点和翻译成就的介绍，并给予一定的评价，这在国内众多的文学史中是独一无二的。

“史稿”是我国有史以来第一部正式出版的完整地标明为“中国翻译文学史稿”的著作，是“在翻译文学似尚无系统专著的情况下”编著的，“筚路蓝缕，以启山林”，开创之功不可没。但是正因为是一部开创之作，所以它也就难免存在一些值得商榷的问题。这些问题主要表现在我们怎么看待标明为“翻译文学史”中的“翻译文学”？

怎样看待“翻译文学史”的编写？综观“史稿”全书，在这部标明为“中国翻译文学史”的著作里，却没能让读者在其中看到“翻译文学”，这里指的是翻译文学作品和翻译文学作品中的文学形象以及对它们的分析和评述；没能让读者看到披上了中国外衣的外国作家，即译介到中国来的外国作家，而从比较文学译介学的观点来看，他们应该和中国的翻译家一起构成中国翻译文学的创作主体；书里也没能让读者看到对翻译文学在中国的接受和影响的分析和评论，而这些似乎应该是一部翻译文学史必要的组成部分。否则，如果仅仅只有对文学翻译事件和文学翻译家的评述和介绍，那么，这样的著作只能说是一部“文学翻译史”，而不能算是“翻译文学史”。

这里有必要就翻译文学史与文学翻译史这两个不同的概念做一下区分。一般而言，文学翻译史以叙述文学翻译事件为主，关注的是翻译事件和历史历时性的线索；而翻译文学史则不仅注重历时性的翻译活动，更关注翻译事件发生的文化空间、译者翻译行为的文学文化目的，以及进入中国文学视野的外国作家。翻译文学史将翻译文学纳入特定时代的文化时空中进行考察，阐释文学翻译的文化目的、翻译形态、为达到某种文化目的进行翻译上的处理以及翻译的效果等，探讨翻译文学与民族文学在特定时代的关系和意义。

因此，严格意义上的翻译文学史其性质与通常意义上的文学史无异，它应该包括与所有的文学史同样的三个基本要素，即：作家（翻译家和原作家）、作品（译作）和事件（不仅是文学翻译事件，还有翻译文学作品在译入国的传播、接受和影响的事件）。这三者是翻译文学史的核心对象，而由此核心所展开的历史叙述和分析就是翻译文学史的任务，即不仅要描述现代中国文学翻译的基本面貌、发展历程和特点，还要在中国文学自身发展的图景中对翻译文学的形成和意义作出明确的界定和阐释。

翻译家在翻译文学史里主体性地位的认定和承认是翻译文学史的一个重要方面。20 世纪中国翻译文学史上出现了一批卓有成就的翻译家，如林纾、鲁迅、周作人、郭沫若、茅盾、巴金、朱生豪、傅雷等等，他们的文学翻译活动丰富了中国文学翻译史的内容，使得外国文学的图景生动地展示在了中国读者的面前。

“披上了中国外衣的外国作家”是翻译文学史的另一个主体。对 20 世纪中国翻译文学史来说，莎士比亚、狄更斯、哈代、艾略特、乔伊斯、劳伦斯、贝克特、巴尔扎克、雨果、斯丹达尔、普鲁斯特、罗曼·罗兰、萨特、歌德、卡夫卡、托马斯·曼、普希金、托尔斯泰、陀斯妥耶夫斯基、屠格涅夫、高尔基、肖洛霍夫、艾特玛托夫、帕斯捷尔纳克、塞万提斯、安徒生、易卜生、芥川龙之介、川端康成、泰戈尔、惠特曼、杰克·伦敦、奥尼尔、海明威、福克纳、索尔·贝娄、加西亚·马尔克斯、略萨等等，都是中国翻译文学史的重要对象，他们在翻译文学史里与翻译家处于同等重要的位置。翻译文学史应介绍他们在中国的译介和接受情况，从最初的译介到他们作品在各时期的翻译出版情况、各个时期接受的特点等等，应有一个比较完整的描述，并分析这些作家和作品在各个时期译介和接受的特点，尤其应对该作家被译介的原因根据特定时代背景作出阐释。翻译文学史还应通过译本的《序》《跋》之类的文字，分析在特定的文化时空中译者对所译作家、作品的阐释。如有些作家作品是作为世界文学遗产而翻译进中国，而有些则是契合了当时的文化、文学需求，作为一种声援和支持，促使特定时代的文学观念或创作方式的转变，才进行翻译的，如新时期的西方现代派文学的翻译。另外，有些外国作家进入中国的形象有一个变化的过程，如拜伦，起先是以反抗封建专制的“大豪侠”形象进入中国的；莎士比亚是以“名优”和“曲本小说家”的形象与中国读者结识的；卢梭最初进入中国时扮演的是“名贤先哲”、“才智之士”、“名儒”的角色；尼采进入中国的身份则是“个人主义之至雄杰者”、“大文豪”、“极端破坏偶像者”，等等。

作为完整形态的翻译文学史的一个重要构成部分，翻译文学史还应该涉及翻译文学在中国文化语境中的传播、接受、影响、研究的特点等问题，从而对日益频繁的中外文化交流提供深刻的借鉴和历史参照。歌德曾说过：“原作与译作之间的关系最能表现民族与民族之间的关系”。由于翻译文学史的独特性质，翻译文学史实际上也是一部文学交流史、文学影响史、文学接受史。具体说来，就是在时代社会文化的语境中揭示翻译文学的时代文化意义以及中外文化交流的时代特征，从翻译角度切入中外文学、文化的特质，在中国现代文化、文学的语境中，深入考察、探讨中国现代外国文学研究现状和特点，深刻把握各个时期外国文学研究的主要研究特征，对在中国现代文学史上产生过重大影响的外国文艺思潮、作家、作品的研究特点和得失进行细致分析，并在时代语境中作出文化阐释。我们认为，这样的文学史，才是一部严格意义上的翻译文学史。

然而，以上认识仅仅是编写翻译文学史的第一步，它为编写翻译文学史提供了正确的指导思想，但它并不能代替翻译文学史的实际编写。编写翻译文学史中有许多具体问题都远未解决，这也是每一个有志于翻译文学史的编写者所面临的挑战。

首先，如何对翻译自世界各国各民族的文学作品正本清源，从而展开条理清晰的叙述，就是一个很大的难题。这一困难突出地反映在早期翻译文学史的编写问题上，因为早期翻译家们往往都不很重视原著。对他们来说，原著仅是他们驰骋个人文学才华的一个基础，一旦他们完成了“译作”，他们便把原著弃之一边。在他们的“译作”上往往都看不到原著的书名和作者名。更为复杂的是，早期翻译文学史上的有些译作并不是直接从原作译出，而是转辗通过第三国语言的译作重新译出的，从而为翻译文学史的编写者们埋下了一个又一个难以清理的谜团。

翻译文学史的分期是编写翻译文学史时面临的又一个需要深思的问题。譬如，中国翻译文学史的编写者们在划分中国翻译文学史的时期时，更多参照的似乎是中国社会发展史的分期，如把“五四”作为中国近代翻译文学史和中国现代翻译文学史的分水岭。但这种做法是否符合翻译文学史自身的发展规律呢？

翻译文学史的编排方式也是一个很复杂的问题。对文学翻译史来说，单以翻译家的活动年代为序就可以了，但对于翻译文学史来说，这种方式显然就不够了，因为翻译事件可以历时性地叙述，而同一外国作家的作品在不同时代反复出现的现象，却无法历时叙述。为此，我们设想，未来的翻译文学史也许可由两部分组成，一部分按照传统的编年顺序历时编排，而另一部分则按国别、地区、语种、流派、思潮和代表作家编排。这样，也许可以通过纵横两轴、“线”、“面”的结合，来展示翻译文学史的全貌。

此外，对与原语文学中艺术手法变换有关的翻译潮流的发展和斗争，对翻译艺术的看法和观点的变迁，对在翻译过程中起媒介作用的中介语——转译本所依据的外语所起的作用，以及因转译而产生的二度变形等问题，都是一部翻译文学史应该予以关注的问题。

总之，翻译文学史概念的提出，从理论上而言为翻译文学已经提供了最终的归宿，但如何妥善合理地“安置”好翻译文学，也即如何编写一部严格意义上的翻译文学史，显然还有待国内的专家学者共同进行实践上的探索。让人倍感欣慰的是，进入新千年后，国内翻译文学史的编写实践进行得非常活跃，从而为我们进一步思考这一问题提供了丰富的素材。

第三节 中国翻译文学史的编写与问题

进入新千年以后，翻译文学史的研究和编撰显然获得了国内学术界、尤其是比较文学界和外国文学研究界越来越多的关注和重视。迄今为止，以《翻译文学史》《外国文学译介史》或类似名义编撰、出版的著述，其数量至少已有二十几种之多，呈现出相当活跃、甚至繁荣的景象。这些著述的作者，在翻译文学史及其编撰的理念、方法等方面不尽一致，但都从各自的立场对翻译文学史的理念和编写进行了有益的探索，为进一步提升和完善中国翻译文学史的编写提供了极其可贵的经验。不仅如此，这些著述实际上还是对目前国内的外国文学研究和中国现当代文学研究的一个拓展和补充，具有独特的价值。

在这些著述中，首先吸引我注意的是王向远教授于 2001 年推出的《二十世纪中国的日本翻译文学史》，其对“翻译文学”和“翻译文学史”概念、性质、位置确切而清晰的认识和界定，给人留下深刻的印象。在这本将近 50 万言的国内首部《二十世纪中国的日本翻译文学史》里，作者在该书的《前言》第一段即旗帜鲜明地宣称：“中国的翻译文学既是中外文学关系的媒介，也是中国现代文学的一个特殊的重要组成部分。完备的中国现代文学史，不能缺少翻译文学史；完整的比较文学的研究，也不能缺少翻译文学的研究。”接着，他对此又做了进一步的阐释，认为“翻译文学及翻译文学史是比较文学研究的重要组成部分。比较文学的学科范围，应该有纵、横两部分构成。

横的方面，是比较文学的斟酌理论研究，不同文学体系之间、文学和其他学科之间的贯通研究等；纵的方面，则是比较文学视角的文学史研究，其中包括‘影响－接受’史的研究、文学关系史的研究、翻译文学史的研究等。翻译文学史本身就是一种文学交流史、文学关系史，因而也就是一种比较文学史。比较文学的一些分支学科，如渊源学、媒介学、形象学、思潮流派比较研究等，都应该、也只能放在比较文学史、特别是翻译文学史的知识领域中。这样看来，翻译文学及翻译文学史的研究就成了比较文学学科中一项最基础的工程”。[20]

对翻译文学史应该包括的内容作者也有自己独特的见解。他认为翻译文学史的内容要素为 6 个，即“时代环境—作家—作品—翻译家—译本—读者”。“在这六个要素中，前三个要素是外国文学史著作的核心，而翻译文学史则应该把重心放在后三个要素上，而其中最重要的还是‘译本’，所以归根到底，核心的要素还是译本。……翻译文学史还是应以译本为中心来写。”[21]

至于翻译文学史应该解决和回答的问题，作者把它们归纳为四个问题：“一、为什么要译？二、译的是什么？三、译得怎么样？四、译本有何反响？”第一个问题关系的是翻译的动机以及翻译家所受到的主客观制约因素问题，作者分析说：“在众多可供选择的对象中，为什么要选这个作家而不选那个作家，为什么选这个作品而不选那个作品？这当中，有翻译家对选题对象的认识与判断，有翻译家的思想倾向、审美趣味在起作用，同时也受到翻译家所处的时代背景、社会环境、出版走向等因素的制约。”第二个问题涉及到翻译的对象也即

[20] 王向远：《二十世纪中国的日本翻译文学史》，北京师范大学出版社，2001 年，第 1—2 页。

[21] 同上书，第 8 页。

原作。对此作者强调“翻译文学史对原作的介绍和分析”，应该“在原作如何被转化为译作这一独特的立场上进行”，而不应该像外国文学史那样为着说明、阐释原作而对原作进行介绍和分析。第三个问题显然是与翻译的语言技巧层面有关，但作者指出:“除了语言层面之外，还必须进一步从文学的层面对译作作出评价。……一个好作品译作应该是‘语言’与‘文学’两方面艺术的高度统一。”最后一个问题关注的是译本的影响和反响。通常人们都把这个问题与“读者反应”联系在一起，这当然不错。但本书作者笔下的“读者”除了普通读者外，他把翻译家、研究家、评论家和作家等也都纳入“读者”之列。这样，在作者看来，“‘翻译文学史’不能只是孤立地讲‘翻译’，它还必须包括‘研究’和‘评价’。因此，完整的、全面的‘翻译文学史’同时也是‘译介史’，即翻译史和研究评介史。”[22]

特别值得肯定的是，作者把他关于翻译文学史的理念切实、具体地贯彻到他的这本著作中去了。譬如该书第三章《战争时期的日本翻译文学》第二节《对侵华文学和在华反战文学的译介》，通过对石川达三《活着的士兵》的译介及其反响和对火野苇平《麦与士兵》的译介和批判的论述，通过引述大量当时第一手的评论资料，生动地还原了当时的历史语境，并具体再现了这两部作品在当时中国的译介、接受、反响等过程。这些内容不可能在国内传统的“日本文学史”里得到反映，而只能为翻译文学史所独有。

王向远教授同期推出的另一部著作《东方各国文学在中国》[23]虽然没有明确标示“翻译文学史”，但其副标题《译介与研究史述论》

[22] 王向远:《二十世纪中国的日本翻译文学史》，北京师范大学出版社，2001年，第9—10页。

[23] 王向远:《东方各国文学在中国——译介与研究史述论》，江西教育出版社，2001年。

以及书中各章节的标题，诸如《泰戈尔的译介》《阿拉伯文学的译介》《日本现当代文学的译介》等，已经寓示了它的“译介史”性质。而书中介绍的国内学界对东方各国文学的“研究”，正好反映了中国对东方各国文学的“接受”。再加上本书与与王向远教授的《二十世纪中国的日本翻译文学史》一样，同样以翔实的史料、深刻的分析和严谨的论证见长，所以本书也是一本值得关注的翻译文学史类著述。

明确标举翻译文学研究的还有王建开教授于2003年推出的《五四以来我国英美文学作品译介史（1919—1949）》[24]和孟昭毅、李载道主编的《中国翻译文学史》[25]二书。王建开认为："研究翻译文学，有两个方面可写。一是从史料的角度，对不同阶段的译介善作描述，并从中引出一些结论、意见。一是运用理论系统，从某几个视角切入作观察。如读者接受的方法，可用来探究影响译介的各项因素。窥见诸如某类译本何以成千之类的背景。”[26]据作者在《前言》中自述，他在以下四个方面花了较大力气，具体为：一是“充分占有资料，让史实说话”；二是把文艺期刊纳入研究视野；三是保证信息的完整，尽量对每一条信息与之关联的前后情况加以必要的说明；四是对早期译本上原作者缺失的现象尽力发现和给出原作名和原作者名。“尽管因年代久远，仍有少部分无法查得，但主要的那些算是有了着落。”[27]事实也确是如此，该书作者收集、归纳、整理了自五四以来几十年期间我国翻译、介绍、接受英美文学的全过程，并对这个过程的性质、特点等进行了全方位的描述和剖析。尤其值得肯定的是，该书跳出了此前类

[24]　王建开：《五四以来我国英美文学作品译介史（1919—1949）》，上海外语教育出版社，2003年。

[25]　孟昭毅、李载道：《中国翻译文学史》，北京大学出版社，2005年。

[26]　王建开：《五四以来我国英美文学作品译介史（1919—1949）》，《前言》，第Ⅶ页。

[27]　同上书，第Ⅷ页。

似著作（翻译史）以时间为序平铺直叙的模式，而把五四以来的英美文学翻译作为一个整体，然后从不同角度切入，如初期关于译介方向的论辨、期刊在译介英美文学方面的贡献、译介题材的变化等等，从而使读者对五四以来的英美文学翻译有了更为深刻、更为全面的把握。而把发表在期刊上的译作纳入自己译介史的视野，更成为该书的一个特色，很好地补充和丰富了已有翻译文学史类著述的编写和研究。

孟、李主编的《中国翻译文学史》实际上是对1989年出版的陈玉刚主编的《中国翻译文学史稿》一书的改写和扩充。两相对照，可以发现新版比旧版在内容上和地域上都有极大的扩充。内容上新增加的“第四编”把叙事的目光一直延伸到了1976年后至2003年这一时期的翻译文学，这是中国翻译史上第四个翻译高潮期，翻译文学的内容极其丰富多彩。地域上新版还把港台翻译文学也纳入自己的叙事视野，从而弥补了其他同类著述的缺失。但新版在翻译文学史编写的理念上与旧版相比似无实质性的变化，这反映在翻译文学史的分期上，还未能明确彰显翻译文学的特点，对为何设定1897年为这本翻译文学史的起源年份也缺乏明确的交代。

平保兴的《五四翻译文学史》[28]借用传播学理论，为五四翻译文学整理出一个翻译文学的传播过程，即：译者（传播者、包括个人或图书）→翻译了什么（哪位 / 哪些作家及其多少作品）→通过什么渠道（媒介，包括报刊、个人、社团、组织等）→对谁（读者，包括各阶层的人）→产生什么影响（效果），提供了一个独特的翻译文学史研究的切入点，很有价值。作者指出：“由于传播是一个反映历史发展、变化的过程，我们研究翻译文学时，必须考虑到分析的焦点受到社会

[28] 平保兴：《五四翻译文学史》，中国文史出版社，2005年。

和历史文化语境影响的问题。从这一点来说，翻译传播理论还应有一个传播成因。这样就构成了一个完整的翻译文学史研究的内容。

作者说："翻译传播研究，可分为定性研究法（Qualitative Methods）和定量研究法（Quantitative Methods）。前者借助理论范式，进行逻辑推理，据此解释命题，得出理论性的结论。而后者（又称量化研究方法和实证研究方法），是在大量量化事实的基础上，描述、解释和预测研究对象，通过逻辑推论和相关分析，提出观点。"[29]

作者说，他的这本书也"就是基于上述理论和方法。从社会历史文化的语境出发，本书先是介绍了外国文学在中国的翻译情况，分析外国文学在中国传播的原因。接着介绍文学传播的媒介，通过对译作数量的统计和分析，得出相关的研究结果。同时又选择译本或原作，进行比较、分析，评析其得失。最后从读者接受的角度，考察外国翻译文学作品在传播过程中对中国作家和作品的影响。"[30]

在已经出版的翻译文学史类著述中也许并不算特别引人注目，让我非常欣赏的是李今的《三四十年代苏俄汉译文学论》。[31] 该书作者的专业背景是中国现代文学，但她却敏锐地注意到了当代翻译研究范式从文学翻译（Translating）向翻译文学（Translation）转变的迹象，"也就是说从以原著为中心，把分析的注意力集中在译文对原著的传译上，到译品跨文化传递中的中介作用及其在多元语境与传统中的渗透；从单一文本的内部研究转向翻译生产或整个文学与文化的历史流变及社会因素影响的外部研究"[32]。这样，作者把她的关注焦点也定位在"已

[29] 平保兴：《五四翻译文学史》，中国文史出版社，2005年，第2页。

[30] 同上。

[31] 李今：《三四十年代苏俄汉译文学论》，人民文学出版社，2006年。

[32] 同上书，第349页。

经被翻译过来的译作如何被选择、被阐释以及适应着中国社会政治文化和文学的变化发展，不断被重译，被重新阐释的过程及其影响”。[33]我以为她关注的这个焦点恰恰也就是一部真正意义上的翻译文学史应该关注的焦点。还有，本书的编排也很值得称道，基本上就是以译者为经脉而构筑起全书，上卷谈苏联文学的翻译，下卷谈俄罗斯文学的翻译，各章节的标题突显的都是译者的名字，诸如“傅东华译富曼诺夫《夏伯阳》”、“贺非、金人译肖洛霍夫《静静的顿河》”（上卷第五节中的两小节），“赵景深、满涛、焦菊隐、芳信等人对契诃夫的翻译及其传播”（下卷第七节）等。最后，本书在文本的细读方面也很显功力，譬如作者把托尔斯泰《战争与和平》的郭沫若、高地（即高植）的译本与董秋斯的译本进行了比较，一方面当然是为判断哪个译本的“理解更为透彻，意思更为准确清晰，语气更为连贯通畅”，但另一方面还触及了文学翻译中的另一个问题：“直接（从原文）翻译好过间接翻译是有条件的，不是无条件的”。郭、高的译本是直接从俄文原文翻译的，而董译本是从英译本转译的，但茅盾明确认为“还是董秋斯从英文转译的本子好些”。[34]

许钧、宋学智合作撰写的《20 世纪法国文学在中国的译介与接受》[35]与上述李今的著作相仿，也是一部集中在某一国别文学在中国的译介史类著述，不过它的译介学意识更为明显和深刻。该书的《绪论》部分第二节在阐述 20 世纪法国文学译介特点时所设的几个小标题，如《翻译动机和选择》《自发的选择系统的组织相并存》《翻译与研究互为促进》《广泛与直接的交流促进了翻译》等，尤其是他们在全书

[33] 李今：《三四十年代苏俄汉译文学论》，人民文学出版社，2006 年，第 351 页。
[34] 同上书，第 302 页。
[35] 许钧、宋学智：《20 世纪法国文学在中国的译介与接受》，湖北教育出版社，2007 年。

撰写过程中所思考的一些问题，诸如在整个20世纪中国的法国文学研究与翻译工作者，在译介工作中是如何选择作品的？哪些因素对翻译和研究工作起着不可忽视的影响？整个译介工作又有哪些特点？20世纪法国文学在中国产生了何种影响？对中国当代文学观念、对中国作家的创作起了怎样的作用？等等，可谓紧紧抓住了译介学研究的关键节点，是一部非常出色的译介学研究著作。

与许、宋这部合著正好形成呼应的是彭建华的《现代中国的法国文学接受——革新的时代 人 期刊 出版社》[36]。彭著不能算是严格意义上的翻译文学史类的著述，它着重考察的是法国文学的翻译评介与中国现代文学创作之间的关系，设定的研究对象是"现代中国学习过法语的作家对法国文学的翻译、批评、传播，尤其是在翻译批评基础上的创作"。但作者的独特切入点，以及他希望揭示的一些问题，诸如"现代中国怎样接受法国文学"、"接受法国文学的活跃的主体是谁"、"接受了法国文学的什么"，以及"法国文学怎样影响了他们的创作"等等问题，使该部著作成为国内法国翻译文学史类著述或研究的一个颇有价值的补充和拓展。

与彭著性质相仿的还有同年出版的李晶的《当代中国翻译考察(1966—1976)——"后现代"文化研究视域下的历史反思》[37]。李著同样并非严格意义上的翻译文学史著述，但作者对"文革"十年期间的翻译考察也多涉及文学翻译，而"文革"期间的翻译文学在其他同类翻译文学史著述里涉及不多，甚至缺失，所以从题材上而言，该书

[36]　彭建华：《现代中国的法国文学接受——革新的时代 人 期刊 出版社》，中国书籍出版社，2008年。

[37]　李晶：《当代中国翻译考察（1966—1976）——"后现代"文化研究视域下的历史反思》，南开大学出版社，2008年。

对当代中国翻译文学史还是一个很有价值的补充。此外，作者借用当代中西翻译理论视角对“文革”十年的翻译现象以及翻译史的编写等问题展开的考察和思考，不乏作者的独特立场，对翻译文学史的编写也有一定的借鉴意义。

李著的价值在与2009年出版的孙致礼主编的《中国的英美文学翻译:1949—2008》[38]的比较中也可见出。孙著的标题中虽有“1949—2008”，但其中1966年至1976年期间的英美文学翻译完全缺失。然而这种“空白”是不符合实际的，事实上，“文革”十年间内部出版的当代美国文学的翻译，从意义和价值上甚至超过了之前的17年即1949年至1966年间的翻译。

孙著当然也不是一部严格意义上的翻译文学史，却是一部名符其实的文学翻译史：对文学翻译家、文学翻译事件都有非常具体的梳理和深刻的分析，在译文与原文的对照细读方面则尤显功力。至于该书后面附录的多达四百余页的几则中国英美文学翻译出版一览表，则更是给今后从事英美翻译文学翻译史编写的专家学者提供了不可多得的丰硕资料。

由杨义主编的一套6本的“二十世纪中国翻译文学史”[39]，以其浩繁的篇幅、强壮的作者阵营令人瞩目，也让人对之满怀期待。主编杨义在其为全书所撰写的总序《文学翻译与百年中国精神谱系》中通过对“翻译”一词的语义多重性的分析指出，“在研究翻译文学史的时候，不能只停留在翻译的技艺性层面，而应该高度关注这种以翻译为

[38] 孙致礼:《中国的英美文学翻译：1949—2008》，译林出版社，2009年。

[39] “二十世纪中国翻译文学史”由杨义主编，共六卷，分别为《近代卷》(连燕堂著)、《五四时期卷》(秦弓著)、《三四十年代·俄苏卷》(李今著)、《三四十年代·英法美卷》(李宪瑜著)、《十七年及‘文革’卷》(周发祥等著)、《新时期卷》(赵稀方著)，百花文艺出版社2009年出版。

手段的文学精神方式的内核。也就是说，要重视翻译文学之道，从而超越对文学翻译之技的拘泥。道是根本的，技只不过是道的体现、外化和完成。这种道技之辨和道技内外相应、相辅相成之思，乃是我们研究翻译文学史的思维方式的神髓所在。”[40] 他还明确表示："20 世纪中国翻译文学，是 20 世纪中国总体文学的一个独特组成部分。它是外来文学，但它已获得中国生存的身份，是生存于中国文化土壤上的外来文学，具有混合型的双重文化基因。”[41] 反映出主编对翻译文学归属问题的清晰认识。然而，主编在这篇洋洋数万言的“总序”中大谈特谈了文学翻译的本质、姿态、功能和标准等问题，却对“翻译文学史”这个关乎这套丛书最本质的概念问题未置一词，似暴露出作者对此问题认识上的不足。由此也不难理解，为何这套煌煌六大卷的“二十世纪中国翻译文学史”，尽管卷轶浩繁，但在内容的安排上显然存在明显的缺失：安排了 2 卷“三四十年代卷”，分别是“俄苏卷”和“英法美卷”，却没有德语文学卷和东、南、北欧卷，然而在 20 世纪三四十年代，德语文学和东、南、北欧文学却无论是在 20 世纪中国翻译文学史上，还是在中国现代文学史上，都曾发挥过巨大的影响。另外，由于其作者多为中国现代文学研究背景，所以对文学翻译活动和翻译文学本身的关注似尚嫌不够。所以这部“二十世纪中国翻译文学史”确切地说，也许只是一套“二十世纪中国翻译文学专题研究”丛书，却还不是严格意义上的“二十世纪中国翻译文学史”。当然，不无必要一提的是，这样说并没有否定甚至贬低这套丛书的学术意义和价值的意思，而仅仅是从“翻译文学史”的角度，对翻译文学史概念的厘清作些探讨罢了。

[40] 杨义、连义堂：《二十世纪中国翻译文学史 · 近代卷》，百花文艺出版社 2009 年，第 003 页。

[41] 同上书，第 001 页。

更何况丛书中的《五四时期卷》《新时期卷》和《三四十年代·俄苏卷》等卷还是表现出对翻译文学的深刻认识，其许多论述切中翻译文学史上的问题肯綮，很见功力。

由以上的梳理和概述可见，尽管自20世纪末以来，我们在翻译文学史的编写实践和理论探讨上取得了不少成绩，但显然仍然存在着许多问题，中国翻译文学史的编写及其相关理论，期待着有志于此的专家学者和广大青年学子共同去进一步研究和探讨。

第五章

翻译研究的理论空间

第一节　翻译研究的理论意识

尽管在本书的第二章我已经对国内翻译界对翻译理论和翻译研究存在的认识误区做了分析，但在这里展开探讨翻译研究的理论空间之前仍想再简单谈一谈翻译研究的理论意识问题。众所周知，在国内翻译界尽管大家都承认理论的重要性，然而在涉及具体的理论问题时，却往往会出现自相矛盾的现象：一方面口头上也承认理论很重要，但另一方面，在内心里，却并不承认理论的价值，甚至对理论还有一种排斥的心态。事实上，在国内翻译界（其实在国外、海外的翻译界也同样）如何对待或处理理论与实践之间的关系一直是一个令人纠结、甚至未能真正解决的问题。面对历史上以及现实中一些老翻译家，他们也许根本就不知道什么翻译理论，却凭借其丰富的翻译经验与高超的翻译技巧奉献出了不少翻译精品的事实，我们的一些翻译研究者也会感到疑惑和迷惘：翻译理论真的有用么？

这里我们的翻译研究者之所以会产生疑惑和迷惘，其原因在于他们（当然更包括我们的某些从事翻译实践的工作者）对翻译理论还缺乏清晰的认识。其实在译学界大家都很清楚，翻译理论分为两大块，一块是应用性理论（Applied Theory），另一块是描述性理论或称纯理论（Descriptive or Pure Theory）。应用性翻译理论在总结翻译实践和经验的基础上会对翻译的实践活动和行为提出一些指导性的意见，有利于我们的翻译工作者把翻译做得更好。然而即使是应用性翻译理论，它提供的也只是“指导性的意见”，它并不像某台机器的“操作手册”，或某台仪器的“使用说明书”，你掌握了这份“操作手册”或“使用说明书”的内容后就能开动某台机器或就会使用某台仪器。所以你不能指望看了或掌握了应用性翻译理论后，你就学会如何翻译了。这样的翻译理论，过去没有，现在没有，将来也不会有。

至于描述性翻译理论，如其名称所示，它是对翻译活动和行为的一个客观的描述，它的作用在于帮助我们更全面、更深刻地认识翻译活动和行为的性质、意义和价值，帮助我们理解翻译活动和翻译行为的发生、进行、影响等的原因。就像文艺学理论是对文学创作活动和行为的描述和分析而不会对文学创作活动给予具体的指导一样，描述性翻译理论同样不会对翻译的实践活动和行为给予具体的指导。所以有些翻译家声称“翻译理论对我毫无用处”,此话既对又不对。说“对”是因为他所说的翻译理论（其实就是指描述性翻译理论）对他的翻译实践确实“毫无用处”。而说他“不对”，是因为他对（描述性）翻译理论的错误期待，他没有理解描述性翻译理论的功能与意义。

应该看到，由于民族的务实性特征和传统，我们国家描述性翻译理论的发生、发展与建设要稍稍晚于西方翻译界的同行。正如我在本书第二章中指出的，回顾两千余年的中西翻译史，及至 20 世纪 40 年代止，无论中西其实都没有严格意义上的翻译理论，这里所说的翻译理论实际上主要就是指描述性翻译理论。但是从 20 世纪 50 年代起，西方出现了一批具有深厚语言学理论背景的学者，尤以奈达、纽马克、卡特福德等人为代表，他们借鉴语言学理论，首次对翻译现象和翻译问题从理论层面上进行审视，并提出了“等值论”、“动态对等”等一系列跳出了经验感悟层面的翻译理论，开启了严格意义上的翻译理论研究。这些学者的研究后来被称之为翻译研究的语言学派。由于语言学派的翻译研究的关注点基本上还是局限在文本以内，集中在两种语言文字转换的层面，它提出的“等值”、“对等”等理念与两千余年来中西翻译界建立在“忠实”理念基础上的经验感悟并无实质性的区别，在某种程度上也许我们可以把语言学派的翻译研究视作是对两千余年来中西翻译界的经验感悟的理论提升，所以中西译学界面对语言学派的翻译理论大多还是能够较快理解并欣然接受。

然而滥觞于 20 世纪 70 年代的西方翻译研究的文化学派翻译理论的情况就不一样了。文化学派翻译研究者不再局限于文本以内的两种语言文字转换的层面，而是从更高、更广阔的跨文化交际的层面去审视与考察翻译现象和翻译问题，关注翻译行为的动机与操控因素，关注翻译结果的传播、接受与影响，这与我们已经习惯的立足于经验感悟层面的翻译研究传统显然大异其趣，从而对中西译学界、尤其是我们国内译学界产生了很大的翻译理念上的冲击和影响，并且引发了国内译学界对文化学派翻译理论的质疑和拒斥。由此可见，如何引导我们国内翻译界和译学界的人士，包括目前还在学校选修、研习当代国外翻译理论课的研究生和青年学者，全面把握当前国外翻译研究的最新理论走向，正确、理智应对当前国外翻译研究发生的一些最新变化，恐怕是我们每个从事翻译研究和教学的教师和科研人员，都应该予以认真、严肃思考的问题。这里我觉得有三个问题必须引起我们的注意。

第一，我们在研究当代国外翻译理论时，一定要转变一下在我国翻译界一个比较根深蒂固的观念。众所周知，在我国翻译界有相当一部分翻译家，也包括一部分翻译研究者，他们总认为当代国外的一些翻译理论，包括借鉴自各种文化理论的翻译理论，诸如解构理论、性别理论、后殖民理论、多元系统理论等，都是西方学者提出来的，它们属于西方，它们不适合中国的国情，它们只能解决西方翻译中的问题，它们不能解决中国翻译中的问题。更有甚者，他不去对西方的翻译理论做一番认真深入的调查和研究，仅凭着自己的主观印象，就轻率断言，“西方译论只能解决低层次的科技翻译问题”，只有“中国译论才能解决高层次的文学翻译问题”，等等。[1]

这种把理论简单地划分为东方和西方的做法，让我想起了几年前在一次学术会议上听到的北京大学严绍璗教授所说的一番话。他说：“我们以前一直以为现代化是属于西方的，于是搞现代化就意味着搞西化。这种看法其实是不对的。现代化并不只属于西方，它是人类社会发展的必然阶段。”我觉得这话说得太对了。是啊，现代化的确并不只属于西方。人类发展到一定的阶段，就必然会进入到现代化阶段，从茹毛饮血到熟食，从学会用火到学会用电、用天然气、用核电，等等，只不过是时间的先后而已，但人类迟早都要进入这个阶段。

如果说，自然科学给我们带来的是生活方式、工作方式、学习方式、物质条件等方面的改变的话，那么，社会科学、人文科学给我们带来的就是思维方式、认知角度、研究方法等方面的改变了。我在这里不需要举马克思主义的例子，因为我想没有人会以为马克思主义只属于西方，尽管这个理论是一位西方人提出来的。我就举西方翻译研究中

[1] 参见许渊冲《初版序》，载王秉钦、王颉：《20世纪中国翻译思想史》（第二版），南开大学出版社2009年，第12页。

操控学派的翻译理论为例，这个理论提出了翻译与政治、翻译与意识形态、翻译与特定民族的文学观念等因素之间的关系，以及这些关系对翻译的操控与影响。翻译中的这些关系,难道仅仅是属于西方的吗?操控学派对这些关系的研究和分析，难道对我们没有借鉴意义吗？想一想为什么我们国家在20世纪五六十年代热衷于翻译苏联和东欧社会主义国家的文学，以及第三世界的文学，而直到1980年代改革开放后才允许翻译西方现代派的文学作品，其答案是不言而喻的。而国内译学界之所以有人对西方译论持拒斥态度，我觉得这些人是把理论的提出者及其发明权与某一理论所阐明的规律、所提供的认识事物的角度与研究方法等之间的关系混为一谈了。理论的提出者及其发明权是有明确的民族或国别归属的，但某一理论所提供的认识事物的角度、方法等，却并不局限于该理论提出者本人所属的民族或地域，它完全可以为其他民族、其他国家所共享。我想我们大家一定会同意这个结论：人类的先进文化并不只为某一方（西方或东方）所特有，它属于全人类。同样，先进的、科学的译学理论，它们是相通的，也并不为某一方所特有。翻译研究的一个重要任务就是要把理论、思想从某个特定民族的语言的“牢笼”下解放出来，让这些理论、思想归全人类所有。而我们某些从事翻译教学、翻译研究的同行们，反而要把这些已经“解放”出来的理论、思想，贴上“西方”的标签，然后坚决拒之门外，这不是很奇怪吗?

第二，我们还要改变一种思维方式。在我国翻译界有一种非此即彼地把不同译学理论对立起来的思维方式。在某些人看来，中国和西方的译学理论是对立的，语言学学派与文艺学派是对立的，规范学派与描述学派是对立的，甚至认为从事翻译实践、从事翻译教学的人与从事翻译理论研究的人也是对立的。事实并非如此。不同国家、不同流派的理论，只是所要寻求解决的问题不一样，看问题的角度不一样，研究的层面和领域（范围）不一样，但他们研究的对象——翻译——是一样的，探讨的问题更是不乏相通之处。语言学派更多关注语言层面上的事，关注文本以内的问题，它回答不了文化学派关注的问题，反之，文化学派也解决不了语言学派提出的问题；规范学派关心的是“怎么译”，而描述学派则要回答“为什么这么译”。这里不存在一个流派或学派颠覆或取代另一个流派或学派的问题，它们是互为补充、相辅相成的。

当代国外（主要是西方）翻译理论的发展趋势是越来越多的学者从文化层面上去分析翻译现象，而并不关心具体如何翻译的问题。但这并不意味着具体如何翻译的问题不需要研究、不值得研究，而是说这些问题不具有严格意义上的学术研究的价值。具体如何翻译的问题的价值存在于翻译教学与翻译实践领域，在那里我们仍然需要不断地探讨关于如何翻译的具体问题。这与中国翻译界的现状相距很远，中国翻译界一直非常关心如何翻译、如何提高翻译的质量问题，这自然无可厚非而且也很有必要。但是问题在于这种观点把对这些问题的研究视作翻译研究的全部，更有甚者，他们还把对这些具体问题的研究混同于学术研究，这就有悖学术研究的真谛了。国内翻译界就有人以为西方的翻译理论没有用其根源也在此。其实，这是不同学者思考问题的层面、研究目标和所要解决的问题不同，西方翻译理论家是在学术层面上进行思考，而中国的翻译研究者则是在实践层面上进行讨论。尽管如此，它们彼此之间也并不矛盾，更不对立。因为西方翻译理论要解决的是我们对翻译的认识问题，而国内翻译研究要解决的是我们具体如何翻译的问题。国内曾有学者担忧，引进当代西方的翻译理论后，我们是不是翻译时就不要讲“忠实”了，还有学者撰文称解构译论把我国译论中的“化境论”“消解”掉了，等等。这些看法混淆了两个不同层面的翻译研究，是对当代西方译论，尤其是对描述性翻译理论的误解。

第三，我们要跟上当前国际译学研究的最新进展，要努力关注国外学术界的前沿理论，同时积极、主动地调整我们自身的知识结构。从事翻译教学和研究的人员，大多是外语专业出身。按理说，多掌握一门外语，就等于多打开了一扇了解世界的窗户，多一种直接接触国外第一手材料的能力，我们的视野应该比其他学科的人更加开阔才是。但是，事实上，与中文系、哲学系、历史系的人相比，外语专业的研究者和师生在知识面、在理论修养、在逻辑思维等等方面不容乐观。这其中的原因，恐怕是跟我们国家外语院系的教学体制、教学的指导思想有关。外语院系多把掌握外语作为最终目标，而不是把外语作为一种研究或从事某项工作的手段和工具。这与国外、海外大学里的外语系不一样，与我们国家 1949 年以前大学（如北京的清华、上海的圣约翰等）的外语系也不一样。我们今天的外语系，主要功能是教学生学习外语，如果说有理论的话，那也是很少的一点语言学理论。知识面方面，也是比较浅显的一些相关语种的国家的文学史知识而已。

前几年曾听说有人在一次翻译研讨会上批评说，现在一些搞翻译理论的人的本事就是把简单事情复杂化，把文章写得人家看不懂。此话一出，在会上居然还博得一阵颇为热烈的掌声。其实，这话是似是而非，既对又不对的。说它对，是因为目前我们国内是有一些作者在写文章时，自己还没有弄懂相关理论，便生搬硬套，甚至故意卖弄一些外来的理论术语，这样的文章的确有问题，读者看不懂。但这话又有不对的一面，因为它只看到作者一方的问题，却没有看到读者一方的问题。因为通常理论文章都不可避免地会使用一些专门的、甚至不无偏涩的理论术语，譬如解构理论提到了“撒播、印迹、错位、偏离”等术语，如果读者不具备相应的理论修养，对这些基本术语都不了解，那他（她）如何可能读懂德里达的或借鉴德里达的理论写的文章呢？这就如一位读者，他（她）如果都不知道“能指、所指”的含义，只知道自己的“手指”，又怎么可能读懂索绪尔的语言学论文呢？由此可见，看不懂理论文章的责任并不仅仅只是在作者一方，有时读者一方也是有责任的。所以，我们一方面要反对那些故弄玄虚、生搬硬套国外理论术语的文章，另一方面也要正视自身理论修养的不足，不要作茧自缚、自以为是，而要保持一种开放的心态，努力关注前沿理论，积极、主动地调整自己的知识结构，防止已有知识的老化、僵化、教条化，这样才能跟上时代的发展，适应时代的需要。

翻译研究，无论中西，都具有悠久的历史，翻译研究的前辈也为我们留下了丰富且弥足珍贵的翻译思想。尽管这些思想大多停留在翻译的实践层面，但它们完全可以成为我们当前建设翻译学科的理论资源。不过要做到这一点，必须确立翻译研究的理论自觉和理论意识，清晰区分两个不同层面的翻译研究，这样才有可能把翻译研究引向深入，而不是只在“怎么译”的层面上打转。

最后，有必要再次强调指出的是，翻译学作为一门与众多学科相交叉、相接壤的交叉学科、边缘学科，它的理论建设也注定要大量汲取相关学科的理论，尤其是文化交际理论、比较文学理论以及当代的各种文化理论等。事实上，严格而言，翻译学并没有纯粹属于自己的理论，而正是以上这些不同学科的理论赋予了当代的翻译研究多维的视角，揭开了翻译研究的崭新层面，并成为翻译学学科建设的理论资源。我主编的《当代国外翻译理论导读》[2]一书，在对当代国外翻译研究的现状进行了比较全面的调查和研究之后，把当代国外的翻译理论区分成八个主要理论流派：语言学派、阐释学派、目的学派、文化学派、解构学派、女性主义、后殖民理论和苏东学派。其中，除“苏东”学派出于地缘政治的考虑外，其余则都是依据其理论取向和立场而定。这些理论为我们研究翻译提供了广阔的研究空间，刷新了我们对翻译的认识。限于篇幅，本章拟选取其中的三个理论，即解释学理论、解构主义理论和文化学派中的多元系统理论，进行较具体的探讨，从中一窥翻译研究的理论前景。

第二节　解释学：作者本意和本文本意

翻译，无论是文学翻译还是非文学翻译，都离不开对原文的理解和解释。如果说理解是对原文的一种接受，那么解释就是对原文的一种阐释了。在这个意义上而言，译者既是原文的接受者即读者，又是原文的阐释者即再创作者。也正是在这个意义上，西方学界的解释学理论对于我们今天讨论翻译具有一定的启迪和借鉴意义。

传统的解释学（Hermeneutics），从古希腊的解释学、中世纪的“释义学”和“文献学”，直至近代德国的施莱尔马赫（Schleiermacher）和狄尔泰（Dilthey）的哲学解释学，都贯穿着一个明显的客观主义精神，从而强调接受者应该努力把握“文本”的原意，把握创作该文本的作者的“本意”，这一精神与传统的翻译要领也是一致的。

进入20世纪以后，以海德格尔（Heidegger）、伽达默尔（Gadamer）

[2]　谢天振：《当代国外翻译理论导读》，南开大学出版社，2008年。

等人为代表的西方现代解释学一反传统解释学的理论，宣称作者的“本意”是不存在的，因此对作者“本意”的寻求也是徒劳的。他们认为，当作者创造出了一件作品（文本）以后，这件作品（文本）就是一个脱离了作者的自足的存在。因此，阐释者不必去与作者认同，而应把注意力放在探究文本所关注的问题上。

但是在当代美国解释学理论家赫施（E. D. Hirsch）看来，唯一能决定本文含义的只有创造该本文的作者，他说：“一件本文只能复现某个陈述者或作者的言语，或者换句话说，没有任何一个含义能离开它的创造者而存在。”[3]他更直截了当地指出，“本文含义就是作者意指含义”。

鉴于翻译与理解、解释的密不可分的关系，现代解释学的上述新理论观念以及20世纪60年代当代美国解释学理论家赫施等人针对伽达默尔的论点所提出的一些新观点，无疑也为我们提供了一个审视传统翻译观念的崭新“视域”。限于篇幅，本节拟仅从解释学理论两个观点迥异的代表人物伽达默尔和赫施关于作者“本意”、文本的确定性和可复制性等问题的论述，探讨现代解释学对当代翻译研究、尤其是有关翻译的可译性和不可译性问题的启示。

首先，我们看一下解释学大师伽达默尔对作者“本意”的质疑。

我们知道，在翻译时，虽然译者面对的是原文文本，但他们孜孜以求的是原文背后，或者说原文所包含的“意思”。古往今来，大凡严肃认真的翻译家，总是把正确理解和表达原文的“意思”作为自己追求的目标。他们“旬月踟蹰”（严复语），“委曲推究”（马建忠语），目的就是为“确知其（即原文——引者）意旨之所在”，然后把这“意旨”

[3] 〔美〕赫施：《解释的有效性》，王才勇译，三联书店，1991年，第269页。

确切地表达出来。这里所说的“意思”、“意旨”，在许多情况下，就是指隐藏在原文文本背后的作者的“本意”。因此,就某种意义上而言，我们可以说，所有的译者，在翻译过程中殚精竭虑、苦苦求索的首先就是原文作者的“本意”。原文作者的本意是译作的根本。译者们一边读着原文,一边总是在想:“这句（段）话作者想表达什么意思呢？”。这看起来很像是一场对话——译者通过原文文本与原文作者对话。可惜的是，在绝大多数情况下，译者是没有机会与原文作者直接对话的，因此译者通过原文所进行的这场“对话”实质上是一场单向对话，译者对原文作者“本意”求索的结果正确与否，通常是无法得到原文作者的亲自鉴定或认可的，像法译本《浮士德》竟能得到原作者歌德本人的赞叹，并被认为“比德文本原文还要好”，这可说是古今中外翻译史上绝无仅有的佳事。

在翻译中，译者追寻作者的本意并把作者的本意视为译作根本，这个在传统翻译观念中原本是无可置疑的事实却由于现代解释学理论的某些观念而受到冲击甚至产生动摇，因为现代解释学理论的代表人物伽达默尔宣称，作者的本意是不存在的，因此对作者本意的寻求也就是徒劳的了，这就不能不促使我们从现代解释学理论的角度对翻译进行一番新的审视。

我们当然知道，现代解释学理论的出发点并不是针对翻译而来的，它主要是针对艺术作品的理解、阐释和研究。但是鉴于艺术作品的研究者对作品所进行的分析和阐释在许多层面上与译者在翻译过程中对原作的解读和表达之间存在着颇多相通之处，因此，现代解释学理论对翻译研究的借鉴意义是不容忽视的。

众所周知，任何翻译都是从对原文的理解开始的，而解释学理论正是在“理解”这一问题上，一开始就提出了一个很值得翻译研究者重视的观点。解释学的主要理论家之一伽达默尔认为："理解是一个我们卷入其中却不能支配它的事件；它是一件落在我们身上的事情。我们从不空着手进入认识的境界，而总是携带着一大堆熟悉的信仰和期望。解释学的理解既包含了我们突然遭遇的陌生的世界，又包含了我们所拥有的那个熟悉的世界。"[4] 把这段话用诸翻译尤其是文学翻译，可以说是再确切不过的了：有哪一个译者不是带着"一大堆熟悉的信仰和期望"去着手理解他所翻译的原文文本的呢？又有哪一个译者在翻译时不是一边置身于一个"熟悉的世界"，一边又面对着一个"陌生的世界"的呢？

传统的翻译理论与实践多要求我们的翻译家克服自身因素（包括历史、心理、社会等因素）的局限，抛弃自己熟悉的信仰和期望，抛弃自己熟悉的世界，进入原文文本那个"陌生的世界"，把自己设想成是原文文本的作者，并且进而设想原文作者在进入译文这个"陌生的世界"后会如何写作。正如有一位学者所指出的，"译者须了解原作者及其所处之社会背景，更须体验原作者的心理过程。这一经了解、领悟、体验而后重整组合的手续，便是翻译的过程"。[5] 德国翻译家施莱尔马赫也曾提出"两种不同途径的翻译"的观念，其中之一就是"使外国作者像本国作者那样说话、写作，译者不仅仅要自己看懂原文，还必须使原作者进入与译作的读者直接对话的范畴"。[6]

然而，现代解释学理论家却认为这样的理解是不可能做到的。伽达默尔指出："重要的是使用解释学的现象去辨识我们把什么东西带

[4] 〔德〕伽达默尔：《真理与方法》，转引自耀斯《审美经验与文学解释家》，上海译文出版社，1997 年，第 7 页。

[5] 冯明惠：《翻译与文学的关系及其在比较文学中的地位》，载《中外文学》，1978 年第 6 卷第 12 期第 145 页。

[6] 参见谭载喜：《西方翻译简史》（增订版），商务印书馆，2004 年，第 108 页。

进了陌生的世界。这样就可以通过发现我们自己不加怀疑的先已形成的判断来获得关于我们自己的知识，并且通过扩展我们的视域直至它与陌生世界的视域相会合，以获得那个陌生世界的知识，从而使两个视域融合。”[7]

关于“使两个视域融合”的观点，伽达默尔在《真理与方法》一书中说得很清楚。他认为，传统解释学中的客观主义努力执着于对本文（从翻译研究的角度说，也可理解为是原文）作者本意的迷信，而没有看到人类理解的历史性。在伽达默尔看来，理解是以历史性的方式存在的，无论是理解者——人，还是理解的对象——本文，都是历史地存在的，也就是说，都处于历史的发展演变之中的。这种历史性就使得对象本文和主体都具有各自的历史演变中的“视界”（Horizont），因此，理解就是本文所拥有的诸过去视界与主体的现在视界的叠合。伽达默尔称之为“视界融合”（Horizontverschmelzung），这样，在现代解释学理论看来，人们面对本文所达到的理解就永远只能是本文与主体相互溶通的产物。鉴于理解的历史性，本文作者的本意是不存在的，它在历史长河中已演变成了一系列他者，因而，理解根本无法去复制本文作者的原意。[8]

把伽达默尔关于理解的历史性的话引入到翻译研究领域，粗一看，人们很可能以为这话从根本上摧毁了中外翻译家几千年来的努力：既然本文作者的本意是不存在的，既然理解根本无法去复制本文作者的原意，那么，翻译家们孜孜以求的原文的“意旨”也就成了镜中花水中月了，他们的所有努力也就成了不可能有结果的徒劳了。其实不然，

[7]　转引自《解释的有效性》，第1—2页。

[8]　同上。

伽达默尔的观点对于翻译研究具有多方面的借鉴意义。

首先，伽达默尔关于两个视界融合的观点在一定程度相当确切地道出了翻译，尤其是文学翻译的实质。在翻译中，尽管大家都明白，译者应进入原文文本的世界，应努力领悟作者的本意，但在实际翻译中，译者总是不可避免地把自己熟悉的世界里的知识和信仰带进原文这个陌生的世界。这种情况在各国早期的翻译中比比皆是，英国菲茨杰拉德翻译的《鲁拜集》与其说迻译了波斯诗人的诗体，不如说通过模仿原诗格律创造了一种英语的新诗体，正如有的评论家所说的，它把一个“几乎被遗忘了的波斯诗人脱胎换骨变成了厌世的英国天才”。我国早期翻译家周桂笙的翻译《毒蛇圈》时则更甚。明明是画蛇添足，却不承认自己所做为“蛇足”，颇为有趣。

当代翻译中也有类似的情况，如《西游记》英译者把“赤脚大仙”误译为“Red-legged Immortal（红腿的不朽之神）”[9]——他显然以英语的理解方式把汉语里的“赤”仅理解为“红”(如《水浒》里的“赤发鬼”，英译为“Red-headed Devil”，却不知道“赤”在汉语里还有“光、裸”的意思。

其次，伽达默尔关于理解的历史性观点在翻译中也是很容易得到印证的。法国小说《红与黑》汉译中的一个段落就是这方面的一个典型例子。书中有一段描写主人公于连在市长家当家庭教师，有一次在听到当地的贫民收容所所长瓦尔诺先生在市长面前夸夸其谈时，对虚伪的瓦尔诺产生极其厌恶的感情。翻译家罗玉君在20世纪50年代把这段话翻译如下：

[9] 此例转引自林以亮：《翻译的理论与实践》，载《翻译研究论文集》(1949—1983)，外语教学与研究出版社，1984年。

他忍不住私自咒骂道：“正直诚实的颂赞！人人都说这是世界上唯一的美德，然而这是怎样的一种现实呀！自从他照管穷人的救济事业以后，他私人的产业，顿时增加了三倍之多，这是怎样公开的贪污，这是怎样卑鄙的荣耀啊：我敢打赌，他赚钱甚至赚到最悲惨的孤儿弃婴身上去了。对于这些可怜的无父母的小孩来说，他们的痛苦和牺牲，比旁的穷人还要更多！啊，社会的蠡贼啊！杀人不眨眼的刽子手啊！……

当研究者把这段话与原文对照之后，发觉在原文中很难找到诸如“社会的蠡贼”、“杀人不眨眼的刽子手”之类具有强烈批评色彩的字眼，原来这是“译者凭着自己的主观性，从自己的立场、观点出发，给这些并不蕴含着如此深刻的思想内涵的字眼添加了不必要的、中国人特别敏感的主观成分”。[10] 然而，经历过中国大陆 20 世纪五六十年代那种特殊的政治气候的人都知道，虽然上述对原文的理解与译者“自己的主观性”有关，但另一方面，这种理解还与当时特定的政治气候也有密切的关系。这种情况恐怕就是伽达默尔所说的理解主体的历史性了，因为同一段话，到了 20 世纪 90 年代，翻译家的理解就不同了，试比较另一位翻译家郝运在八九十年代重新翻译的这段话：

“对正直的颂扬是何等的动听啊！”他高声嚷道，“简直就象世上难有这个美德，然而对一个自从掌管穷人的财产以后，把自己的财产增加了两三倍的人，又是怎样的尊敬、怎样的奉承啊！我敢打赌说，他甚至连支供弃儿用的经费都要赚！而弃儿

[10]　许钧：《文学翻译批评研究》，译林出版社，1992 年，第 95—96 页。

这种穷苦人的困难比别的穷苦人还神圣得多。啊，这些恶魔！恶魔！……”

这里，“这是怎样一种现实呀！”，以及“公开的贪污”、“卑鄙的荣耀”、“社会的蟊贼”等词语就都不见了。这种变化与翻译的进步当然有很大的关系，但在这进步的背后，难道不就是理解的历史性，或者具体地说，是理解的主体和客体的所经受的历史演变在起作用吗？伽达默尔的理论为我们观察历代译本的变迁和发展提供了一个新的视角。

然而，如果说伽达默尔关于理解的主体和客体的历史性论述对于我们进行文本解读甚至进行翻译研究都有一定的积极意义的话，那么，他由此进一步提出的有关阐释者与文本之间的关系的设想，不但遭到了古典解释学派的反对，在翻译研究者看来更是值得商榷的了。

伽达默尔认为，必须把阐释者与文本的关系设想成双方处于平等地位的对话。这样的对话假设参与者双方的关注有共同之处，而并不仅是“图谋”对方。于是，阐释者就不必把注意力集中在文本上而必须把注意力对准与文本有关的问题上，随文本一起处理这个问题。这样，阐释者就不必与作者相认同（伽达默尔认为，无论如何，这种认同都是一种幻觉），而只是去探究文本所关注的问题，并顺着文本的最初问题所追踪的方向接受进一步的质询。[11]

伽达默尔的这种假设，不仅从根本上否定了作者本意的存在，而且也否定了文本本意的存在，这样的假设显然是大可置疑的。如果说，

---

[11] 参见〔德〕耀斯：《审美经验与文学解释学》，顾建光等译，上海译文出版社，1997 年，第 7 页。

作者的本意由于作者处于历史性的演变之中而会有所演变，从而表现出一种不确定性的话，那么，已经由作者完成并变成了一个客观存在体的文本，它的本意应该是相对确定的。当代美国解释学理论的代表人物赫施正是由此对伽达默尔的观点提出了反驳。在赫施看来，人们一般所说的对同一本文的理解始终处于历史性的演变之中，也即伽达默尔所说的理解的历史性，这并不是指本文作者的原初含义发生了变化，而是本文的意义发生了变化。他指出："发生变化的实际上并不是本文的含义，而是本文对作者来说的意义。"[12] 他进一步强调指出，"本文含义始终未发生变化，发生变化的只是这些含义的意义。"[13]

这里，赫施提出的两个概念"含义"(Sinn，Significance) 和"意义"(Bedeutung, Meaning) 值得我们注意。从以上赫施的分析可以发现，赫施所说的"意义"与我们平常所说的一般意义上的"意义"显然不是一回事。根据他的划分，通常所说的"意义"可区分为"含义"和"意义"两层意思，他并进而分析含义和意义的不同："一件本文具有特定的含义，这特定含义存在于作者用一系列符号所要表达的事物中，因此，这含义也就能被符号所复现，而意义则是指含义与某个人、某个系统、某个情境或与某个完全任意的事物之间的关系。象所有其他人一样，在时间行程中作者的态度、感情、观点和价值标准都会发生变化，因此，他经常是在一个新的视野中去看待其作品的。毫无疑问，对作者来说发生变化的并不是作品的含义，而是作者对作品含义的关系。因此，意义总是包含着一种关系，这种关系的一个固定的、不会发生变化的极点就是本文含义。"[14]

[12]　〔美〕赫施：《解释的有效性》，王才勇译，三联书店，1991 年，第 16 页。

[13]　同上书，第 214 页。

[14]　同上书，第 16—17 页。

假如我们不把赫施的这一观点仅仅局限在作者与本文的关系上，而是进一步扩展为译者与本文（也即原文）的关系，再去看翻译中的某些现象，我们一定会对翻译有一些新的认识。手头正好有一个现成的例子：

著名翻译家方平在为拙著《译介学》所撰写的序言中曾提到朱生豪翻译的《罗密欧与朱丽叶》中的一句译文不妥。朱生豪的译文为：

> 他要借你（软梯）做牵引相思的桥梁，可是我却要做一个独守空闺的怨女而死去。

这是朱丽叶在决心去死的前夜，盼望着夜色降临，好挂一条软梯，让她的心上人在流亡之前，爬进闺房与她共度难解难分的一夜，此刻她对着软梯发出了如上感叹。方平认为，"思想本可以自由飞翔，何须借软梯来牵引、做桥梁呢？"查找原文，原文是：

> He made you a highway to my bed,
> But I，a maid，die maiden-widowed.

原文 to my bed 的含义很清楚，是"上我的床"的意思，但是"受到我国几千年礼教文化干扰的前辈翻译家悄悄地把'床'改译为得体得多的'相思'，顾不得因而产生了经不起推敲的语病。"在传统的中国文化中，一个尚未出嫁的闺女怎能直截了当地说出要她的心上人"上我的床"呢？朱译之所以如此处理，显然事出有因，也就是下文就要提到的中国传统文化中的"性忌讳"在起作用。现在，1990 年代的翻译家方平把此句译为：

他本要借你做捷径，登上我的床，

可怜我这处女，活守寡，到死是处女。[15]

方译显然更贴近原文的本意。

两个译者面对同一句话，却有不同的翻译（或解释），借用赫施所说的话，这是因为“在时间行程中作者（此处当为译者——引者）的态度、感情、观点和价值标准”发生了变化，因为后一个译者是在一个新的视野中去看待同一部作品（本文）的。具体地说，1940 年代译者在处理“登床”一语时所感受到的性忌讳和性压抑的民族心理，到 1990 年代的翻译家那里，已经发生了变化。对照原文可以发现，本文的“含义”没有变，变化的是“意义”，也即是译者与本文的一种“关系”。这也是赫施与伽达默尔的一个主要分歧所在：赫施认为“作者对其本文所作的新理解虽然改变了本文的意义，但却并没有改变本文的含义，”[16] 伽达默尔却认为本文的整个意义（包括赫施所说的“含义”）全都是变动不居、无法确定的，从而走向对本文作者原意包括本文原意的否定。

对于翻译而言，赫施的观点毫无疑问具有更为积极的意义。这是因为赫施看到了本文含义所具有的确定性，并在此基础上提出了本文含义的可复制性，他说：“词义具有可复制性特点，正是词义的这种可复制性，才使解释成为可能。试想，如果含义是不可复制的话，那么，它也就不会被人们各有所异地具体化，这样，它也就既不会被理解，也不会得到解释。从另一个角度看，含义又具有确定性特点，我们正

[15]　谢天振：《译介学》，上海外语教育出版社，1999 年，第 6—7 页。

[16]　〔美〕赫施：《解释的有效性》，王才勇译，三联书店，1991 年，第 18 页。

是据此确定性，才说含义是可复制的。”[17]

词义的这种可复制性，不仅使得解释成为可能，也使得翻译成为可能。杜诗“丛菊两开他日泪，孤舟一系故园心”正是这样在英语世界里“被人们各有所异地具体化”，产生了好几个不同的译本。他们有的把它译成：

> The myriad chrysanthemums have bloomed twice. Days to come—tears.
>
> The solitary little boat is moored, but my heart is in the old-time garden.（Amy Lowell 译）

还有的把它译成：

> The sight of chrysanthemums again loosens the tears of past memories,
>
> To a lonely detained boat I vainly attach my hope of going home.（William Hung 译）

在第一种译文里，“丛菊已经开放了两次，未来的日子将伴随着泪水；孤独的小船已经系住，但我的心仍在昔日的庭园。”在第二种译文里，却是因为“看见了重新开放的菊花，才引得诗人泪流满面，沉浸在对往昔的回忆中；诗人把归家的希望徒然地寄托在那已经系住的孤舟上。”两种译文反映了两个译者对同一本文的本意的不同理解

[17] 《解释的有效性》，第 56 页。本文引用时译文略有改动，原译文“正是词义的这种可复制性，才使解释具有可能发生。”现改为“正是词义的这种可复制性，才使解释成为可能。”

和解释，表达的内容相去甚远。表面看来，似乎本文（尤其当这个本文是诗的时候）的本意不可捉摸，难以传译，其实不然。赫施指出，人们之所以以为含义是不确定的、不可复制的，主要原因有二：其一，人们误把对含义体验的不可复制性视为含义本身的不可复制性了。其二，人们之所以认为含义无法被解释者把握，那是由于把确切理解的不可能性误当成理解的不可能性。赫施认为，人们能理解本文并不是说，人们能对本文获得确切的理解，认识与确定性并不是一回事，"把确切理解的不可能性与理解的不可能性完全混淆，在逻辑上是错误的，而把认识与确定性相提并论也同样是错误的"。[18]

赫施的上述区分，对我们分析翻译研究中聚讼不已的可译与不可译之争很有借鉴意义。所谓"对含义体验的不可复制性"也许可视作原作者创作本文时的特定的心理感受，如杜甫在写作上述诗句时的特有心情，那当然是"不可复制的"的。但这两句诗本身的含义应该是可以复制的，因为它已经是一个客观存在，更因为这个含义是通过语言表达出来的。而凡是通过语言表达的本文，必然会在某种程度上受到特定语言限制。这种限制是一切语言媒介所固有的，这就使得通过语言表达的本文的含义同样受到制约，因而具有确定性和可复制性。

如果说，赫施关于本文含义的确定性和可复制性是从正面肯定了对本文的理解和解释的可能性的话，那么，赫施有关确切理解的不可能性与理解的不可能性之间的区分，是从反面肯定对本文理解和解释的可能性。

仍以上引杜诗"丛菊两开他日泪，孤舟一系故园心"为例。作为

[18]　《解释的有效性》，第 26 页。

英译者的两个解释者必须对原文中隐匿在诗句后面的可以意会但难以言传的作者本意作出确切的理解和解释：诗中的“开”是指花开还泪流开？系住的是孤舟还是诗人的心？“他日”是指过去，还是指未来的某一天，这一天很可能像他在异乡看见菊花绽开的两个秋天一样悲哀？泪是他的泪，还是花上的露珠？这些泪是在过去的他日还是在未来的他日流下的，或者他现在是在为他日的哀愁而流泪？他的希望是全系在可以载他回家的舟上，还是系在那永不会扬帆启程的舟上？他的心是系在这里的舟上，还是在想象中回到故乡，看到了在故园中开放的菊花？等等，等等，简直难以尽数。确切理解的不可能性由此可见一斑。但是，这种不可能性并不意味着理解的不可能性，正因为此，译者们仍然孜孜不倦地从事翻译，追求最能确切传达原文全部信息的译文。针对上引杜诗，A. C. 格雷厄姆提供了第三种译文：

> The clustered chrysanthemums have opened twice in tears of other days,
>
> The forlorn boat, once and for all, tethers my homeward thoughts.

格雷厄姆的译文较前二种在对原文的确切理解和表达上又前进了一步。[19] 翻译就是这样，明知其不可为而为之，以一代又一代译者的努力，追求最能确切表达原文的译文。

由以上所述可见，赫施关于必须区分本文含义的确定性和可复制性以及确切理解的不可能性与理解的不可能性的这个理论，正好从解释学的角度为翻译研究中的可译性观点提供了强有力的理论依据。

[19] 本文所举杜诗三则译文，均见〔英〕A.C. 格雷厄姆：《中国诗的翻译》，载《比较文学译文集》，张隆溪选编，北京大学出版社，1982 年。

以上我们主要引用了解释学两个主要流派的代表人物伽达默尔和赫施的观点，但是我们并不想卷入解释学领域里两派观点孰是孰非的争论，我们仅想从两位解释学大师的理论中得到对翻译研究的启迪而已。

伽达默尔关于理解的观点，即认为理解是以历史性的方式存在的，无论是理解的主体——人（具体即接受者、读者），还是理解的客体——文本，也都是历史地存在的，因此也就都处于历史的发展演变之中。由这种理解的历史性，他进而得出"本文作者的本意是不存在的，它在历史长河中已演变成了一系列他者，因而，理解根本无法去复制本文作者的原意"的结论。从表面看，伽达默尔的理论似乎对人们的理解和解释行为（当然，也包括我们讨论的翻译行为）当头泼了一盆冷水，采取了一个悲观消极的立场。这种观点若引入到翻译研究中，就是典型的不可译论，其实并不尽然。因为尽管伽达默尔得出了"作者本意不存在"、"理解无法复制作者原意"等结论，但与此同时，他赋予理解以更大的意义，因为他认为，由于这种历史性使得理解的客体——文本和理解主体都具有各自的处于历史演变中的"视域"(Horizont)，所以理解就不是消极地复制文本，而是进行一种创造性的劳动，这是很有见地的观点，也从理论上论证了翻译家劳动的创造性价值。

但是站在翻译研究者的立场，我们也许更倾向于赫施的观点。上面已经提到赫施正确区分了确切理解的不可能性与理解的不可能性以及对含义体验的不可复制性和含义本身的不可复制性之间的关系，这一理论为翻译中的可译性观点提供了强有力的理论依据。与此同时，赫施提出面对一件本文会得出诸种各有所异的理解，这是理解的历史性使然，无论理解出现多大差异，在对本文的理解活动中总有共同可循的价值判断存在，这个观点又触及到了翻译标准的必要性问题，对翻译研究者来说也是很有借鉴意义的。而伽达默尔的理论由理解的历史性进而否定本文作者的原意，这无异于否认共同价值判断的可能性，如此下去，面对本文的解释活动（包括翻译活动），就都有可能处于一种混乱无序的状态，这无论是于文学作品的理解和解释，还是文学作品的翻译，显然都是极其不利的。

第三节　解构主义：对“忠实”翻译观的再思考

德国哲学家弗兰克曾说：“每一种意义，每一种世界图象，都处在流动与变异之中，既不能逃脱差异的游戏，也无法抗拒时间的汰变。绝没有一种自在的、适用于一切时代的对世界和存在的解释。”[20]这一断语对于我们今天讨论翻译也是很有借鉴意义的。以翻译的概念为例，从最初的“语言之间的意义的传递”（“译即易。谓换易言语使相解也。”），到跳出了单纯语言转换范畴的“符际翻译”，再到“理解即翻译”（乔治·斯坦纳）、“阅读即翻译”（斯皮瓦克）等概念，其间对翻译的理解和解释变化之巨大，是显而易见的。

从20世纪60年代起，西方文论界崛起的解构主义思潮，不光对西方文论界，同时也对当代国际译学界产生了很大的影响。把解构主义某些理论观点引入翻译研究，对于拓展我们的研究视野、丰富我们对翻译中许多问题的认识，具有直接的启迪作用。本节将结合解构主义理论中对作者、对文本的终极意义的“解构”等观点，对翻译研究

[20]　〔德〕M. 弗兰克：《什么是新结构主义》，法兰克福1984年版，第85页。转引自郭宏安等：《二十世纪西方文论研究》，中国社会科学出版社，1997年，第2页。

尝试作一新的审视。

宣称翻译中原作者已经“死亡”的想法来自读者接受理论和解构主义等当代文化理论一些观点的启发。法国解构主义理论的代表人物之一罗兰·巴尔特（Roland Barthes）在阐释读者与文本的关系、在分析文本的意义时，明确宣称“作者死了！”因为在他看来，一部作品的文本（text）一旦完成，文本中的语言符号就开始起作用，读者通过对文本语言符号的解读，解释、探究并阐明文本的意义。至于作者，此时他已经没有发言权了，或者说，即使他也会对自己的作品作出一些解释，但读者完全可以以文本为由而不予考虑。美国读者接受理论家费什（Stanley Fish）更是明确提出，是“读者制造了他在文本中所看到的一切”。[21] 费什认为，语言和文本的事实是解释的产物，而不是解释的客体。因此，文本能否存在下去，取决于读者，取决于读者对文本的不断解读。在读者接受理论家们看来，没有读者的参与和创造，文本就只能是废纸一堆，它们的价值也都不复存在了。其实，类似说法此前也已经有人说过，如新批评理论家，他们用一句“意图迷误”（Intentional Fallacy）就斩断了文本与作者的联系，虽然没有判作者“死刑”，但也已经让作者“靠了边”。在他们看来，作者对自己的作品所发表的话不能算数，因为作者在创作时存在一种“意图迷误”，使作者的主观意图与他的最终作品不尽一致。但对中国读者，尤其是对中国译学界来说，这些观点也许会显得有点突兀，我们的批评家一直认为作品就是作者意图的最终表达。至于在翻译界，我们的译者孜孜矻矻，“旬月踟蹰”，似乎为的也就是揣摩出“原作者究竟想说什么”。

[21] 参见〔美〕费什：《读者反应批评：理论与实践》，文楚安译，中国社会科学出版社，1998 年，第 4 页。

"作者"在中国学界的地位由此可见一斑。不过，如果我们能回想起中国古代诗学理论中早就说过的"仁者见仁,智者见智"或"六经注我，我注六经"之类的话，并拿它们与上述观点作一个比较的话，那么我们也许也不会对读者接受理论和罗兰·巴尔特的解构主义理论的观点感到太陌生，甚至费解。

把上述观点引入翻译研究，同时把译者也看作是一个读者（尽管是一个非常特殊的读者），我们会发现，上述观点不仅非常适合，而且还让我们对翻译有了一个全新的认识。长期以来，我们已经习惯了在译作的封面上只见到原作者的姓名，而不见译者姓名的现象，我们更习惯了一边手捧某某翻译家（如傅雷）的译作，一边却自称正在读某某原作家（如巴尔扎克）的著作。显然，在许多人的心目中，译者是不存在的。其实，无论是从翻译的实践，还是从一些当代文化理论的认识角度，原作者都已经"死了"，是译者创造了译作，也是译者使原作得到了再生。而翻译作为一个跨越语言、文化和国界，更多时候还是跨越时代的阅读行为，它的产品（也即译本）不正是译者（也是读者）所"制造"出来的吗？而且，在大多数情况下，尤其是在翻译过去时代的作品时，作者（确切地说是原作者）在生理意义上也确已死亡。即使是翻译当代作品，原作者也大多无法对自己的作品进行解释，在这个意义上，他也已经"死亡"。傅雷翻译巴尔扎克作品时，巴尔扎克当然已经去世，草婴翻译肖洛霍夫作品时，肖洛霍夫虽然健在，但他也不可能站出来对草婴逐字逐句阐述自己作品的意思（义）。事实上，无论是傅雷还是草婴，他们在翻译时总是面对原作的文本。罗兰·巴尔特在阐释读者如何解读文本时曾分析说，文本的意义是读者个人从文本中摘取的东西，而非高高在上的作者安放在文本里的东西，巴尔特由此指出："读者的诞生必须以作者的死亡为代价。”[22]这里，我们也许同样可以套用巴尔特的话说，原文的意义是译者个人从文本中摘取的东西，而非高高在上的原作者安放在文本中的东西。虽然译者的诞生倒未必要以原作者的“死亡”为代价，这是因为译者不同于一般的读者，可以不受限制地对原作进行自由的想象和发挥，他毕竟还负有向译语读者传达原作的任务。但对译者来说，原作者的缺场在某种意义上也与“死亡”无异了。

我们这样说并不是想要抹煞原作者的存在及其对原作无可替代的价值和意义，更不是对原作者的大不敬，我们只是想通过“死亡”和“诞生”这样一种形象化的说法，强调和凸显译本、译者，以及其他诸多因素（尤其是是译入语文化语境中的因素）在翻译中的作用，并从一个新的角度切入翻译研究，从而展示翻译研究中另一个更为广阔的文化研究层面。

也许有人会说，译者应该通过自己的努力，让原作者“死而后生”呀。这话听上去似乎有理，实际上却混淆了“复活”的对象，因为译者应该努力“复活”的不是原作者，而是原作的文本。事实上，当一部原作，不管是一部鸿篇巨著还是一首小诗或小品，进入一个崭新的文化语境时，由于语言的阻隔，它已经“死”了，是译者的创造性劳动，才赋予了它新的生命，使得它“死而后生”（这与解构主义理论所说的 afterlife 可谓异曲同工）。这里我们仍然用上一节曾引用过的两行杜诗为例。一位不懂中文的英语读者，面对“丛菊两开他日泪，孤舟一系故园心”这两行中文杜诗，他能有什么感觉呢？他除了感觉到那一个个方块字给予他的神秘感和困惑感外，他是决不可能感受到原

[22] 〔法〕罗兰·巴尔特：《作者之死》，转引自张隆溪《二十世纪西方文论述评》，生活·读书·新知三联书店，1986 年，第 169 页。

作者杜甫那种寂寥、惆怅甚至带有哀愁的思念故乡、思念亲人的感情的，而只有通过英译者的译诗，他才能了解诗的内容并体会到诗中的这些细腻感情。

然而，我们能否因此而简单地说英译诗的内容和所蕴含的感情就是原作者杜甫和他所写的那两行诗的呢？根据以上所述理论，显然不能。因为，确切地说，英译诗传达的是英译者在对原作进行解读后，根据自己的体会用译语重新表达的内容和情感。这里面主要当然是原作的思想内容，但与此同时，还有译者根据自己对原作思想内容进行理解后所作的解释，尽管这些解释，在大多数情况下，就译者主观而言，也以为是原作的，而并不以为是他本人的，但这些解释与原作的内容必然会有一定的差距。我们仍然以这两行杜诗的三种不同的英译为例进一步探讨一下这个问题。

之一（艾米·洛威尔译）：

The myriad chrysanthemums have bloomed twice. Days to come-tears.

The solitary little boat is moored，but my heart is in the old-time garden.

之二（洪业，即 William Hung 译）：

The sight of chrysanthemums again loosens the tears of past memories;

To a lonely detained boat I vainly attach my hope of going home.

之三（A.C. 格雷厄姆译）：

The clustered chrysanthemums have opened twice in tears of other days;

The forlorn boat, once and for all, tethers my homeward thoughts.[23]

不难发现，这三种译本分别对这两句杜诗作出了不同的、甚至差异很大的解释。在“之一”和“之三”两种译文里，“丛菊”“已经开了两次”，而在译文“之二”里，“丛菊”是“重又开放”。至于对“他日泪”的解释，三种译文竟然迥然不同：“之一”把它译成“未来的日子将有许多泪水”；“之二”译成是“重又开放”的“丛菊”引发了诗人“对往昔的回忆，从而流下了泪水”；“之三”为了避免把“他日”不是固定在“将来”，就是固定在“未来”这种非此即彼的译法，用了一个时间意义比较含糊的“其他日子”（other days）来表示，但这一句的整个意思也因此变得含糊，“在其他日子的泪水里丛菊开放了两次”，这句子显然有点费解。另一句诗的翻译也是同样情况：“之一”说的是“孤独的小船已经系住，但我的心却在旧时的花园”；“之二”说的是“我徒然地把回家的希望系在了孤独的小船上”；“之三”却说“那条可怜的弃船已经永远地把我回家的思绪系住了”。对这三种译文，我们很难作出孰优孰劣、孰是孰非的判断。作为译文读者，我也许可以说我更欣赏译文“之二”，因为译文“之二”似乎给予我更多诗意的感觉。但我却不敢，也不能说译文“之二”是对原文唯一正确的解释（或翻译），因为在没有时态、人称、甚至数的束缚的中国古诗里，短短两行诗却留下了许多可供读者驰骋想象的“空白”，从而给后世读者（当然也包括译者）进行理解和解释提供了巨大的空间。“他日”当然可以理解为“过去的某些日子”或“未来的某些日子”（复数），

[23]　三首英译诗转引自《中国诗的翻译》，载张隆溪：《比较文学译文集》，北京大学出版社，1982年，第226—227页。

但难道不也可以理解为“过去的某一天”或“未来的某一天”(单数)吗？“故园心”当然可以译成“我心在故园”（译文“之一”），但又何尝不可译成“回家的心愿”（“之二”）或“渴望回家的思绪”（“之三”）呢？

像杜诗这样短短两行诗却可有许多种不同的理解和解释，在文学作品中，尤其是在优秀的文学作品中，并不鲜见。美籍华裔学者叶维廉在其《比较诗学》一书中也曾提出过，“李白的‘浮云游子意’究竟应该解释为‘浮云是游子意’和‘浮云就像游子意’呢？我们的答案是：既可亦不可。”[24] 然而，这“既可亦不可”的答案却把译者陷入了一种两难的境地：“既可亦不可”，那究竟是“可”还是“不可”呢？

解构主义理论家显然也注意到了这一现象，他们由此对文本是否有中心意义存在提出了质疑。罗兰 · 巴尔特早就提出，文本没有中心系统，也没有终极的意义。他说，文本就像一颗葱头，“是许多层（或层次、系统）构成，里边到头来没有心，没有内核，没有隐秘；没有不能再简约的本原，唯有无穷层的包膜，其中包着的只是它本身表层的统一。”[25] 既然文本没有唯一的、一成不变的意义，可以一层层剥下去，于是我们也就可以对文本作出多种解释。而这时，作者已无法限制读者对文本的解释了，起作用的是语言符号和读者对语言符号的解读。这样，解构主义通过否认文本中任何中心意义的存在，从而把对文本的解释权从作者手里转移到了读者的手中。对翻译而言，也即把对文本的解释权转移到了译者的手中。这也从一个角度阐明了为何同一部原作会有、可以有多种不同的译本的缘故。

[24] 叶维廉：《比较诗学》，台湾东大图书公司，1983 年，第 53 页。

[25] 〔法〕罗兰 · 巴尔特：《文体及其形象》，转引自张隆溪：《二十世纪西方文论述评》，第 159—160 页。

于是，宣称原作者的“死亡”，质疑文本中心意义的存在，把我们翻译研究的视角转向了译者，转向了译本。

把对文本中心意义甚至终极意义的质疑引入翻译研究，这不仅是对原作和原作者的权威地位提出了挑战，而且还对传统翻译中“忠实原作”的翻译观产生了强烈的冲击。众所周知，传统翻译中最为关注的问题就是：原文是什么意思？换句话说，也就是原作者想说什么？为了追寻原作和原作者的本意，传统的翻译研究一直在围绕“直译”、“意译”、“可译”、“不可译”等问题展开，并提出了各种各样的翻译主张、翻译原则和翻译标准等。16 世纪法国翻译家雅克·阿米欧(Jacques Amyot) 提出：“一个称职的译者的任务，不仅在于忠实地还原作者的意思，还在于在某种程度上模仿和反映他的风格和情调。”[26] 另一个法国翻译家，17 世纪的达尼埃尔 · 于埃（Daniel Huet）把翻译的至理归结为在翻译中对原文要“不删减削弱，不增添扩充，非常忠实地使之完整无缺，一如原作。”[27] 而同一世纪的著名英国诗人、翻译家约翰·德莱顿（John Dryden）更是把译者比作原作的“奴隶”，认为“奴隶”只能在别人的庄园里劳动，给葡萄追肥整枝，然而酿出的酒却是主人的。[28] 泰特勒的翻译三原则，就说得更加明确：“译作应完全复写出原作的思想；译作的风格和手法应和原作属于同一性质；译作应具备原作所具有的通顺。”[29] 至于中国翻译界，远在一千多年前即有人提出“因循本旨，不加文饰”（支谦），“案本而传，不令有损言游字”（道安），到近代严复提出“信达雅”三字，被奉为中国译界的金科玉律，流传

[26] 转引自谭载喜：《西方翻译简史》（增订本），商务印书馆，2004 年，第 69 页。

[27] 同上书，第 92 页。

[28] 同上书，第 122 页。

[29] 同上书，第 129 页。

至今。这些主张、原则和标准，虽然表述不同，定义各异，其实其中最主要的核心思想就是忠实于原文、忠实于原作者。

在翻译中要忠于原文、忠于原作者，似乎是毋庸置疑的事。但实际上，无论是从翻译实践层面，还是从翻译研究者的角度，似乎又并不完全是那么回事。对在翻译中究竟如何对待忠实的问题，翻译家自身也有过犹豫。研究语言和翻译问题的著名法国作家夏尔·索雷尔（Charles Sorel）的态度就是一例。索雷尔著有《法语丛书》一书，在其中题为《评希腊、拉丁、意大利和法语作品的译本》一章里，他一开头先是提出“译者不应该说些原作者不曾说过的东西，不应超出他们的原意”。但接着他又发表了与此相反的意见，说：“使原著再现于各个时代，按照各个时代流行的风尚改造原著，这是译者的特权。”[30]从“忠于原著”到“改造原著”，索雷尔的思想发生了一百八十度的大转弯。

我国钱锺书先生对林纾的评价是大家耳熟能详的例子。钱先生在《林纾的翻译》一文里，一方面提出“译本对原作应该忠实得以至于读起来不象译本”，但另一方面却又对显然并不那么“忠实”的林译小说给予了很高的评价，觉得它“还没有丧失吸引力”，发现“许多（林译）都值得重读”，而对于那些同一作品的后出的“无疑也是比较‘忠实’的译本”，却觉得“宁可读原文”。[31]有研究者因而援引钱锺书（还有郭沫若）的例子指出，“林译的不忠实不但没有引起这些学贯中西的大学者的不满，相反倒是给了他们比那些忠实的译作更大的满足

[30] 转引自谭载喜：《西方翻译简史》（增订本），商务印书馆，2004年，第89页。

[31] 钱锺书：《林纾的翻译》，载罗新璋、陈应年：《翻译论集》（修订本），商务印书馆，2009年，第774—805页。

感”。[32]这正如钱先生本人所言，“是一个颇耐玩味的事实”。

以上两个例子分别从译者和读者的立场表明，是否忠于原文也许不一定、也不可能是判定译文优劣或合格与否的唯一、绝对的标准。事实上，在我们的日常生活中，不忠于原文却获得接受者好评的译例可谓俯拾皆是。Coca Cola 的原文难道有“可口可乐”的意思吗？某香水牌子 Poison 原文意思明明是“毒药”，但译成中文反倒成了“百爱神”，“万事发”香烟与它的原文 Mild Seven 的原义显然也是风马牛不相及的。而对于“百老汇”这样根本没有传达出原文 Broadway 意思的译文，恐怕并没有人觉得应该用更贴近原文、“无疑也是比较忠实的”的翻译“宽街”去取代它。此外，像把 Minota（某相机名）译成“美能达”，把 La Maison（某餐厅名）不译成“房子”而译成“乐美颂”等，也都属于“不忠于原文”却又颇得好评的译例。

也许有人会说，以上这些译例都与商业有关，严肃的翻译呢？严肃的翻译同样存在这种情况。

倡言“信达雅”的严复的译文算得是严肃的翻译了吧？但王佐良先生曾仔细比较过他翻译的《天演论》与赫胥黎的原作，发现“严复是把整段原文拆开照汉语习见的方式重新组句的”，“原文里第一人称 I 成了译文里第三人称‘赫胥黎’”，“译文写得比赫胥黎的原文更戏剧化”，等等。王先生举例证明：原文首句“It may be safely assumed that…”是板着面孔开始的，而译文第一句“赫胥黎独处一室之中……”“则立刻把我们带到了一个富于戏剧性的场合”，原文仅“简要地写了 unceasing struggle for existence 几字”，而严复的译文则是“战事炽然。强者后亡。弱者先绝。年年岁岁。偏有留遗。”“不仅是加了

[32] 孙歌：《前言》，载《语言与翻译的政治》，中央编译出版社，2001 年，第 23 页。

好些字，而且读起来简直象一个战况公报了！”[33]

也许有人又会说，上述译例属中国早期翻译，当代翻译呢？当代翻译同样如此。翻译批评家许钧就曾对照原文比较了《红与黑》的两个中译本——罗玉君译与郝运译，发现罗译中“那些具有强烈批评色彩的字眼原文中难以找到”，简单的一个“monsters”，在罗译中变成了“社会的蟊贼啊！杀人不眨眼的刽子手啊！”许钧因此怀疑“译者凭着自己的主观性，从自己的立场、观点出发，给这些并不蕴含着如此深刻的思想内涵的字眼添加了不必要的、中国人特别敏感的主观成分”。[34]

许钧的怀疑是有道理的，同时他实际上还触及了翻译中一个非常本质、非常关键的问题，即译者及与译者有关的许多译入语文化语境中的因素在翻译中所起的作用问题。而在这个问题的背后，还有一个更大的问题，即我们今天应如何认识翻译的问题。

随着翻译在当代国际文化交流中扮演的越来越重要的作用，随着人们对翻译研究的日益深入，今天已经有越来越多的学者意识到，翻译不是一个简单的语言文字的转换，也不是一个机械的解码和编码过程，而是涉及原语和译入语两种文化，尤其是涉及译者等译入语文化语境中诸多因素的一个非常复杂的交往行为。而“既然决定翻译的因素通常是译入文化，翻译中的语言和语用方面的变化也就偏向于满足译入文化的需要。这就使我们关注的重心偏离原文文化而转向译入文化，促使我们重新思考‘对等’概念”。[35]

[33] 王佐良：《翻译：思考与试笔》，外语教学与研究出版社，1989 年，第 38—39 页。

[34] 许钧：《文学翻译批评研究》，译林出版社，1992 年，第 96 页。

[35] 参见廖七一等：《当代英国翻译理论》，湖北教育出版社，2001 年，第 306—307 页。

翻译研究派的代表人物之一勒菲弗尔更是注意到翻译与权力、意识形态、翻译赞助人（如出版社、翻译选题的审查部门等）以及与译入语文化语境中的诗学观念的关系。他把翻译定义为“改写的一种形式，是创造另一个文本形象的一种形式”，把翻译视作与“文学批评、传记、文学史、电影、戏剧、拟作、编篡文集和读者指南等”一样，“都是对文本的改写，都是创造另一个文本形象的形式”。他强调说，“翻译创造了原文、原作者、原文的文学和文化形象。而一切改写，不论其意图如何，都反映某种思想意识和诗学。因此，翻译实际上也是译者对文本的摆布，使文学以一定的方式在特定的社会里产生作用”。[36]

把翻译理解为一种改写或重写（Rewriting），把翻译理解为译者对原文文本的一种操纵或摆布（Manipulation），这在很大程度上深化了人们对翻译的认识，如同勒菲弗尔所指出的：“译作的形象受两种因素的制约：译者的思想意识和当时在接受语文化中占主导地位的诗学。译者是否愿意接受这种思想意识，这种思想意识是否是某种赞助人力量强加给他的一种制约因素。思想意识决定了译者基本的翻译策略，也决定了他对原文中语言和论域有关的问题（属于原作者的事物、概念、风俗习惯）的处理方法。”勒菲弗尔还指出：“翻译并非在两种语言的真空中进行的，而是在两种文学传统的语境下进行的。译者作用于特定时间的特定文化之中。他们对自己和自己文化的理解，是影响他们翻译方法的诸多因素之一。”[37]

解构主义翻译观又把勒菲弗尔的理论往前推进了一步。当代美国

[36]　参见郭建中：《当代美国翻译理论》，湖北教育出版社，2000 年，第 159 页。

[37]　同上书，第 162 页。

翻译理论家韦努蒂（Lawrence Venuti）提出："作品的意义是多元的。一个译本只是临时固定了作品的一种意义，而且，这种意义的固定（亦即翻译）是在不同的文化假设和解释选择的基础上形成的，并受到特定的社会形势和不同的历史时代的制约。意义是一种多元的、不定的关系，而不是一成不变的、统一的整体。因此，翻译不能用数学概念那种意义对等或一对一的对应来衡量。而所谓确切翻译的规范、所谓'忠实'和'自由'的概念，都是由历史决定的范畴。"韦努蒂也认同翻译是一种改写的观点，并分析说，这种改写是"根据原文问世之前早就存在在目的语中的价值观、信仰和表达方式对外国文本进行"的，这种改写"往往是根据占主导地位到处于边缘地位的文化规范的层次决定的，从而也决定了译本的制作、发行和流行"。[38]

根据勒菲弗尔和韦努蒂的观点，我们再来分析严译《天演论》和罗译《红与黑》，对译文对原文的"不忠"、"偏离"和"增加字句"等现象就比较容易理解了。严复翻译的《天演论》正是最典型的对原文的一种"改写"（严复本人就称自己的翻译为"达旨"，而不称之为"笔译"），而且这种改写打上了非常明显的译入语文化的烙印，从人称（变原文的第一人称为译文中的第三人称）、文字（汉以前字法句法），直至"不斤斤于字比句次"（把整段原文拆开照汉语习见的方式重新组句），就是为了追求使译本对译入语读者来说既通顺又易懂，从而能为在译入语文化中占主导地位的诗学观念的代表——士大夫们理解和接受，以达到其借用西方先进思想改革中国社会的良苦用心。而罗译《红与黑》受制于20世纪50年代特定的历史条件——当时中国社会普遍对资本主义社会的极左认识，因此当译文涉及贫民收容所所长瓦

[38] 参见郭建中：《当代美国翻译理论》，湖北教育出版社，2000年，第190—191页。

尔诺这样一个卑鄙伪善的资产阶级人物时，译者和译者当时所处社会环境中的主流意识形态会投射并明显体现在译文中，也就是情理之中的事了。由此我们也可再次清楚地看到，翻译确实不是一个简单的语言文字的转换过程，而是一个文化政治行为。在这样的文化政治行为中，译者首先要服从的不是原文，而是译入语文化中的道德规范、意识形态、诗学观念等等，也即韦努蒂所说的“原文问世之前早就存在在目的语中的价值观、信仰和表达方式”。这样的译例，除《天演论》《红与黑》外，翻译史上还可举出不少，如苏曼殊翻译的《惨世界》，周桂笙翻译的《毒蛇圈》，以及“文革”期间出版的许多内部译作等。

正是基于这一层面对翻译的如上认识，勒菲弗尔对翻译中的“忠实观”也作了全新的阐释。他指出：“‘忠实’只不过是众多翻译策略之中的一种，是某种意识形态和某种文学观结合之下的产物。硬要把‘忠实’吹捧为唯一可能或者唯一正确的翻译策略，是不切实际的、徒劳无功的。主张‘忠实’的人，总喜欢强调这种翻译不受任何价值观左右，所以是最‘客观’的。其实，这种翻译取向，说穿了只不过是保守的意识形态的体现罢了。”[39]

甚至当代一些文化理论家也对翻译中的“忠实观”进行评说。印度后殖民主义理论家尼南贾纳（Tejaswini Niranjana）认为，两千余年来西方翻译史上的争论和规诫，“最重要的执迷”，就是“体现在忠实与不忠、自由与奴役、忠诚与背叛之间的对立上。它表明的是在关于‘实在’和‘知识’之间模仿关系的经典思想下的产生的一个‘文本’

[39]　〔英〕勒菲弗尔：《翻译的策略》，载《西方翻译理论精选》，香港城市大学出版社，2000年，第182页。

和‘释义’观。”他还认为传统译学“对‘原著’要忠实的观点阻碍了翻译理论去思考译作之力（force）”。[40]

这些观点也许不无偏颇之处，但学者们正在从解构主义等当代文化理论的立场对翻译中的人们深信不疑的“忠实观”进行新的思考，这却是国际学术界包括译学界必须面对的一个事实。

以上由解构主义等当代西方文化理论引申而来的对原作者、译者、以及翻译的“忠实观”等问题的分析和讨论，很可能又会引起国内翻译界的某些同行的不解、怀疑，甚至痛斥：“什么？翻译居然不要讲忠实于原文了？！”我们的某些翻译界同行，也许是他们做惯了翻译教师，或许是从事翻译实践时间长了，一开口谈翻译，脑子里首先跳出来的就是“怎么译”三个字，从来没有认识到翻译研究存在多个层面。他们一听到有人说“庞德的英译唐诗引发了二十世纪美国的一场新诗运动，具有明显的文学史上的意义”，就断定此人是要否定那些“孜孜不倦地追求译文质量的学者和译者”的劳动价值，并且是在“鼓励乱译”。[41]然而，翻译研究终究不仅仅是译文与原文的比照或翻译标准、翻译方法等实践层面的研究。作为人类社会生活中最重要的文化交际行为之一，翻译还涉及其他诸多因素，这里既有翻译行为的主体——译者本人的语言能力和知识装备，更有翻译作为一个文化行为或事件所处的时代背景、文化语境，包括政治气候、意识形态、时代风尚、读者趣味，等等。钱钟书先生对林译的高度评价，实际上就是把林译作为中外文化交流史上的一个文化现象进行研究，读者决不会误解钱先生是在鼓励不懂外文的人也去从事文学翻译，更不会担心因为钱先

[40] 〔印度〕特·尼南贾纳：《为翻译定位》，载《语言与翻译的政治》，中央编译出版社，2001年，第162、169页。

[41] 林璋：《译学理论谈》，载《翻译思考录》，湖北教育出版社，1998年，第564页。

生对林译的高度评价而会引发人们对翻译认识的混乱，似乎从事翻译不需要学外文。

当代女性主义翻译理论家谢莉·西蒙（Sherry Simon）指出，20世纪“八十年代以来，翻译研究中最激动人心的一些进展属于被称为‘文化转向’的一部分。转向文化意味着为翻译研究增添了一个重要的维度。它不再去问那个一直困扰着翻译理论家的由来已久的问题——‘我们应该怎样翻译？什么是正确的翻译？’——而是把重点放在对翻译的描述上：‘译本在做什么？它们是怎样在世上流通并引起反响？’这一转向强调了译本作为文献这个现实，即它们的存在是物质性的和流动性的，它们增加了我们的知识积累，并为不断变化的美学观念作出贡献”。[42]

其实，正如我们在本书第二章里已经指出的，到20世纪五六十年代，无论是对于国外还是国内译学界来说，“我们应该怎样翻译？”、“什么是正确的翻译？”之类的问题都已经基本解决。这类问题如果还要谈，大可放到外语教学的范畴里去讨论，而作为学术意义层面上的译学研究，应该更多关注翻译作为当代人类最重要的一个文化交往行为的意义、性质、特点等此前研究得较少的问题。正如著名英国翻译理论家赫曼斯（Theo Hermans）在20世纪80年代中期指出的：“翻译研究并不是为完美或理想的翻译提供指导原则或对现存的译文进行评判，而是就译文论译文，尽量去确定能说明特定译文性质的各种因素，尽可能从功能的角度出发，分析文本策略……从更广泛的意义上说明译文在接受文学中发挥作用的方式。在第一种情况下，注意力主

[42] Sherry Simon（1996）. “Gender in Translation”, Routledge, p.7. 中译文参照《语言与翻译的政治》第317页。

要集中在影响翻译方法和译文的种种翻译规范、限制和假设上；在第二种情况下解释翻译对新环境产生的影响,即目的系统对特定翻译（或某些翻译）的接受和排斥。”[43]

赫曼斯还指出,科学的翻译研究方法,“应当是描述性和系统性的；应该重目的和功能；应当研究影响译文产生和接受的规范和限制，研究翻译与其他文本处理的关系，研究翻译在某一特定文学中的地位与作用，研究在不同文学之间的相互影响中翻译的地位和作用。”[44]

毋庸赘言，赫曼斯此处所说的“翻译研究”不是我们通常理解的广义的翻译研究，而是指的学术层面上的翻译研究，即严格意义上的译学研究。这样的研究，就会注意到“译者是一个积极的有思想的社会个体，而不是一部简单的语言解码机器或拥有一部好字典的苦力”；这样的研究，就会“把翻译规范的整个系统纳入到更大的社会和意识形态的结构框架中”，通过翻译去“观察一种文化与其他文化的碰撞以及特定文化吸收转化其他文化的方式、范畴和过程”，并使翻译成为“一个更有意义的研究对象”。[45]

借鉴解构主义等当代西方文化理论的翻译研究也正是这样的研究，它对原文和原作者的“解构”，并不是要否定原文和原作者，而只是跳出了传统翻译研究只注重原文文本的狭隘框框，从另一个角度去看待原文和译文的关系，同时注意到了文本以外更多的翻译因素，注意到了一个长期被忽视的文学事实，即：是翻译赋予了原著新的生命，是译者对原著的不断改写（翻译）才使原著在世上广为流传。解

[43] Theo Hermans. *The Manipulation of Literature: Studies in Literary Translation.* London and Sydney: Croom Helm, 1985, p.13. 转引自《当代英国翻译理论》，第 303 页。

[44] 同上。

[45] 参见《当代英国翻译理论》第 308—309 页。

构主义翻译观因此认为，“原文想生存下去，就必须要有译文。没有译文，原文就无法存在下去。由于文本本身没有确定不变的意义，因此每经一次翻译就改变了原文的意义。所以文本的意义不是由文本自身决定的，而是由译文决定的。译者和译文读者在阅读过程中，不断地对原文进行解释，这些解说又互相补充。只有对原文不断的翻译和对译文不断阅读，原文才得以存在下去。而且，文本能存在下去，不是依靠文本本身所包含的特性，而是依赖于译文所包含的特性。”[46] 德曼在《关于沃尔特本亚明〈译者的任务〉一文的结论》（*Conclusions Walter Benjamin's The Task of the Translator*，1986）中说，翻译不是语言学的附庸，翻译是一个文本的“来世”（Afterlife）。文本因经过翻译而被赋予了新的意义，并获得了新的生命。福柯也认为，原著在翻译处理过程中不断地被改写，译者每次阅读和翻译都改写了原作。

而一旦跳出了文本框框的局限，我们也就看到了译者，看到了译者的贡献，也看到了译者何以如此行为的各种原因。应该说，这时读者也就能更多地看到翻译的全貌。解构主义理论家因此宣称，译者是创造的主体，翻译文本是创造的新生语言，从而大大地提高了译者和译作的作用与地位。

这样的研究，显然能给我们的翻译研究以诸多启迪，并为我国的译学研究开拓一个广阔的研究空间。

最后，有必要再次重申一下的是，通过读者接受理论和解构主义理论引申而来的关于原作者“死亡”的观点，并不意味着译者可任意肢解原作，胡译乱译。此前曾有学者提出，认为解构主义理论关于意义的不定性及译文与原文关系无相似性等观点“对翻译实践

[46]　参见郭建中：《当代美国翻译理论》，第 175 页。

来说，可能会产生负面影响”。甚至进而断言，“他们（指解构主义理论家——引者）宣判作者和原文的死亡，等于否定了他们自己，否定了一切文学创作。……抹煞译文与原文的区别，实际上也抹煞了翻译本身。”[47]

其实，这种担心是多余的。首先，后期的读者接受理论家的有关论述已经堵住了让读者随意肢解原文、任意阐释原文内容的可能性，费什对“读者”就做了一个很严格的界定：

“那读者是谁？很明显，我的读者是一个构成物，一个理想化的读者；有些像华尔道的‘成熟的读者’或弥尔顿的‘合适的读者’，或者用我自己的话来说，那读者是有学识的读者。这有学识的读者

1. 是语言材料所用语言的有能力的说话者。

2. 完全拥有‘一个成熟的……听者带到理解任务中的语义知识’，这包括措词、造句、习惯用语、职业方言和其他方言等方面的知识（即，既作为生产者又作为理解者所应有的经验）。

3. 具有文学能力。”[48]

不难发现，我们绝大部分称职的翻译工作者都符合费什所说的“读者”的标准。费什在这里提出的语言能力的要求、文学能力的要求，尤其是关于“既作为生产者又作为理解者所应有的经验”的要求，已经从读者（包括我们所说的译者）的学养素质角度保证了读者对作品的理解和阐释的一定程度的正确性。

其次，读者接受理论家还提出了一个“解释群体”（Interpretive

[47] 郭建中：《当代美国翻译理论》，第 187 页。

[48] 〔美〕斯丹利 · E. 费士（即费什——引者）：《读者内心中的文学：情感文体学》，载胡经之、张首映：《西方二十世纪文论选》（第三卷），中国社会科学出版社，1989 年，第 543 页。

Community）的概念，注意到在一个已知的语境或读者群体里，作品意义的读解是群体的产物。他们指出，意义虽是“读者自己合成的”，但“读者反过来也受到他所在的释义群体规范的制约”。这就使读解有了某种共同性，不至于各言其是。实际上，在大多数情况下，我们的译者（用接受理论家的话来说，他也就是一个“理想化的读者”，一个“成熟的读者”，或是一个“合适的读者”）在理解原文时都会依照所有说话者共用的规则体系进行的。“这些规则约束着话语的生产——划定界限，在其范围内话语被贴上‘正规’、‘不合规范’、‘不可能’等标签——就此范围来讲，它们也将约束反应的幅度、甚至反应的方向。”[49] 因此，译者也好，读者也好，在对所译原文或所读作品作出的解释，必然会受其所处的社会时代、文化语境、道德观念、习俗以及审美标准等的制约和引导。违反“共用规则体系”所作的理解和解释，就是“不合规范”的。用这样的方式去进行翻译，那种行为也不能算作翻译，而是胡译乱译。这种行为是对原作者的“谋杀”，更是对译文读者的误导和对原文的亵渎。不过，这是翻译界众所周知的常识，无须我们在文化层面上讨论翻译时赘言，本节的目的正如一开头所说的，是想通过以上讨论，探索从另一个角度去观察翻译，去研究翻译。

第四节　多元系统理论：翻译研究领域的拓展

多元系统理论（Polysystem Theory）是以色列学者埃文－佐哈尔早在 20 世纪 70 年代初就已经提出的一种理论。1978 年，埃文－佐哈

[49]　《读者内心中的文学：情感文体学》。

尔把他在1970年至1977年间发表的一系列论文结成论文集，以《历史诗学论文集》（*Papers in Historical Poetics*）之名出版，首次提出了“多元系统”（Polysystem）这一术语，意指某一特定文化里的各种文学系统的聚合，从诗这样“高级的”、或者说“经典的”形式（如具有革新意义的诗），到“低级的”、或者说“非经典的”形式（如儿童文学、通俗小说等）。

埃文－佐哈尔的多元系统理论虽然在西方学术界早就引起了相当热烈的反响，但由于20世纪70年代中国大陆特殊的国情，所以直至1980年代末国内学术界对它仍知之甚微。至1990年代初，随着我国改革开放政策的实施以及走出国门进行国际学术交流的学者越来越多，才开始有人接触到了多元系统理论。但是真正把它介绍到国内学术界来，那也已经是1990年代末的事了。

比起国内学术界，我国台、港的学者与多元系统理论的接触显然要比大陆学者早，他们在1994年即已直接聆听了埃文－佐哈尔的报告，但是令人遗憾的是，埃氏的多元系统理论在台、港地区的很长一段时间内同样也“没有引起很大的回响”。[50] 在台、港，埃氏的多元系统理论也要到20世纪90年代末、21世纪初才真正引起人们的关注——2001年第3期《中外文学》推出的“多元系统研究专辑”也许可视作这方面的一个标志。

埃氏的多元系统理论之所以迟迟未能在华人文化圈内产生较为热烈的反响，一方面固然是因为埃氏的多元系统理论本身比较艰涩，牵涉的学科又过于庞杂，如语言、文学、经济、政治等，无不涉及；另

[50] 1994年11月22—25日埃文－佐哈尔应台湾大学国际学术交流中心之邀，在台大外文系做了两场学术演讲。参见2001年8月《中外文学》第4页。

一方面，更因为我国翻译界对翻译的研究和关注较多地仍然停留在文本以内，而对翻译从文化层面上进行外部研究的意识尚未确立，这使得他们即使接触到了埃氏的多元系统理论，一时也会觉得它似乎与他们心目中的翻译研究相距甚远，甚至没有关系。另外，埃氏的多元系统理论文章一直没有完整的中文译本恐怕也是多元系统理论在中国大陆传播不广的一个原因。

埃氏多元系统理论的一个核心内容就是把各种社会符号现象，具体地说是各种由符号支配的人类交际形式，如语言、文学、经济、政治、意识形态等，视作一个系统而不是一个由各不相干的元素组成的混合体。而且，这个系统也不是一个单一的系统，而是一个由不同成分组成的、开放的结构，也即是一个由若干个不同的系统组成的多元系统。在这个多元系统里，各个系统“互相交叉，部分重叠，在同一时间内各有不同的项目可供选择，却又互相依存，并作为一个有组织的整体而运作”。[51] 但是，在这个整体里各个系统的地位并不平等，它们有的处于中心，有的处于边缘。与此同时，它们的地位并不是一成不变的，它们之间存在着永无休止的斗争：处于中心的系统有可能被驱逐到边缘，而处于边缘的系统也有可能攻占中心位置。简言之，埃氏的多元系统理论为我们描绘了一幅大到世界文化、小到国别（民族）文化的活动图。

按理说，埃氏的多元系统理论主要着眼的是一个多元文化系统内各系统之间的关系、斗争和地位的演变（为此，我最初接触到埃氏的 Polysystem Theory 一词时，曾把它翻译成“多元文化理论”，以突显其文化理论的本质），其中提到翻译之处也并不算多。但是，有趣的是，

[51] 〔以色列〕埃文－佐哈尔：《多元系统论》，张南峰译，《中国翻译》2002 年第 4 期，第 20 页。

恰恰是翻译界最先接过了多元系统论，并把它成功地应用到了翻译研究的实践中去，这很值得人们玩味和深思。

当然，埃氏的多元系统理论也确实对我们从事翻译研究有诸多的启迪和指导。首先，它“绝不以价值判断为准则来预先选择研究对象”的原则，以及对“批评”（Criticism）与“研究”（Research）之间的差别的强调，对我们国内的翻译研究就很有启发意义。我们翻译研究的历史，从有文字记载的算起，已经长达一两千年，但长期以来我们关注的焦点大多放在埃文－佐哈尔所说的“批评”上，也即往往集中在价值判断上：不是说某某人译得好、译得出色，就是说某部译作、或某篇译文、段落、句子译得不确、有错误，等等，却忽视了翻译研究存在的另外一个天地，也即埃文－佐哈尔所说的“研究”。

指出“批评”与“研究”的差异，强调不要把两者相混淆，并不意味着肯定后者和否定前者。事实上，两者各有其不可相互替代的功能。正如我在本章第一节中所言，前者属于应用性研究，偏重于对翻译实践的指导；而后者则属于描述性研究，更着重对翻译实践活动的描述、揭示和认识，是一种比较超脱的纯学术研究。

对国内翻译界而言，应用性研究我们做得比较多，既有个人翻译经验的总结和交流，也有具体译作的分析和点评。譬如，翻译家赵萝蕤以她前后翻译过的长诗《荒原》两个不同译本中的一些片断为例，谈她如何从1930年代版的“不彻底的直译法”转到1970年代末的“比较彻底的直译法”，以及如何在译文中体现原作中的各种不同的语体的体会，等等。[52] 再如翻译家叶君健批评我们在中译外的工作中，曾

[52] 赵萝蕤：《我是怎样翻译文学作品的》，载《当代文学翻译百家谈》，北京大学出版社，1989年，第605—614页。

经为了所谓的“忠于原文”，画蛇添足地把“老虎”译成 Old Tiger，把“肥猪”译成 Fat Pig，令懂外文的人啼笑皆非。更有甚者，有人还把我们哲学中的一个术语“两点论”依样画葫芦译成法文的 la thèse en deux points，结果“两点论”变成了“冒号论”，使得法文读者看后不知所云，想求忠实反而不忠实。[53] 不难发现，应用性研究多为文本内研究，或是把译文与原文对照，辨其信达与否，或是把两种或几种译文进行比较，判其孰优孰劣。

描述性研究近年也开始多了。譬如从 20 世纪 80 年代起国内出版的翻译史类的著作，从较早的《中国翻译简史》（马祖毅著）、《中国翻译文学史稿》（陈玉刚主编），到近几年出版的《1949—1966：我国英美文学翻译概论》（孙致礼编著）、《中国近代翻译文学概论》（郭延礼著）、《汉籍外译史》（马祖毅、任荣珍著）等，对我国历史上的各种翻译活动和事件从史的角度进行了梳理。这类著作一般不会关心文本内的研究（个别著作也有涉及），但避免不了价值判断，如对某翻译家或某译作在历史上的作用、意义的评价等。

还有一类著作，就明显地属于纯学术的研究了，如蔡新乐的《文学翻译的艺术哲学》和王宏志的《重释“信达雅”：二十世纪中国翻译研究》等。前者借鉴当代西方的语言哲学、现象学、解释学等理论，对文学翻译进行了形而上的哲学思考，研究的是文学翻译的本质属性与特征；后者在全书的开篇即援引埃文－佐哈尔的一段话作为题头语，指出“尽管文化史家普遍承认翻译在国家文化的形成过程中扮演了重要的角色，但无论在理论还是在描述层面上，这方面的研究却很少，

[53] 叶君健：《关于文学作品翻译的一点体会》，载《当代文学翻译百家谈》，北京大学出版社，1989 年，第 113 页。

这实在令人感到惊讶。”[54]然后，在接下来的几篇文章中，分别对严复、鲁迅、瞿秋白的翻译理论和思想、梁启超和晚清政治小说的翻译、晚清翻译外国小说的行为和模式等，在大量的中外文史资料的基础上，运用当代西方的翻译理论，在文化层面上对20世纪中国的翻译理论、翻译思想和事件等，进行了新的阐发和研究。

有人也许会感到担心，跳出文本之外的翻译研究与翻译有什么关系呢？这种研究会不会流于空谈呢？因为迄今为止，仍然有相当多的人认为，既然是翻译研究，就应该结合具体的翻译实际。离开了翻译的实例谈翻译，有什么用呢？其实，有这种担心的人只看到了应用性研究的意义，却没有看到描述性研究的价值。即以王宏志教授的研究为例，王教授的研究虽然没有具体指出哪一句句子译错了，或哪一句句子译得很好，但是他的研究却能帮助我们更正确地把握严复的翻译思想：我们不少人以前总以为在严复的“信达雅”观点里，“信”是占第一位的。但王教授的研究揭示，原来在严复的翻译思想里“达”才是占据首位的。王教授的研究还让我们看清，原来鲁迅与梁实秋、赵景深的翻译之争，本质并不在于对翻译标准理解的差异，而是背后有更深刻的政治因素在起作用，等等。

诚然，文本内的研究对翻译实践有直接的指导意义，从某种意义上而言，似乎更有用。但是，有些问题如果仅限于文本内进行研究，却并不能完全解决问题。眼下正好有一个现成的例子：《中华读书报》2003年1月29日刊登了一篇文章，题目是“谁来向国外译介中国作品”，正如该文的副标题——“为我国对外英语编译水平一辩”——所示，文章作者举出多个令人信服的例子，从半个多世纪英国前首相邱吉尔

[54] 王宏志：《重释信达雅：二十世纪中国翻译研究》，东方出版中心，1999年，第1页。

称赞已故国民政府的外交官顾维钧的英语水平了得，足可与之“平起平坐”，到最近几十年我国翻译家许孟雄、英若诚等人的比外国人翻译的质量“高出一筹”的译作等等，说明我国翻译家完全有能力、有水平把中国作品译介给世界。作者还进一步指出，“要指望由西方人出钱来弘扬中华文化，那是一厢情愿，万不可能”。文章最后，作者满怀热情地说，“因此，只要我们编得好，译得好，市场肯定不成问题，前景一定无比灿烂”。

应该说，作者为中国对外英语编译水平的辩解是有说服力的，我们国家确实有一批翻译家，他们的中译英水平绝不输给外国人。我这里甚至还可补充好几个例子，如方重翻译的陶渊明的诗，孙大雨翻译的屈原的《楚辞》，国外有关学者在进行过不同译本的比较研究后，也心悦诚服地指出，它们比国外翻译家翻译得还要好。但是，文章最后的结论却未免失之偏颇，这是因为译介（向国外译介中国作品）的成功与否，并不完全取决于翻译质量的高低。译得好（这里主要指译得正确），并不见得就一定会有市场。对此，我想我们每个喜欢翻译文学作品的人都会有切身的体会。譬如，我就喜欢傅雷的译作，见一本买一本，毫不犹豫。但是，假若有某个精通中文的法国人，他把巴尔扎克的作品也译成了中文，而且他对巴尔扎克的作品的理解要比傅雷正确得多，我会不会买呢？我想不会。而且不光我不会买，许多和我一样喜爱傅译的读者也不会买。不要说这个虚构的法国人的译本我不会买，事实上，近年来已经有好几家出版社也推出了不少新的、从某种方面而言恐怕比傅译译得更加正确的巴尔扎克作品的中译本，但是购买者和读者会有多少呢？恐怕仍然无法与傅译的购买者和读者相比吧？这其中的原因，也许与钱锺书情愿一本接一本地重读林纾的译本，而不愿读后来出版的、“无疑也是比较正确的译本”一样的道理。

翻译家本人的翻译风格及其译作所独具的魅力，显然是译本能够广为流传并被读者接受的一个不容忽视的因素。不过，对于要把一国文学、文化译介到另一国、另一民族去，其中的决定性因素却远不止翻译家对读者的吸引力，另外还有政治因素、意识形态、占主流地位的诗学理论、赞助人（出版社、有关主管部门或领导等），等等。这也就引出了埃氏多元系统理论对我们的第二个借鉴意义，即多元系统理论帮助我们更深刻地审视和理解文学翻译，并让我们看到了文化译介过程背后的诸多因素。

埃文－佐哈尔指出："在某些运动中，一个项目（元素或功能）可能从一个系统的边缘转移到同一个多元系统中的相邻系统的边缘，然后可能走进（也可能走不进）后者的中心。"[55]如所周知，在一个国家或民族的多元系统中，翻译文学往往处于边缘。如果翻译文学这个"项目"能从"边缘"走进"中心"，那就意味着翻译文学在该国或该民族被广泛接受、认可了，译者的译介也就取得成功了。

然而，"项目"如何才能从"边缘"走进"中心"呢？埃文－佐哈尔先借用俄国形式主义批评家蒂尼亚诺夫的话对多元系统内部状况作了一番描绘。各系统"在多元系统中处于不同的阶层。""各个阶层之间无休止的斗争构成了系统的（动态）共时状态。一个阶层战胜另一个阶层，则构成历时轴上的转变。一些现象可能从中心被驱逐到边缘（称为离心运动）。另一些现象则可能攻占中心位置（称为向心运动）。"然后指出，正是多元系统内存在的关系（如各阶层之间的张力），"决定多元系统内的过程，而且决定形式库（Repertoire）层次上的程序，

[55] 〔以色列〕埃文－佐哈尔：《多元系统论》，张南峰译，《中国翻译》2002 年第 4 期，第 21 页。

就是说，多元系统中的制约，其实同样有效于该多元系统的实际产品（包括文字与非文字产品）的程序，例如选择、操纵、扩展、取消等等。”[56]而这种制约，多元系统论的继承和发展者、当代英国翻译理论家西奥·赫曼斯把它归纳为“意识形态、诗学和赞助人”三要素。可见，一个民族或国家的文学、文化要译介到另一国、另一民族去，除了翻译家个人对读者的吸引力外，译入语国家或民族的“意识形态、诗学和赞助人”是三个至关重要的因素。

以美国为例。20世纪五六十年代曾接连翻译出版、发表了中国唐代诗人寒山的一百余首诗：1954年发表了阿瑟·韦利（Arthur Waley）的译诗27首，1958年又发表了史耐德（Gary Snyder）的24首译诗，而1962年更是推出收入了一百首寒山诗的译诗集。寒山诗的翻译之所以能在美国如此走红并广受欢迎（研究者在1960年代初美国大学的校园里碰到的大学生竟然几乎都知道并读过寒山诗），根据有关学者的研究，译得“好不好”显然并不是最主要的原因（如果把译诗与中文原文对照一下的话，我们的翻译批评家很可能会发现不少理解或表达不如我们自己的翻译家的地方），然而如同有关学者研究后所指出的，“因为寒山诗里恰巧有1938到1958年间，美国新起一代追求的一些价值：寒山诗中不乏回归自然的呼声、直觉的感性，及反抗社会成俗的精神。”[57]换句话说，也就是20世纪五六十年代美国社会流行的一种意识形态促成了寒山诗在美国的翻译和出版。

诗学在外来文学、文化的译介中所起作用的例子也比比皆是。仍

[56] 〔以色列〕埃文－佐哈尔：《多元系统论》，张南峰译，《中国翻译》2002年第4期，第21页。

[57] 钟玲：《寒山诗的流传》，载《中国古典文学比较研究》，台北黎明文化事业公司，1977年，第168页。

以美国为例：20 世纪头 30 年中国的古诗也曾经在美国得到许多翻译和传播。据有关专家统计，仅从 1911 年至 1930 年的短短 20 年间，中国古诗的英译本就多达数十种。其中较著名的有：庞德（Ezra Pound）翻译的《神州集》（先后于 1915 年、1919 年再版），改写和翻译了李白、王维的诗 15 首；洛威尔（Amy Lowell）和艾思柯夫人合译的《松花笺》（1921），收 160 余首中国古诗，其中大半为李白的诗；以及弗伦奇（J. L. French）翻译的《荷与菊》（1928）、宾纳（Witter Bynner）和江亢虎合译的《群玉山头：唐诗三百首》（1929），等等。[58] 而之所以在这一时期的美国会形成这样一个翻译中国古诗的热潮，与美国新诗运动的倡导者、意象派诗歌的领袖人物庞德、洛威尔等人的热心译介有直接的关系。而庞德、洛威尔等人之所以会如此热心地译介中国古诗，则正如美国文学史家马库斯·坎利夫在《美国文学》一书中所指出的，“正当这些诗人（即意象派诗人——引者）处于关键时刻，他们发现了中国古典诗歌，因为从中找到了完美的含蓄和精炼的字句而感到无比兴奋激动。”[59] 庞德自己也曾坦率地提到他翻译中国古诗的动机：“正因为中国诗人从不直接谈出他的看法，而是通过意象表现一切，人们才不辞繁难去翻译中国诗歌。”[60] 由此可见，正是因为中国古诗与意象派诗人正在寻觅和正在大力倡导的诗学原则的一致性，才形成了 20 世纪初在美国的中国古诗的翻译热潮。反之，当要译介的外来文学、文化与本国的主流诗学精神相抵触、相违背时，那么这种译介就很难取得成功。对此，我们只要想想我们自己国家 20 世纪五六十年代的情景即可明白：当时，我国的主流诗学原则是社会主义现实主义，于是

[58] 据朱徽：《中美诗缘》，四川人民出版社，2001 年，第 179—181 页。
[59] 转引自《中美诗缘》，第 181 页。
[60] 同上书，第 179 页。

西方现代派的作品就难以在当时的中国翻译出版，而一大批属于社会主义现实主义流派的作家作品，如苏联、东欧社会主义国家的作品，就得到大量的译介。

至于“赞助人”因素在译介中的作用，这只要举我们国家的一些例子就很容易说明白。当然，这里所说的“赞助人”并不指某一个给予具体“赞助”的个人，而包括政府或政党的有关行政部门或权力（如审查）机构，以及报刊、杂志、出版社等。如果我们的有关部门，如宣传部、文化部或教育部等，鼓励或倡导翻译出版某部或某些外国作品，那么这些作品自然会得到大力译介。譬如20世纪五六十年代，俄罗斯古典文学作品和苏联的文艺作品曾得到极其广泛的译介，而这与当时政府和政党有关部门的大力引导、支持（甚至包括指令性的安排）显然是分不开的。这里我们还可举出著名翻译家杨宪益的例子，他对他半生英译中国文学所作的一番自我评价，可以视作是对“赞助人”因素在翻译过程中所起作用的一个具体的注释。杨先生曾不无遗憾地说：“不幸的是，我俩（还有其夫人戴乃迭——引者）实际上只是受雇的翻译匠而已，该翻译甚么不由我们做主，而负责选定的往往是对中国文学所知不多的几位年轻的中国编辑，中选的作品又必须适应当时的政治气候和一时的口味，我们翻译的很多这类作品并不值得我们为它浪费时间。”[61]“赞助人”因素的作用由此可见一斑。

顺便指出，权威的出版社、有良好品牌的丛书等，也是图书能赢得市场的一个重要因素。而能赢得市场，也就意味着译介有可能取得成功。譬如，就翻译文学作品而言，我们（我本人就是如此）会对人民文学出版社、上海译文出版社这样一些享有较高声誉的老牌出版社

[61]　杨宪益：《漏船载舟忆当年》，北京十月文艺出版社，2001年，第190页。

出版的图书比较信任，同时也会乐意购买。而如果是其他出版社，尤其是一些不太熟悉的出版社出版的，明明是同一部外国文学作品的译作，我们也许就会犹豫，除非那个译者是我们非常欣赏、非常信任的，否则多半就不会买。在国外，情况其实也一样。一部图书（包括译作），一旦由某权威出版社出版，或是列入某套著名的丛书，诸如英语的“企鹅丛书”、法语的“七星丛书”等，它就很容易取得读者认可。

现在，我们再回过头来看前面提到的“谁来向国外译介中国作品”的问题，答案就应该比较清楚了：只注意“文本”翻译得“好”与“不好”，而忽视甚至无视意识形态、诗学、赞助人等这样一些“文本”以外的因素，显然是无法对“谁来向国外译介中国作品”这一问题作出一个比较全面的回答的。严格而言，上述文章仅只是解决了“中国人有没有能力或有没有足够的英语水平把中国作品译成合格的、优秀的英文作品”的问题，而并没有解决“谁来向国外译介中国作品”的问题。“译介外来文学和文化”这一问题，涉及人类文化交流的诸多方面的复杂因素。当我们讨论“谁来译介”这个问题时，当然可以强调中国翻译家的资格和能力，但千万不要从一个极端滑向另一个极端，即忘了国外汉学家的作用。20 世纪 80 年代，上海曾经举行过一次中国作家与外国汉学家的聚会。通过聚会和面对面的交谈，让国外汉学家认识、了解并熟悉中国作家以及他们的作品，然后鼓励他们翻译中国作家的作品。我以为，这是一个可取的并值得继续去做的方式。国外汉学家在对原作的理解方面，也许不如我们自己的翻译家，但他们对译语（也即他们的母语）的把握要比我们的翻译家娴熟，他们的翻译风格令（他们的）译文读者更感到亲切，因而他们的翻译也比我们自己的翻译更容易在他们的国家赢得读者和市场，这也是一个无可否认的事实。因此，让国外汉学家与我们自己的翻译家站在不同的立场，内外呼应，共同努力，各自发挥自己的优势，这样也许才能有效地把中国文学和文化译介给国外读者，从而也能比较园满地解决“谁来向国外译介中国文化”这一问题里面的“谁”的问题。

然而，解决了“谁”的问题之后，另外还有一个“译介”的问题。如果我们只管“输出”，而不考虑接受，更不考虑接受的效果，那么，我们至多只是完成了一篇（部）合格的或优秀的翻译作品而已，却不能说完成了“译介”。如果我们所说的“向国外译介中国作品”这句话，其意思是要让国外读者能阅读、能接受，甚至进一步能喜欢中国作品——这恐怕也是“译介”一词应有的比较完整的含意吧？——那么，我们的眼光就不能只停留在文本翻译的“好”与“不好”上，而还应该注意到译入语国家、民族的文化语境等问题了。在这方面，我们应该能从多元系统理论中得到不少启迪。

事实上，结合译入语国家、民族的文化语境全面、深入研究翻译文学，正是多元系统理论为翻译研究拓展的一个极其广阔的、崭新的研究领域。在此之前，人们尽管都承认翻译在民族（国别）文学、文化形成过程中所发挥的重要的，甚至不可或缺的作用，但是并没有把翻译文学也看作一个系统，而往往仅仅是把它视作“翻译”或个别的“翻译作品”。是埃文－佐哈尔于 20 世纪 70 年代末首先提出，翻译文学也是一个文学系统，与原创的文学作品一样，它的背后也存在着同样的文化和语言关系的网络。[62] 埃文－佐哈尔在他的多元系统理论里，对翻译文学（Translated Literature）这类“二度创作的文学”及模式，给予与原创文学及模式同样的重视，并肯定其在文学史上的地位。他

[62]　埃文－佐哈尔于 1978 年发表《翻译文学在文学多元系统中的位置》，后于 1990 年经修改后又重新发表在《当代诗学》杂志上（1990 年第 11 卷第 1 期），在西方学术界产生较大影响。

指出："翻译文学不独是任何文学多元系统内自成一体的系统，而且是非常活跃的系统。"翻译文学在文学多元系统中并非永远处于边缘位置，它有时也会占据中心位置，即是说，"翻译文学在塑造多元系统的中心部分的过程中，扮演着举足轻重的角色"，并成为文学多元系统中"革新力量不可或缺的一部分"。[63]

多元系统理论对翻译文学的阐述为我们研究翻译文学提供了多个切入点，并对翻译史上的一些现象作出了比较园满的解释。

首先，多元系统论比较全面地分析了翻译文学在译入语文学的多元系统里可能占据中心位置的三种客观条件。第一种情形是，一种多元系统尚未定形，也即该文学的发展还处于"幼嫩"状态，还有待确立；第二种情形是，一种文学（在一组相关的文学的大体系中）处于"边缘"位置，或处于"弱势"，或两者皆然；第三种情形是，一种文学出现了转折点、危机或文学真空。

参照这三种情形去观照 20 世纪中国的外国文学翻译史似乎的确可以发现不少契合之处。譬如中国清末民初时的文学翻译就与上述第一种情况极相仿佛：当时，中国现代文学还处于"细嫩"状态，我国作家自己创作的现代意义上的小说还没有出现，白话诗有待探索，话剧则连影子都没有，于是翻译文学便成了满足当时新兴市民阶层的文化需求的最主要来源（翻译小说占当时出版发表的小说的五分之四）。至于在"文化大革命"时期，我们的文学尽管具有悠久的历史，但此时却由于"文革"中极左思潮的影响，几乎一片空白，仅有屈指可数的几本反映极左路线的所谓小说尚能公开出版并供读者借阅。这正如

[63] 〔以色列〕埃文－佐哈尔：《翻译文学在文学多元系统中的位置》，庄柔玉译，《西方翻译理论精选》，香港城市大学出版社，2000 年，第 117—118 页。

上述第二种情形，由于特定历史、政治条件制约，原本资源非常丰富且在历史上一直是周边国家（东南亚国家日本、越南、朝鲜等）的文学资源的中国文学，此时却处于“弱势”、“边缘”地位。于是在“文革”后期，具体地说，是进入1970年代以后，翻译文学又一次扮演了填补空白的角色：当时公开重版、重印了“文革”前就已经翻译出版过的苏联小说，如高尔基的《母亲》《在人间》，法捷耶夫的《青年近卫军》，奥斯特洛夫斯基的《钢铁是怎样炼成的》等。另外，还把越南、朝鲜、阿尔巴尼亚等社会主义国家的文学作品，连同日本无产阶级作家小林多喜二等人的作品，也一并重新公开出版发行。与此同时，当时还通过另一个所谓“内部发行”的渠道，翻译出版了一批具有较强文学性和较高艺术性的当代苏联以及当代西方的小说，如艾特马托玛夫的《白轮船》、三岛由纪夫的《丰饶之海》四部曲、赫尔曼·沃克的《战争风云》、约瑟夫·赫勒的《第二十二条军规》等。这些作品尽管是在“供批判用”的名义下出版的，但对于具有较高文学鉴赏力的读者来说，不啻是文化荒芜的“文革”年代里的一顿丰美的文化盛宴。及至“文革”结束，中国当代文学创作一时出现了“真空”，创作思想也发生重大转折，于是一边大批重印“文革”前即已翻译出版过的外国古典名著，诸如托尔斯泰、巴尔扎克、狄更斯等人的作品，印数动辄数十万甚至上百万册。与此同时，还开始翻译出版解放后一直视作禁区的西方现代派作品，从而迎来了中国历史上的第三次翻译高潮。这第三次翻译高潮的出现正好印证了上述埃氏多元系统理论所说的第三种情形，即当一种文学处于转折点、危机或文学真空时，它会对其他国家的文学形式有一种迫切的需求。“文革”结束后，我们曾经大量译介了西方的意识流小说，正是迎合了国内小说创作界欲摹仿、借鉴国外同行的意识流手法的这一需求。

其次，多元系统理论对翻译文学的阐述让我们从一个新的角度去看待文学翻译中的“充分性”（Adequacy）问题。在中外翻译史上，都会有这样一个时期，此时译者的翻译往往很不“充分”，即对原作偏离较多，包括对原作的随意肢解。譬如古罗马人对希腊典籍的翻译，又譬如我国清末民初严复、林纾等人对西方社科、文学作品的翻译，等等。以往我们对此现象的解释是：“随着时间的推移，罗马人意识到自己是胜利者，在军事上征服了希腊，于是以胜利者自居，一反以往的常态，不再把希腊作品视为至高无上的东西，而把它们当作一种可以由他们任意‘宰割的’‘文学战利品’。他们对原作随意加以删改，丝毫也不顾及原作的完整性”。[64] 或者，一方面是“翻译家自身能力所限，另一方面这个时代的大部分读者也没有要求高水平的译作，只要能把域外小说的大致情节译过来就行了。故一大批胆大心不细的‘豪杰译作’风行一时。”[65]

埃文－佐哈尔则是从翻译文学在文学多元系统中的位置这一角度出发解释上述现象，并且进而引申出关于翻译文学的位置对翻译的规范、行为模式、翻译策略等的影响问题。在埃氏看来，当翻译文学处于文学多元系统的边缘位置时，“译者的主要工作，就是为外国的文本，找来最佳的现成二级模式。结果是译本的充分性不足”。[66] 在上述两例中，罗马译者已经“不再把希腊作品视为至高无上的东西”，清末民初的中国译者则“实际上蕴藏着一种根深蒂固的偏见：对域外小说艺术价值的怀疑”[67]，因此，翻译文学在译入语文学的多元系统中占据的

[64] 参见谭载喜：《西方翻译简史》（增订本），商务印书馆，2004 年，第 18—19 页。
[65] 参见陈平原：《20 世纪中国小说史》（第一卷），北京大学出版社，1989 年，第 35 页。
[66] 〔以色列〕埃文－佐哈尔：《翻译文学在文学多元系统中的位置》，庄柔玉译，《西方翻译理论精选》，香港城市大学出版社，2000 年，第 122 页。
[67] 参见陈平原：《20 世纪中国小说史》（第一卷），北京大学出版社，1989 年，第 39 页。

显然仅是边缘位置，于是译者对所译作品或是随意删改、或是“削足适履”，把原作生硬地套入译入语文学中的现成模式，如把西洋小说“翻译”成中国章回体小说的模样，等等，从而极大地影响了翻译的“充分性”。反之，当翻译文学在译入语文学的多元系统中占据中心位置时，翻译活动在参与创造译入语文学中新的、一级模式的过程，这时，“译者的主要任务就不单是在本国的文学形式中寻找现成的模式，把原文套进来；相反地，译者即使要打破本国的传统规范，也在所不惜。在这种情况下，译文在‘充分性’（Adequacy）（即复制原文的主要文本关系）方面接近原文的可能性最大。”[68] 20 世纪五六十年代我国对苏联文学的翻译即属于这种情况，当时我们把苏联文学视作无产阶级革命文学的典范，也是我国文学的学习榜样，因此译者在翻译时也就小心翼翼，字斟句酌，唯恐翻译得不确，损害原文。至于 20 世纪二三十年代鲁迅提出要“硬译”，甚至“宁信而不顺”，在多元系统理论看来，其背后一个原因就是为了确立翻译文学在译入语中的中心位置。

不无必要补充指出的是，埃文－佐哈尔在讨论翻译文学时没有简单地、不加区分地把它视作一个整体，而是看到“翻译文学本身也有层次之分，而就多元系统的分析角度、关系的界定，往往是以中心层次为着眼点，来观察系统内的各种关系。这即是说，在某部分翻译文学占据中心位置的同时，另一些部分的翻译文学可能处于边缘位置”。[69] 这样的分析，对于我们理解俄苏文学和西方现代派文学在我国不同时期的译介情况（数量的多寡及影响的起落等），显然是有参考价值的。

[68]　〔以色列〕埃文－佐哈尔：《翻译文学在文学多元系统中的位置》，庄柔玉译，《西方翻译理论精选》，香港城市大学出版社，2000 年，第 122 页。

[69]　同上书，第 121 页。

多元系统理论在当前国际译学界有很大的影响，当代西方译学界著名的“操纵”学派的产生就与埃氏的多元系统理论有直接的关系。除前面提到的英国翻译理论家西奥·赫曼斯外，已故著名美国译学专家勒菲弗尔的译学思想也明显体现出了多元系统理论的一些基本观点。勒菲弗尔在“赞助人”和“诗学”之外，还把翻译研究与权力及意识形态等结合了起来，并提出，翻译是改写文本的一种形式，是创造另一个文本形象的一种形式。他指出，文学批评、传记、文学史、电影、戏剧、拟作、编纂文集和读者指南，等等，都是对文本的改写，都是创造另一个文本形象的形式。这也就是说，翻译创造了原文、原作者、原文的文学和文化形象。而一切改写，不论其意图如何，都反映了某种思想意识和诗学，它根据的是原文问世之前早就存在于目的语中的价值观、信仰和表达方式，并据之对外国文本进行改写。从这个意义上而言，翻译实际上也是译者对原文文本的“操纵”，使文学以一定的方式在特定的社会里产生作用。[70]

由此可见，多元系统理论把翻译研究引上了文化研究的道路，它把翻译与译作同所产生和被阅读的文化语境、社会条件、政治等许多因素结合了起来，为翻译研究开拓了一个相当广阔的研究领域。有鉴于此，国内已经有学者不无敏锐地指出：“这一对翻译性质的新认识（指多元系统理论——引者）导致了一系列新见解，其一是把翻译看做只不过是系统间传递的一种特殊形式，这就使人们能从更广泛的范围来看待翻译问题，以把握它的真正特色；其二可以使人们不再纠缠于原文和译文间的等值问题，而把译本看做是存在在目标系统中的一个实体，来研究它的各种性质。正是这一点后来发展成了 Toury 的‘目标

[70] 详见郭建中：《当代美国翻译理论》，第 159 页。

侧重翻译理论'（Target-oriented Approach）。其三，既然译文并不只是在几种现成的语言学模式里作出选择，而是受多种系统的制约，那么就可以从更广泛的系统间传递的角度来认识翻译现象。"[71]

最后，毋庸讳言，多元系统理论也存在着相当多的局限，对之已有学者撰文，在此就不再赘言。[72]

[71] 潘文国：《当代西方的翻译研究》，载《译学新探》，青岛出版社，2002 年，第 269—270 页。

[72] 参见庄柔玉：《用多元系统理论研究翻译的意识形态的局限》，《翻译季刊》，2000 年总第 16、17 期合刊；查明建：《意识形态、翻译选择规范与翻译文学形式库》，《中外文学》，2001 年第 3 期；谢世坚：《从中国近代翻译文学看多元系统理论的局限性》，《四川外语学院学报》，2002 年第 4 期。

结　语

翻译即跨文化交际

2012年国际译联（FIT）发布了关于2012年国际翻译日的主题文章，并推出了2012年庆祝国际翻译日的主题——翻译即跨文化交际（Translation as Intercultural Communication）[1]。这个主题与本书的主题、与这么多年来译介学研究所孜孜以求的目标正好不谋而合。

其实，“翻译即跨文化交际”这个主题算不上新鲜，因为帮助不同种族、不同政治和不同文化背景的人们之间的交流，促进他们之间的相互理解，本来就是翻译活动的应有之义，也是翻译的一个本质目标。但是国际译联却把这个“算不上新鲜”的“翻译即跨文化交际”确定为2012年国际翻译日的主题，细究一下，似乎也不是一个随意之举。首先他们把它与不同文化中关于2012年世界末日的传言或所谓预言挂起了钩：“2012年恐怕是人类历史上最富有‘争议性’的一年，因为这一年充溢着大量符号、预言与含意。除了《圣经》里对世界末日的启示录之外，玛雅历法也断言2012年12月21日为世界末日。而一些研究者对中国3000年前的古书《易经》进行分析后，也声称

[1] 中国译协会员电子通讯2012年第6期上的译文为“翻译与跨文化交流”。我以为译成“翻译即跨文化交际”似更贴近原文，并能把原文想要强调的翻译的跨文化交际性质更加突出。

2012 年 12 月是世界末日。数字占卦学还告诉我们，在 2012 年 12 月 21 日晚间 11 点 11 分，所有围绕太阳的星球将排列成一条直线，造成剧烈的海水运动，有可能导致巨型海啸和其它灾难……”[2] 而且在国际译联看来，“这些源于不同语言和文化背景的预言，似乎的确在传达着焦虑、绝望与希望的信息”，于是在这样的背景下，强调翻译与跨文化交流的关系，似乎也就并不显得多余了。

不过在我看来，以上所言恐怕仅仅是主题文章作者为了让文章在一开始就能吸引读者眼球而找到的一个说事由头罢了，其更实质性的理由，我觉得应该同样是主题文章中所提到的，即国际译联看到了 2012 年的当今世界“不仅充斥着不稳定性、金融危机、政治冲突、文化碰撞和社会动荡，也充满着希望、机遇与可能性”，同时也看到了操不同语言的各民族都在深切地关注着我们所处的世界，关注着我们人类的未来，所以作为一个面向职业口笔译工作者与术语学家的规模最大的非营利性国际组织，希望在 2012 年继续在不同的文化间“架设翻译桥梁，推动跨文化交际，进而促进文化繁荣和提升所有人的文化素养”。我以为这才是问题的关键所在。

由此可见，是当前这个特定的时代语境促使国际译联把“翻译即跨文化交际”这个并不算新鲜的话题确定为 2012 年国际翻译日的主题，并以此号召全世界的翻译工作者关注翻译和翻译研究的本质目标——推动不同民族、国家间的跨文化交际。从更深的意义层面上而言，我们也可把这个主题看作是对翻译和翻译研究的本质目标的重申和强调。尤其是如果我们回顾一下人类一两千年来的翻译史，我们也许可

[2] 本文对国际翻译日主题文章的引文均转引自中国译协会员电子通讯 2012 年第 6 期，英文撰稿毛思慧，翻译付蕾，审稿黄长奇。

以得出一个结论，当今我们的一些翻译工作者和翻译研究者有时似乎恰好是在翻译的这个本质目标上偏离甚至迷失了方向，从而把翻译只是简单地理解为一种语言文字的转换行为，把翻译研究的对象也只是简单地定位在探讨“怎么译”、“怎样才能译得好、译得准确”等一些浮在表面的具体问题上，于是在某些研究者的笔下，翻译研究只是被局限在研究翻译技巧的框架之内。

然而，如果我们对中外翻译史上一两千年来对翻译所下的定义进行一个简单梳理和回顾的话，那么我们应该能够发现，其实早在一千多年前，我国的古人倒是已经注意到了翻译的这一本质性问题，并给出了一个最为简洁明了、也最为全面完整的翻译定义：“译即易，谓换易言语使相解也。”（唐 · 贾公彦《周礼义疏》）这个仅仅十余字的定义包含着两层意思：首先是“换易言语”，指的是翻译行为或活动的本身；其次是“使相解”，则是指的翻译行为或活动的目标。这个定义言简意赅地告诉我们，翻译的完整意义不应该仅仅只是一个语言文字的转换行为或活动（即“换易言语”），而还应该包含帮助和促进操不同语言的人们之间的相互理解和交际（即“使相解”）。

令人不禁汗颜的是，与这个千年之前的翻译定义相比，我们今人对翻译的几则定义反倒在某种程度上表现出我们对翻译本质目标问题认识的“偏离”和“迷失”。谓予不信，请看以下几条“权威”的“翻译”定义：

> “翻译：把一种语言文字的意义用另一种语言文字表达出来。”（《辞海》1980年版，《现代汉语词典》的“翻译”词条释义与之完全相同）

“翻译：把已说出或写出的话的意思用另一种语言表达出来的活动。”

（《中国大百科全书·语言文字卷》1988 年版）

不难发现，这几条“权威”的翻译定义都不约而同地把它们的目光仅仅集中在翻译行为或活动的本身、即“换易言语”上，却舍弃了我们古已有之的对翻译的本质目标的阐释——“使相解”。

当然，不无必要指出的是，这种情况也不独发生在中国，当代西方和俄罗斯的文化界和译学界在翻译定义的描述上也同样表现出对翻译的这一本质目标的忽视或“舍弃”。譬如《牛津英语词典》中对“Translation”一词的解释就是：

（a）“The action or process of turning from one language into another; also，the product of this; a version in a different language”

从一种语言到另一种语言的转换行为或过程；亦指这一行为的结果；用另一种语言表述出来的文本。

（b）“To turn from one language into another; to change into another language retaining the sense …”

把一种语言转换到另一种语言；把一种语言转换成另一种语言并保留原意……

这一词条的两条释义都只提语言的转换，而对翻译的跨文化交流性质及其目标不置一词。再如苏联著名翻译理论家费道罗夫在其《翻译理论概要》一书中对翻译所下的定义也只是：

> "翻译是用一种语言把另一种语言在内容与形式不可分割的统一中业已表达出来了的东西准确而完全地表达出来。"[3]

而实际上，就像在中国一样，在古代西方，包括在古罗马时期，以及文艺复兴时期甚至更晚一些时期，西方翻译史上的不少翻译家和学者对于翻译的目标问题其实也是很重视的。譬如古罗马著名政治家、哲学家和修辞学家西塞罗在论及其对翻译的看法时就明确提出，"要作为演说家、而不是作为解释者进行翻译"，其用意就是要求译者在翻译时要考虑读者因素，要考虑翻译文本的接受效果，也就是要促成原文文化与读者的沟通。所以他关于翻译的名言就是，翻译时"没有必要字当句对，而应保留语言的总的风格和力量"，翻译时"不应当像数钱币一样把原文词语一个个'数'给读者，而是应当把原文'重量''称'给读者"。[4] 再如19世纪俄国的普希金、屠格涅夫、别林斯基、车尔尼雪夫斯基等一批作家、批评家也都一致强调，"翻译的目的是为读者服务"，"不是使懂得原文的读者便于评价译出的某一诗句或某一措辞是否忠实，而是使一般不懂原文的读者也能正确地感受到原文思想和艺术价值"。[5] 这实际上也就是强调翻译应该为实现译文读者与原文的跨文化交际服务。

我当然无意挑战中外词典对"翻译"词条的释义，作为工具书的词典的释义自有它自己的特殊要求。但我们从这些工具书对"翻译"词条的释义中却还是可以窥见中外学界对翻译性质及其本质目标的某

[3] 〔苏联〕费道罗夫：《翻译理论概要》，李流等译，中华书局，1955年，第9页。不过这里必须说明的是，费氏在该定义之外，还单独列出一条"翻译的目的是尽量确切地使不懂原文的读者（或听者）了解原作（或讲话的内容）"。

[4] 谢天振等：《中西翻译简史》，外语教学与研究出版社，2009年，第265—266页。

[5] 谭载喜：《中西翻译简史》（增订本），商务印书馆，2006年，第146页。

种忽视或认识偏差，由此也突显了2012年国际翻译日主题重新强调翻译的跨文化交际性质及其本质目标的现实意义。

与此同时，我也理解中外学界在对翻译定义的描述上，对翻译的性质及其本质目标的某种忽视和舍弃。从深层次看，这并不是无缘无故、凭空而来的，而有其深刻的历史原因。

首先，随着宗教典籍翻译，以及其后的文学名著、社科经典翻译发展起来的翻译活动，人们对翻译思考和研究的关注点主要集中在笔译活动上，而甚少、甚至根本没有把口译活动也纳入自己的思考和研究视野。而且历代对翻译活动有所思考、有所研究的作者，大多本人就是笔译方面的专家，或者是他的研究主要是建立在笔译活动和与笔译有关的材料的基础上的。这样，研究者的目光也就越来越局限在翻译文本之内的语言文字的转换层面，而越来越少地注意到文本以外的诸多因素，包括读者和接受环境等因素。这样，他们在对翻译定义进行描述时也就基本局限在语言文字的转换上面了。

这里顺便要对笔译与口译的各自特点做一点简单的说明。口译是贯穿人类翻译史始终的翻译活动，它的诞生甚至早于笔译。然而历史上对口译的描述文献和研究材料，存留下来的恰似凤毛麟角，少之又少。是20世纪“二战”以后的国际战犯大审判，以及此后频繁的国际交往，才让口译迅速发展成为一个独立的职业，并越来越引起当代翻译研究者的重视。而口译活动的交流双方的在场性和即时性，必然要求口译员把实现交流双方的有效沟通和交际放在第一位。与之相比，笔译员因为不存在交流双方的在场性和即时性，经常是独自一人面对原文，委曲推究，经营反复，揣摩原文的意旨之所在，希望译成之文与原文相比，“无毫发出入于其间”（马建忠语），所以很容易专注于语言文字转换的成功程度（在多数情况下也即忠实程度）而忽视转换的本质目标。

其次，这还跟一两千年来翻译活动的“方向”有关。这里所谓的“翻译方向”，指的是所进行的翻译活动是“译入”还是“译出”，或是两者均有一定的比重。两千年来的中外翻译史表明，对极大多数国家而言，历史上的翻译活动基本上都是以“译入”为主的。而建立在“译入”翻译活动基础上的翻译思考和研究，它会越来越倾向于只考虑语言文字转换层面的一些问题。因为在通常情况下，对译入者而言，他们只需考虑如何把要翻译的作品译好就可以了，其余问题他们不必考虑。在“译入”翻译活动的语境里，已经形成了一种对外来文化的强烈渴求，因此只要把作品翻译好了，接受、传播、影响等都不是问题，而在此过程中实现跨文化的交际也就自然而然地水到渠成了。所以，建立在“译入”翻译活动基础上的翻译思考与研究，多把他们的注意力主要集中在文本之内语言文字的转换层面，也就不难理解了。

由此可见，是传统翻译活动的特点——其主要形式是笔译，其翻译的“方向”主要是“译入”——导致了人们在对翻译定义进行描述时越来越偏重翻译的语言文字的转换功能，而逐渐淡化甚至忽视了翻译的本质目标——“使相解”，即要帮助人们相互了解。联系这样的历史背景，我们再来看 2012 年国际翻译日的主题文章——强调要在不同的文化间“架设翻译桥梁，推动跨文化交流，进而促进文化繁荣和提升所有人的文化素养”，那就不是简单的旧戏新唱了，而自有其深意在焉。

翻译界长期以来在讨论翻译定义时这种对其跨文化交际性质及其本质目标的忽视，在某种程度上也对我们的专家学者乃至翻译研究产生了相当大的影响。譬如，我此前曾多次撰文批评过的鲁迅文学奖评奖中翻译文学的整体“缺席”就是一例[6]。我们的评奖专家们显然

[6] 参见拙文《文学翻译缺席鲁迅奖说明了什么？》，载《东方翻译》，2010 年第 6 期；《假设鲁迅带着译作来申报鲁迅文学奖》，载《文汇读书周报》2005 年 7 月 8 日等。

甚少甚至根本没有考虑过参评的作品是否为“推动跨文化交际，进而促进文化繁荣和提升所有人的文化素养”作出了贡献，而把他们的目光只是盯着参评的翻译作品中是否有“翻译疏漏”，是否有“表达不贴切、不准确”，是否有语言文字转换上的“硬伤”等问题上，从而使得一场国家级别的翻译文学评奖在某种意义上沦为了文学翻译的“作业批改”。

再如，我国学界某些人对当代西方翻译研究中“文化学派”的分析和批评也同样暴露出这个问题。我曾经读到过一篇题为《反论：他山之石，可以毁玉——对文化翻译派的反思》文章，作者从“翻译的本质”和“翻译本体论”的立场出发，对所谓的“文化翻译派”[7]进行了猛烈的抨击，认为“他们（即作者所称的‘文化翻译派’）主张采取描写的方法来研究业已存在的翻译现象，距离翻译的定义相去甚远”。[8]作者所据的“翻译定义”是他们从网上下载的一个“佚名”作者所下的定义：“翻译是以译者为主体，以语言为转换媒介的创造性思维活动。所谓翻译，就是把见诸于一种语言的文本用另一种语言准确而完整地再造出来，使译作获得与原作相当的文献价值或文学价值。”该定义用语错误（“见诸于”）且不论，而正是基于这样的“定义”认识，所以在该文章作者的眼中，促成翻译活动发生的因素就只是“原本、作者、译本、译者”，而看不到不同语言民族之间交际的需要，看不到译入语语境中对外来文化的需要，看不到 2012 年国际翻译日主题中所说的“将某一特定文化下的生活方式、风俗习惯、态度、

[7] 我之所以说“所谓的‘文化翻译派’”，是因为在西方译学界只有翻译研究的“文化学派”，并没有什么“文化翻译派”。这个名称显然是文章作者杜撰的，且让人误以为是翻译实践领域内的某个流派。这里姑且套用之。

[8] 罗益民、韩志华：《反论：他山之石，可以毁玉——对文化翻译派的反思》，载《当代外语研究》2011 年第 8 期。

心态与价值观传输给其它文化”的需要。而实际上，正是这些“需要”才是促成翻译发生、发展、发达的深层因素和根本动力。离开了这些“需要”，翻译才真的成了“无本之木”了，而不是如作者所说的，“一个学科的建立与发展，……倘若一味追求宽泛的视野，忽略了本体的回归与反思，则惜为无本之木了”。

这篇文章中还有一些似是而非、逻辑混乱的话语和观点，如作者批评说 :“在文化派的眼中，译文的作用甚至超过了原文，成了塑造和左右目的语文化的一种势力。这与翻译的本体论南辕北辙。在翻译本体论的研究中，原语文本与译语文本如同一张纸的正反两面，是不可替代、不可或缺的。”然而众所周知，在中外历史上，“译文的作用超过原文，成了塑造和左右目的语文化的一种势力”的事实可谓俯拾皆是，圣经译本、佛经译本、马克思主义理论的译本，无不如此。至于中外文学史上，这样的例子更是不胜枚举。我不明白为什么作者面对如此众多、如此明显的事实，却都视而不见。至于说原语文本与译语文本相互“不可替代”，更是让人难以理解。在讨论翻译问题的前提下,试问在哪一个译入语国家里译语文本不是原语文本的“替代”？译语文本如果不能替代原语文本的话，难道让译语国的读者直接去面对原语文本？

我不知道文章作者依据的是哪一家“翻译本体论”，但就我接触到的当代国外的一些译学著述而言（这些著述且并不属于该文章作者所称的“文化翻译派”之列），这些作者所持的立场与该文作者所声称的“翻译本体论”显然也相去甚远。譬如当代著名俄罗斯翻译研究语言学派的代表人物科米萨罗夫，他早在 20 世纪 70 年代就已经指出：“翻译的语言学理论把翻译置于跨语言交际这个广阔的背景下，研究交际的各个方面，揭示决定交际的语言内因素和语言外因素。它不仅涉及原语文本和译语文本，还涉及原文转换成译文的过程。翻译作为一种语言中介，其目的是保障操不同语言的人达成沟通，从而实现跨语言交际。”[9]这里科米萨罗夫讨论的是语言学理论视角下的翻译研究，但他却明确指出，要研究交际（即翻译活动）的各个方面，而且把“语言外因素”视作与“语言内因素”一样的“决定交际（即翻译活动）”的因素。他更进一步指出：“翻译不仅仅是个过程，是译者的活动，它更是一个跨语言交际行为。翻译的结果不可能完全保留原作的内容，翻译的目的仅在于实现交际等值。翻译不能仅从言语的角度去研究，从过程的角度来研究，它更要通过研究其过程中的言语行为来研究其实现的语言基础。”[10]

当代英国著名翻译理论家莫娜·贝克在其前几年刚出版的新著《翻译与冲突——叙事性阐释》一书中，一开始就在《作者序》中对“传统的口笔译研究”中“对于同时代的政治和伦理道德问题”“采取回避态度”的立场提出批评，同时把那种“以为翻译，尤其是口译，是完全中立而纯粹的语码转换，不存在译者个人思想的介入”，相信“译者对现实的叙述能够‘完好无损’地传递语言及其它符号信息”的认识，称作“一种天真的理念”，是一种“模糊了真相的理论模式”。她的这本新著显然就不是从传统的两种语言文字转换的层面上去讨论翻译问题的，她极其敏锐地察觉到翻译（包括译者）在当今全球化国际政治中所扮演的重要角色，所发挥的独特作用，以及翻译与政治文化之间的复杂关联，所以她以极其清晰的语言宣称：“当今世界，无论你人在何处，都不可避免地生活在冲突的氛围中。……而所有冲突方要将

[9]　吴克礼：《俄苏翻译理论流派述评》，上海外语教育出版社，2006年，第517页。
[10]　同上书，第516页。

自己的行为合法化，翻译是必不可少的重要手段。”她甚至进一步声称：“很多形式的冲突都由翻译参与而形成的”，“翻译不是社会和政治发展的副产品，也不仅仅是社会和政治发展的结果，也不是人与文本物理运动的副产品。相反，翻译正是使社会、政治运动发展得以发生的那个进程本身必不可少的组成部分”。[11] 在这样的层面上定义和界定翻译，肯定会让读者感到耳目一新，完全刷新甚至颠覆了他们心目中原有的那些陈旧的翻译定义。然而，这样的定义与界定又是完全符合当今翻译的实际情况的。

2012 年国际翻译日主题文章最后指出：“过去 30 年间，全球经济、文化与信息技术发生了巨大的变化；在其推动下，跨文化交流现在所处的语言、社会政治与文化背景与以往相比已有天壤之别。如果说，在当今时代，‘是否要全球化’对于个人和国家而言几乎是不言而喻的，那么，‘是否与翻译共存’也不再是一个选项，而是业已成为我们日常生活中面对的现实。”在这样的时代背景下，面对这样的翻译现实，我们的翻译工作者和翻译研究者显然有必要尽快调整自己原先对翻译的那种狭隘的、有失偏颇的认识，而应积极响应国际译联的号召，站到一个广阔的跨文化交际的平台上，无论是在自己的翻译实践中还是在自己的翻译研究中，拓宽自己的视野，“通过自己的专业劳动使跨文化理解更上一层楼”，从而切实有效地“推动跨文化交际，进而促进文化繁荣和提升所有人的文化素养”。

[11] 〔英〕莫娜·贝克：《翻译与冲突——叙事性阐释》，赵文静主译，北京大学出版社，2011 年，第 1、2、8 页。

后 记

本书的写作要归功于中国社科院外文所叶隽先生的提议。大约是一年多前的某一天吧，在一个很偶然的场合我与叶隽邂逅，闲谈中他说起他目前正在为北京大学出版社策划编一套带有普及性质的学术小丛书，每本书计划写十余万字左右，希望此举能有助于学术论著的普及，并表示希望我也能为之贡献一本这样的书。他还进一步具体提议说，我的译介学理论即可写成这样的一本书，这对普及、宣传我的译介学思想不无裨益。我当时听后觉得此事似乎并不很难做，拙著《译介学》于20世纪末出版，迄今已经十多年过去了，目前已经绝版，把它缩写成十余万字的小册子似乎也颇具可操作性，于是便欣然接受了他的提议。

回到上海后尽管我一直没有忘记此事，但一则是手头一直杂事不断，无暇分身；另一则是我在试写了一两个章节后，发觉就这样把十年前的旧著压缩改写，了无新意，自己写着都提不起劲，怎么能去给人家看？于是便搁下了。不料去年年底时突然收到叶隽的电邮，称其余几部书稿都已经收齐，独缺我的这本书稿了。这让我感到非常不好意思，于是赶紧整理出一份初稿（实为“粗稿”也）给北大出版社的责编王立刚先生发去。

出乎我的意外且让我非常感动的是，王立刚先生非常认真地审阅了我的初稿。尽管他也许并不是专门从事翻译研究的专家，但他显然非常了解当前国际译学研究的走向，而且还非常能够理解我的译介学立场。针对我的初稿他提出了不少建设性的意见，尤其是对拙著的书名他提出了一个非常宝贵的建议。此前我对这本小册子的书名曾有过好几个不同的考虑，诸如《译介学入门》《译介学基本原理》《译介学漫谈》等等。但立刚根据拙著全书的基本立场建议用《隐身与现身》这个书名，他认为这个书名较切中当前翻译问题的要害。我收到这个书名的建议后很兴奋，立即表示赞同，同时还感到这个书名一下子触动了我的写作灵感，我当即决定把原先的初稿全部推倒重写，并决定以“隐身与现身”这个思想为全书的主线索，展开我对翻译和翻译问题的阐释。

这样，现在呈现在读者面前的这本小书《隐身与现身——从传统译论到现代译论》就不再是我十余年前出版的旧著《译介学》一书的简单压缩版了，而是紧紧围绕着“隐身与现身”这个传统译论向现代译论转折过渡的关键命题，结合现实生活中和学术界诸多与翻译有关的问题，诸如“莫言获得诺奖对中国文学作品外译的启示”“电影 *Lost in Translation* 片名翻译的无奈”“对翻译界两场争论的反思”“当代西方翻译研究的三大突破和两大转向”“国内翻译研究的认识误区与译学观念的更新”，以及翻译文学的归属问题、翻译文学史的编写问题等，展开我的阐述。这些问题除少数几个问题曾在拙著《译介学》中有所论及外，多数散见于《译介学》出版之后我才陆续发表的学术论文中。尽管如此，其中的译介学研究视角和当代译学的基本学术立场是始终一致的。实际上，我在《译介学》出版后发表的大多数论文也正是我运用译介学视角对一个又一个具体的翻译现象和翻译问题所进行的思考和研究。譬如我对莫言获得诺奖的分析：一般人都会想到此事与翻译有着极大的关系，然而作品被翻译成外文的作家并不限于莫言一个，为什么恰恰是莫言获得了诺贝尔文学奖，而不是其他作家？我的分析提到了译者的问题，出版社的问题，作者对译者的态度问题，作品的可译性问题，以及作品的可接受性问题等等。这些问题，非翻译界的人自然不会注意到，而即使是翻译界的人，如果他仍然局限于传统的翻译思维框架之内，那么他也是看不到的。而只有运用了译介学的研究视角，我们才会把研究视野拓展到制约翻译成功与否的许多文本以外的因素，从而发现莫言作品外译成功的奥秘。

说起来，译介学原本是比较文学下面的一个研究领域，国内学界原先对之了解并不多。本人自20世纪80年代中期起开始专门从事译介学研究，发表了数十篇论文，并于1999年出版专著《译介学》，之后又陆续推出论文集和专著《翻译研究新视野》(2003)、《译介学导论》(2007)、《比较文学与翻译研究》(2012)、《海上译谭》(2013)等。为帮助国内读者了解并掌握译介学的国际学术背景，本人还于2008年主编出版了《当代国外翻译理论导读》一书，比较全面系统地介绍了当代国际译学界的主要理论流派及其发展趋向。其中,《译介学》一书更是一版再版，从而引起国内学界对译介学研究的高度关注。

然而在译介学引起国内学界高度重视的同时我们也不断听到一个噪音:有一位老翻译家带着僵化的思维脑袋，祭着文学翻译中的“忠实标准”的旗号，用近乎疯子般的呓语，近十余年来不断地在网上、在其自费出版的书籍中、在一切他可以发出声音的场合，攻击译介学是“伪翻译学”，甚至谩骂译介学是“邪教”。此人仗着自己翻译过几本书，自我感觉良好，便以为只有他才有资格谈论翻译，其他人谈翻译便是“伪翻译学”了。实际上此人除了翻译过几首诗外，并不懂得何为翻译学，更不懂得何为译介学。他抓住了译介学研究中的片言只语，如“创造性叛逆”，也不去好好研究其真正的涵义，只是望文生义，便破口大骂“创造性叛逆”是在“教唆”译者“胡译”“乱译”。这种行为除了惹人耻笑外，也只能是自毁其形象。本来对于这种人根本不值得答理，因为他不是在学理层面上进行批评或讨论，但因为他这么多年来一直不遗余力地在那里攻击谩骂译介学，在不明真相的年轻人中混淆视听，误导青年学子，所以我才在这里此稍稍作点回应。我相信广大对翻译和翻译研究感兴趣的读者，在读了本书或本人的其他相关著述以后，他们自会对译介学的价值、意义及其对翻译研究的独特贡献作出其正确的判断的。

最后，我要再次向叶隽先生和王立刚先生表示感谢。本书的交稿时间几乎延误了整整半年的时间，我感谢他们的宽容和耐心。